I를 위한

딥러닝

Stephan Raaijmakers 지음
박진수 옮김

Σ 시그마프레스

자연어처리를 위한 **딥러닝**

발행일 | 2024년 7월 15일 1쇄 발행

지은이 | Stephan Raaijmakers
옮긴이 | 박진수
발행인 | 강학경
발행처 | ㈜시그마프레스
디자인 | 우주연, 김은경
편 집 | 윤원진, 김은실
마케팅 | 문정현, 송치헌, 최성복, 김성옥

등록번호 | 제10-2642호
주소 | 서울특별시 영등포구 양평로 22길 21 선유도코오롱디지털타워 A401~402호
전자우편 | sigma@spress.co.kr
홈페이지 | http://www.sigmapress.co.kr
전화 | (02)323-4845, (02)2062-5184~8
팩스 | (02)323-4197

ISBN | 979-11-6226-476-8

Deep Learning for Natural Language Processing

＊ 책값은 책 뒤표지에 있습니다.

역자 서문

이 책을 번역하는 데 많은 시간을 들였습니다. 출판사에서도 세심히 검토하느라 많은 공을 들였고, 저도 많은 공을 들였습니다. 이렇게 시간을 들인 이유는 아무래도 깊이가 있는 책이라서 그랬던 것 같습니다. 깊이가 있다는 것은 내용이 어려울 수도 있다는 말입니다. 이 책을 이해하려면 인공지능, 인공신경망과 딥러닝, 자연어처리 분야에 대한 기반 지식이 필요합니다. 이런 기반 지식을 갖추고 이 책을 보면, 쉽게 찾아보기 어려운 지식이 담겨있음을 발견할 수 있을 것입니다. 자연어처리 분야의 지식 중에 1%의 부족한 부분을 채우는 마감재 같은 책이라는 느낌을 받을 수 있을 것입니다. 이 책에는 자연어처리를 위한 고급 기법도 여러 개 나옵니다. 이런 기법들 때문에 아마도 자연어처리 전공자라면 한 권씩은 갖춰 두고 봐야 할 책일 것이라는 생각을 조심스럽게 해봅니다.

이 책이 나오기까지 애써주신 출판사 관계자 여러분께 감사를 드립니다.

2024년, 박진수

저자 서문

사람들은 최근 수십 년 동안 언어를 이해하는 컴퓨터를 만들기 위해 매진해 왔다. 언어학, 컴퓨터 과학, 통계 및 머신러닝 같은 분야의 지원을 받는 전산언어학 분야, 즉 자연어처리^{NLP} 분야는 수많은 과학 논문집, 회의 및 산업계의 적극적인 참여와 지원을 받아 꽃을 피웠다. 구글, 페이스북, 아이비엠, 마이크로소프트 같은 거대 기술 회사는 자연어 분석 및 자연어 이해 분야에서 애써 노력하면서 자연어처리 업계를 위한 데이터셋과 유용한 오픈 소스 소프트웨어를 점차 더 제공하고 있는 것으로 보인다. 현재 NLP 분야에서는 점점 더 딥러닝이 대세가 되어가고 있다.

이 흥미진진한 분야에 참여하고자 하는 사람에게는 자연어처리 업계에서 빠르게 발전하는 딥러닝 기술을 중심으로 이뤄지는 신규 개발이 벅차 보일 수 있다. NLP에 대한 설명적이고 통계적이며 전통적인 머신러닝 접근 방식과, 고도로 기술적이고 절차적인 신경망 기반 딥러닝 접근 방식이라는 두 가지 접근 방식 사이에는 큰 차이가 있는 것 같다. 이 책에서는 NLP에 필요한 딥러닝을 차근차근 소개함으로써 이러한 격차를 해소하려고 한다. 학생, 언어학자, 컴퓨터 과학자, 실무자 및 인공지능에 관심이 있는 모든 사람이 이 책의 독자가 될 수 있다. 우리는 이러한 사람들을 자연어처리 공학자라고 부르겠다. 내가 학생이었던 시절에는 체계적인 전산언어학 과정이 없었기 때문에 개인적으로나 필연적으로 불완전한 자연어처리 교과 과정을 거의 짜 맞추다시피 했다. 무척 힘든 일이었다. 나는 딥러닝 기반 NLP의 기초가 되는 내용을 소개함으로써 자연어처리 공학자를 꿈꾸는 이들이 거쳐갈 이 여정을 조금 더 평탄하게 하고 여러분이 유리한 지점에서 출발할 수 있게 하려고 이 책을 썼다.

나는 혁신적인 솔루션을 만들고자 하는 뜻을 품은 자연어처리 공학자가 되려는 사람이라면 수준 높은 소프트웨어 개발 기술과 수준 높은 머신러닝 기술을 꼭 익혀야 한다고 생각한다. 그런 사람이라면 알고리즘을 다룰 수 있어야 하고 스스로 새로운 변종 알고리즘을 생각해 낼 수 있어야 한다. 17세기에 살면서 자신만의 실험용 현미경을 설계하고 제작했던 네덜란드 과학자 레이우엔훅$^{Antonie\ van\ Leeuwenhoek}$과 마찬가지로, 현대의 자연어처리 공학자는 언어를 연구하고 분석하기 위한 디지털 도구를 스스로 만든다. 자연어처리 공학자가 '사실에 입각한' 자연어 모델, 즉 적절하게 관찰한 자연어 모델을 구축하는 데 성공할 때마다 산업(즉, 실용 분야)이 진보했을 뿐만 아니라 과학적 진보도 이루어졌다. 나는 여러분이 이러한 마음가짐을 지녀서, 인간이 언어를 처리하는 방식을 지속적으로 잘 살펴보고, 여러 알고리즘이 나왔음에도 불구하고 여전히 많은 주제별 알고리즘을 개발할 길이 열려있는 경이로운 NLP 분야에 기여하게 하고자 여러분을 초대하는 것이다!

이 책에서는 다양한 언어 분석 작업에 적용되는 딥러닝 기술을 빠짐없이 소개하면서 실무용 코드로 뒷받침하고 있다. 전산언어학 분야에서 언제나 상록수처럼 푸르른 주제들(예 : 품사 부착, 텍스트 유사도, 주제 레이블 지정, 질의응답)을 확실히 드러나 보이는 방식으로 딥러닝에 연결하면 숙련된 딥러닝 전문가이자 자연어처리 전문가로 자라는 데 도움이 된다. 이 외에도 이 책은 새로운 문제에 도전하는 최첨단 접근 방식을 다룬다.

이 책을 읽어야 할 사람

이 책의 대상 독자는 자연어처리 분야에서 일하는 전산언어학자, 소프트웨어 공학자 및 학생이다. 머신러닝 기반 자연어처리 분야는 방대하며, 엄청나게 다양한 형식론과 접근 방식으로 이뤄져 있다. 딥러닝이 무대에 들어서면서 많은 사람이 이 분야에 발을 담그고 싶어 하지만, 수준 높은 기술이 필요하다는 딥러닝의 특성과 이 분야가 빠르게 발전한다는 특성, 즉 새로운 접근 방식이 매일 등장하고 새로운 소프트웨어와 새로운 논문이 매일 등장하는 특성으로 인해 이 분야를 피하는 사람도 많다. 이 책을 통해 여러분은 그런 발전 속도를 따라잡게 될 것이다.

이 책은 흔한 방식으로 딥러닝에 능숙해지고 싶은 사람이나, 자연어처리 분야에 이제 막 입문하는 독자나, 우리가 사용하는 딥러닝 파이썬 라이브러리인 케라스에 숙달하고 싶은 사람을 위한 책이 아니다. 매닝에서는 이러한 간극을 메울 수 있을 만한 책을 두 권 제공하므로 이 책과 더불어 참고하면서 읽으면 될 것이다.

- *Natural Language Processing in Action* (Hobson Lane, Cole Howard 및 Hannes Hapke, 2019; 파이썬으로 배우는 자연어 처리 인 액션, 제이펍, 2020)
- *Deep Learning with Python* (François Chollet, 2021; 케라스 창시자에게 배우는 딥러닝, 길벗, 2022)

- 케라스에 관해 빠르고 자세하게 알고 싶다면 https://keras.io/getting_started/intro_to_keras_for_engineers를 방문하자.

이 책의 구성 : 일종의 탐독 여행 지도

1장, 2장, 3장으로 구성된 1부에서는 딥러닝의 역사, 자연어처리용 딥러닝 기술의 기본 구조, 케라스로 구현하는 방법, 임베딩 기술과 대중적인 임베딩 전략을 사용하여 글을 딥러닝 방식으로 표현하는 방법을 소개한다.

4장, 5장, 6장으로 구성된 2부에서는 딥러닝으로 텍스트 유사도를 평가하고, 질의응답을 위한 기억장치를 장착한 모델을 사용해 긴 시퀀스를 처리한 다음, 이러한 기억장치 모델을 다른 자연어처리 분야에 적용하는 데 초점을 맞춘다.

7장, 8장, 9장, 10장으로 구성된 3부에서는 신경 어텐션$^{neural\ attention}$부터 소개하고, 트랜스포머를 사용하여 다중작업 학습이라는 개념으로 논의를 옮긴 다음, 마지막으로 BERT를 직접 체험해 보고, BERT가 산출해 내는 임베딩^{embedding}을 검사한다.

코드 소개

이 책에서 개발하는 코드는 다소 포괄적이다. 케라스는 동적 라이브러리이며 텐서플로는 케라스의 백엔드 엔진(케라스의 백엔드 엔진이라는 것은 효율적인 신경망 계산을 수행하기 위한 저수준 코드를 말한다) 중 하나였는데, 이 책을 쓰는 동안 텐서플로 안으로 케라스가 포함되면서 몇 가지 사항이 변경되었다. 변경된 내용이 많지는 않지만 최신 케라스 버전(버전 2.0 이상)을 사용해야 한다면 코드 구문을 다소 고쳐야 할 수도 있다.

이 책에 나오는 코드들은 공개된 분야, 오픈 소스 방식으로 제공하는 코드 및 편리하게 쓸 수 있는 재사용 코드 조각들을 보고 실용적인 영감을 얻어 작성한 것이다. 구체적인 출처는 다음과 같다.

- NLP를 다루는 많은 예제가 포함된 케라스 소스코드 베이스
- 이 책과 함께 보면 좋은 *Deep Learning with Python*이라는 책에 첨부된 코드
- https://machinelearningmastery.com 같은 유명하고 우수한 오픈 소스 웹사이트
- http://karpathy.github.io 같은 블로그
- 스택 오버플로 같은 코더 모임

이 책에서는 알고리즘과 코드를 개요 수준으로 설명하는 데 더 중점을 두며, 최신 학술

성과에 도달하는 일에는 덜 중점을 둔다. 여러분이 이 책 전반에 걸쳐 설명되고 많은 실제 코드 예제로 뒷받침되는 기본 해법과 접근 방식에서 출발하기는 하지만, 언젠가는 여러분이 더 나은 성과를 낼 수 있을 것이다.

이 책 속에는 번호를 매긴 코드 목록도 있지만 본문 속에서도 많은 코드 예시를 볼 수 있다. 두 경우 모두 소스코드를 본문과 구분하기 위해 이와 같이 고정폭글꼴로 서식을 지정하였다.

많은 경우에, 나는 원래 존재하던 소스코드의 서식을 고쳐서 사용했다. 즉, 책의 크기에 맞추기 위해 줄을 더 바꾸거나 들여쓰기를 다시 했다는 말이다. 이렇게 해도 코드를 한 줄에 나타내기 어려울 때는 줄 이어짐 표시(➡)를 사용해서 코드가 다음 줄로 이어진다는 점을 나타냈다. 다양한 코드 목록 속에 주석을 달아서 중요한 개념을 강조했다.

이 책의 예제 코드 전부를 매닝 웹사이트(https://www.manning.com/books/deep-learning-for-natural-language-processing) 및 저자의 깃허브(https://github.com/stephanraaijmakers/deeplearningfornlp)에서 제공한다.

표지 그림에 대하여

이 책 표지에 나오는 그림의 제목은 〈Paisan de dalecarlie〉, 즉 '달라르나의 농부'로서 뉴욕 공립 도서관에서 소장하고 있는 《Miriam and Ira D. Wallach Division of Art, Prints and Photographs : Picture Collection》에서 가져왔다. 각 그림은 손으로 정교하게 그린 다음에 채색한 것이다.

그 시절에는 사람들이 입는 옷만 보고도 그들이 사는 곳이 어디이고 그들의 생활이 어떠하며 무슨 일을 하고 있는지를 알 수 있었다. 매닝은 수 세기 전에 있었던 각 지역별 문화의 풍부한 다양성을 채록한 그림 모음집에 실린 그림을 책 표지에 되살려 냄으로써 컴퓨터 사업의 독창성과 주도성을 기념한다.

차례

소개

1부의 1장에서는 딥러닝의 역사를 머신러닝 기반 자연어처리 (NLP) 형식 중 하나라는 관점에서 소개한다. 2장에서는 자연어 처리를 위한 딥러닝의 기본 아키텍처와 이것을 케라스에서 구현 하는 방법에 관해 논의한다. 3장에서는 딥러닝용 텍스트를 임베 딩 방식으로 표현하는 방법을 설명하되, 널리 사용되는 두 가지 임베딩 전략인 Word2Vec과 Doc2Vec에 초점을 맞춘다.

자연어처리를 위한 딥러닝

1

이번 장에서 다루는 내용

• NLP에 적용된 머신러닝을 체험하는 짧은 여행 하기

• 딥러닝의 역사적 뿌리 배우기

• 언어의 벡터 기반 표현 소개하기

언어는 인간에게 자연스럽게 전달되지만, 역사적으로 보면 컴퓨터가 언어를 이해하기는 쉽지 않았다. 이 책에서는 최첨단 딥러닝 기술을 적용해 언어 분석을 자동화하는 방법을 다룬다. 지난 10년 동안 딥러닝은 인공지능^AI의 최신 물결을 이끄는 수단으로 부상했다. 이로 인해 다양한 분야에서 이뤄지는 다양한 데이터 분석 작업에 쓰이는 최신 기술을 일관되게 다시 정의하는 결과를 이끌어 냈다. 점점 더 많은 딥러닝 알고리즘이 인간보다 더 나은(인간 동등 또는 초인간) 성능을 발휘한다고 보고되고 있다. 복잡한 소음 속에서 음성을 인식해야 하는 경우나 영상을 사용해 의료 진단을 하는 경우를 그 예로 들 수 있다. 현재의 딥러닝 기반 자연어처리^DNLP : Deep Natural Language Processing라는 접근 방식은 기존의 모든 자연어 처리 접근 방식을 크게 능가한다. 무엇이 딥러닝을 이토록 복잡한 분석 작업을 처리하기에 알맞게, 그중에서도 특히 언어처리에 알맞은 것이 되게 하는 것일까? 이번 장에서는 이 질문에 답하는 데 필요한 몇 가지 배경을 제시하고 자연어처리를 위한 머신러닝 분야와 관련해 중요한 주제를 선택하는 과정을 안내한다.

먼저 머신러닝에 대한 몇 가지 주요 접근 방식인 신경 퍼셉트론, 서포트 벡터 머신 및 메

모리 기반 학습memory-based learning을 살펴본다. 그런 다음 딥러닝으로 이어지는 역사적 발전 과정과 주소 벡터 표현 방법(데이터, 그중에서도 특히 텍스트를 신경망 처리에 적합한 수치 표현으로 인코딩하는 방법)을 살펴본다.

몇 가지 잘 알려진 머신러닝 기반 NLP 알고리즘에 대해 자세히 논의하고 우리의 구미를 돋게 만들 몇 가지 실용적인 예를 들어 설명하겠다. 다음으로 딥러닝 기반 NLP 사례를 제시한다.

1.1 NLP를 위한 다양한 머신러닝 방법

머신러닝 기반 NLP를 먼저 빠르게(그리고 어쩔 수 없이 불완전하게) 둘러보는 일부터 해 보자(그림 1.1 참조). 현재 자연어처리는 머신러닝machine learning(기계 학습)에 크게 의존한다. 머신러닝은 18세기와 19세기에 토머스 베이즈Thomas Bayes와 피에르 시몽 라플라스Pierre-Simon Laplace가 발전성 있게 수행한 연구와 1812년에 르장드르Legendre가 곡선 근사를 위해 수립한 최소제곱법 기반 통계에 뿌리를 두고 있다. 신경 컴퓨팅 분야는 1943년에 매컬리McCulloch와 피츠Pitts가 신경망의 형식 이론(및 논리적 미적분학)을 제시하면서 시작되었다. 1950년에 이르러서 앨런 튜링Alan Turing이 학습 기계를 제안했다.

분류(레이블을 지정하는 일)를 수행하는 모든 머신러닝 알고리즘은 단일 목표를 공유한다. 즉, 레이블label(데이터 점이 속한 범주를 말하며, 일반적으로 이러한 범주는 서로 배타적이어서 같은 데이터 점이 여러 범주에 동시에 속하는 경우는 없다)이 지정된 데이터를 클래스별로 선형 분리할 수 있는 상태에 도달하는 것이다. 머신러닝 알고리즘에 제공되는

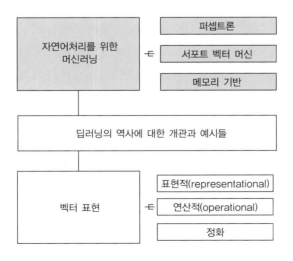

그림 1.1 자연어처리를 위한 머신러닝. 신경망 기반 머신러닝에 대해 처음으로 살펴보기. 그리고 서포트 벡터 머신 및 메모리 기반 학습에 대한 배경지식.

그림 1.2 입력 공간으로부터 출력 공간(레이블들)으로. 딥러닝은 입력 데이터의 중간 추상 표현을 구성하여 입력 공간을 특징 공간에 대응(mapping)시킨다. 이런 대응을 통해 입력과 출력을 연결하는 방법, 즉 입력 공간을 출력 공간에 대응하는 방법(인코딩 클래스 레이블 또는 입력 데이터의 다른 해석)을 학습한다.

데이터 점$^{\text{data points}}$이라고 하는 것은 일반적으로 설명할 수 있는 성향^{traits}을 벡터 형태로 표현한 것이다. 이러한 표현들(즉, 입력한 데이터 점들에 대한 벡터 표현들 – 옮긴이)이 **입력 공간**$^{\text{input space}}$이라고 부르는 것을 구성한다. 자기–학습$^{\text{self-learning}}$ 알고리즘은 학습을 하는 동안에 입력 공간을 후속 처리하고 조작하고 추상화함으로써 **특징 공간**$^{\text{feature space}}$(특성 공간, 자질 공간)이라는 것을 산출해 낸다.

이러한 처리 작업 중 일부를 알고리즘이 처리하는 대신 알고리즘의 외부에서 수행하게 할 수 있는데, 미가공 데이터$^{\text{raw data}}$(원자료, 원시 데이터)는 특징들로 구성된 입력 공간을 기술적으로 생성해 내는 단계인 전처리 단계를 거쳐 특징들로 변환될 수 있다. **출력 공간**$^{\text{output space}}$은 클래스 경계를 기반으로 데이터셋의 다양한 데이터 점을 구분하는 클래스 레이블로 구성된다. 앞으로 보게 되겠지만 특징 공간 속에서 추상적 표현들을 학습하는 것이 딥러닝의 본질인 것이다. 입력 데이터에서 파생된 추상 표현을 통해 입력과 출력 사이를 딥러닝이('딥러닝 방식으로 구성한 인공지능 모델'이라는 뜻 – 옮긴이) 매개하는 방법이 그림 1.2에 나온다.

머신러닝 구성 요소를 훈련하려면 복잡한 함수들에 의존할 수 있는 클래스 간의 경계를 학습해야 한다. 특징에 대한 전처리를 똑똑하게 수행하면 학습 클래스 분리라는 작업에 대한 부담을 덜 수 있다. 선형적으로 분리할 수 없는 입력 공간들에 대하여 암시적 변환이나 명시적 변환을 수행함으로써 클래스 간 경계를 학습할 수 있다. 그림 1.3에 비선형인 클래스 경계가 나와있는데, 이 경계는 선형 함수인 $f(x)=ax+b$로는 모델링할 수 없는 개체들(즉, 두 클래스 안에 들어있는 개체들)을 구분하는 선이다. 이 선을 나타낼 수 있는 함수를 비선형 분류기라고 부를 수 있다. 현실 세계에 빗대자면 여러 가지 색을 보이는 구슬들이 섞여 들어있는 그릇에 비유해 볼 수 있는데, (납작한 주걱처럼 생긴) 구슬들을 곧은 판자만 사용해서는 서로 분리할 수 없는 방식으로 섞인 상태인 것이다.

클래스^{class}(여기서는 범주와 동일한 의미이며 우리말로는 '부류' – 옮긴이)를 직선으로

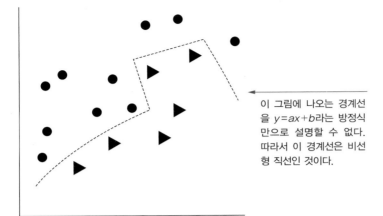

이 그림에 나오는 경계선을 $y=ax+b$라는 방정식만으로 설명할 수 없다. 따라서 이 경계선은 비선형 직선인 것이다.

그림 1.3 비선형 분류기. 두 클래스(원과 삼각형으로 표시됨)를 선형인 선 1개로는 구분할 수 없다.

구분할 수 있는 선형 함수는 선형 분류기linear classifier에 해당하며 이 분류기는 그림 1.4 같은 그림을 그려낸다.

이제 자연어처리 분야에서 자주 활용되는 세 가지 유형의 머신러닝 접근 방식을 간단히 설명할 수 있게 되었다.

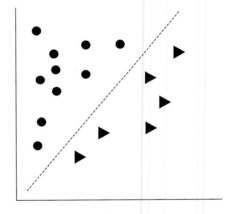

그림 1.4 선형 분류기. 두 클래스(원과 삼각형으로 표시됨)를 직선으로 구분할 수 있다.

- 단층 퍼셉트론single-layer perceptron과 이것을 더 일반화한 다층 퍼셉트론multi-layer perceptron
- 서포트 벡터 머신support vector machines(받침 벡터 기계)
- 메모리 기반 학습memory-based learning

더 많은 이야기를 할 수 있겠지만, 이 세 가지 유형은 각기 머신러닝의 **신경**neural 유형(즉, 인지cognitive 유형), **즉응**eager 유형, **지연**lazy 유형에 해당한다. 이 모든 접근 방식은 이 책의 주제인 자연어 분석에 대한 딥러닝 접근 방식과 자연스럽게 연결된다.

1.1.1 퍼셉트론

1957년에 로젠블랫Rosenblatt은 생물학적으로 영감을 받은 머신러닝 구성 요소의 첫 번째 구현체인 퍼셉트론perceptron('인지 기계'라는 의미를 지닌 말–옮긴이)을 구현했다. 물리적으로 만질 수 있는 기계를 사용해 구현한 이 장치는 광민감성 셀 400개를 사각형 형태(20×20)

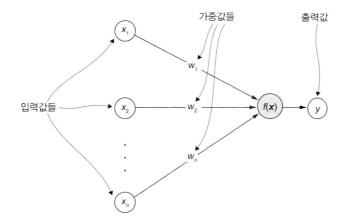

가중값들　출력값

그림 1.5 로젠블랫의 퍼셉트론. 이는 신경 기계 학습 분야에 있어 서는 가장 기본적인 연구 대상에 해당한다. 이는 마치 생물학 분야에 있어서 초파리 같은 존재인 셈이다. 이 그림은 단일 뉴런이 여러 입력값을 수신하고 (임곗값을 적용함으로써) 단일 출력값을 생성하는 것을 나타낸다.

로 배열함으로써 시각적 자극을 모방하는 식으로 어떤 처리를 할 수 있게 한 것이다. 이때 전위차계^{potentiometer}들을 구동하는 전기 모터를 사용해 이 신경망의 가중값^{weight}들을 지정했다. 이 퍼셉트론의 학습 부분은 사실상 신경망의 원형이 된, 간단한 1계층 신경망을 기반으로 구성되었다(그림 1.5 참조).

어떤 1개 문서를 구성하는 단어들같이, 여러분이 관심 있어 하는 특정 개체의 어떤 한 가지 단면을 설명하는 특징들로 구성된 벡터가 하나 있고, 이러한 특징들을 어떤 1개 이진 레이블에 대응하게 하는 함수를 여러분이 만들고 싶어 한다고 가정해 보자(예 : 어떤 문서가 긍정 정서를 전달하는지 아니면 부정 정서를 전달하는지를 결정하려고 한다고 해 보자). 단층 퍼셉트론을 사용하면 바로 이런 일을 할 수 있다. 이 단층 퍼셉트론은 임곗값^{threshold} θ 1개와 편향값^{bias} b 1개를 기반으로 x_1부터 x_n에 이르는 여러 입력값별 가중값 조합으로부터 이진 출력값인 y(0 또는 1)를 생성해 낸다.

$$f(\mathbf{x}) = \begin{cases} 1 \text{ if } \mathbf{w} \cdot \mathbf{x} + b > \theta \\ 0 \text{ } else \end{cases}$$

출력 레이블에 사용된 것과 같은 값(여기서는 0이나 1 - 옮긴이)으로 레이블이 지정된(주석이 달린) 입력 벡터로 구성된 훈련용 데이터를 사용해 가중값들인 $w_1, \cdots w_n$이 학습된다. 임곗값이 적용된 단위장치를 **뉴런**^{neuron}이라고 부른다. 합산되고 가중된 입력값인 v를 뉴런이 받는다. 그렇다면 표 1.1에 표시된 것 같은 가중값 집합과 관련 입력값들이 우리에게 있다고 가정해 보자.

표 1.1　가중된 입력값

가중값 1	3
가중값 2	5
가중값 3	7
입력값 1	10
입력값 2	20
입력값 3	30

그러면 합산되고 가중된 출력값은 340(3×10＋5×20＋7×30＝340)이 된다.

$$v = \sum_{i=1}^{n} w_i x_i$$

이 단순한 인공신경망은 선형적으로 분리 가능한 문제(입력 공간에서 선형 함수를 써서 분리 가능한 문제, 즉 **선형 분리 가능 문제**[linearly separable problems])의 클래스를 다루는 특정 함수들의 집합을 학습할 수 있다. 일반적으로 이러한 문제는 분류 문제치고는 쉬운 편에 속한다. 데이터가 심하게 얽혀있는 경우가 훨씬 더 흔하기 때문이다. 2개의 밧줄에 있는 매듭을 푸는 일을 생각해 보자. 어떤 매듭은 한 번에 쉽게 풀 수 있다. 반면에 어떤 매듭을 풀 때는 더 많은 과정을 거쳐야 할 수도 있다. 서로 다른 클래스에 있는 데이터 개체의 얽힘을 해제하는 일이야말로 머신러닝이 하는 일이다. 현재 자연어처리 분야에서 단일 계층 퍼셉트론이 맡는 일은 미미하지만, 단일 계층 퍼셉트론은 온라인 학습[online learning](Bottou, 1998)같이 단순함이 필요한 여러 파생 알고리즘의 기반이 된다.

퍼셉트론 분류기의 실제 예를 들면 다음과 같다. 우리가 다듬지 않은 어떤 글을 무신론이나 의학적 주제 같은 분류 기준에 맞춰서 광범위하게 분류하는 문서 분류기를 구축한다고 해보자. 문서 분류기를 구축하고 평가하는 데 널리 사용되는 데이터셋 중 하나이자 인기 있는 20 newsgroups라는 데이터셋(http://qwone.com/~jason/20Newsgroups)은 사람이 직접 지정한 스무 가지 주제에 맞게 배포된 뉴스 그룹(유즈넷) 글로 구성된다. 우리가 하는 일은 다음과 같다.

1. 관심 있는 2개의 뉴스 그룹, 즉 alt.atheism(기타 주제 분야 중 무신론－옮긴이) 및 sci.med(과학 분야 중 의학－옮긴이)에 대해 부분적인 선택을 한다.
2. 이 두 클래스에 있는 문서의 **벡터 표현**[vector representation]에 대해 간단한 퍼셉트론을 훈련한다. 벡터라는 것은 그저 숫자 값을 담는 컨테이너(유한 차원의 순서 리스트)에 지나지 않는다.

   벡터 표현은 1.3.2 단원에서 논의하는, TF-IDF라는 단어의 통계적 표현을 기반으로 한다. 일단 지금은 TF-IDF가 문서를 머신러닝 알고리즘에 공급할 수 있는 벡터로 바꾸는 마술이라고만 가정하겠다.

다음에 나오는 목록에 담긴 코드를 지금 당장 완전히 이해하지 못하더라도 걱정하지 않아도 된다. 기본 퍼셉트론에 대한 코드가 어떻게 생겼는지를 살펴보는 용도로만 사용할 것이기 때문이다.

| 목록 1.1 | **간단한 퍼셉트론 기반 문서 분류기**

```
from sklearn.linear_model import Perceptron
from sklearn.datasets import fetch_20newsgroups

categories = ['alt.atheism', 'sci.med']

train = fetch_20newsgroups(
    subset='train',categories=categories, shuffle=True)

perceptron = Perceptron(max_iter=100)

from sklearn.feature_extraction.text import CountVectorizer
cv = CountVectorizer()
X_train_counts = cv.fit_transform(train.data)

from sklearn.feature_extraction.text import TfidfTransformer
tfidf_tf = TfidfTransformer()
X_train_tfidf = tfidf_tf.fit_transform(X_train_counts)

perceptron.fit(X_train_tfidf,train.target)

test_docs = ['Religion is widespread, even in modern times', 'His kidney
    failed','The pope is a controversial leader', 'White blood cells fight
    off infections','The reverend had a heart attack in church']

X_test_counts = cv.transform(test_docs)
X_test_tfidf = tfidf_tf.transform(X_test_counts)

pred = perceptron.predict(X_test_tfidf)

for doc, category in zip(test_docs, pred):
    print('%r => %s' % (doc, train.target_names[category]))
```

sklearn으로부터 기본 분류기 퍼셉트론을 들여온다.

sklearn에서 20 newsgroups 데이터셋을 가져오는 루틴을 1개 들여온다.

데이터셋의 범주를 2개로 한정한다.

우리가 선택한 범주에 대응하는 문서들을 획득한다.

우리의 퍼셉트론이 정의된다. 100회 반복 훈련을 할 것이다.

친숙한 CountVectorizer가 우리의 훈련용 데이터에 적응한다.

sklearn으로부터 TF-IDF 변환기를 들여온 다음, 이것을 훈련용 데이터에 즉응시켜(즉, 학습시켜) 배포한다. 이 변환기는 카운트 벡터들을 사용해 TF-IDF 값을 계산해 낸다.

이 퍼셉트론은 TF-IDF 벡터 값들을 학습하게 된다.

우리의 시험용 데이터

시험용 데이터는 먼저 벡터화되어 벡터들을 센 다음 TF-IDF 벡터로 벡터화된다.

결과가 인쇄된다.

퍼셉트론은 시험용 문서들에 적용된다.

이 코드로 인해 다음과 같은 결과가 산출된다.

```
Religion is widespread, even in modern times => alt.atheism

His kidney failed => sci.med

The pope is a controversial leader => alt.atheism
```

```
White blood cells fight off infections => sci.med

The reverend had a heart attack in church => sci.med
```

분명히 이 몇 가지 짧은 글은 단순한 가중값 기반 알고리즘에 의해 선형으로 분리될 수 있다. 여기 나온 글들의 주제가 서로 많이 다른데, 이는 사실 흔하지 않은 일이며 아주 많이 단순화한 예시에 불과하다. 오히려 실생활에 쓰이는 글들은 서로 비슷한 단어를 쓰거나 주제가 겹쳐있는 경우가 더 많은데, 이런 상황에서는 선형 알고리즘만을 사용해서 주제를 분류해 내기는 어렵다.

　　다층 퍼셉트론$^{\text{MLP : Multi-Layer Perceptron}}$이라고 하는 것은 단일 계층 모델인 원래 퍼셉트론을 입력 계층, 1개 이상의 은닉 표현 계층, 출력 계층이라는 식의 최소 3개 계층이 있는 모델로 일반화한 것이다(그림 1.6).

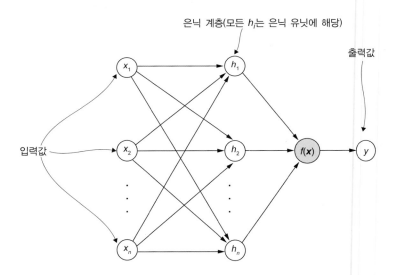

그림 1.6 입력 계층 1개, 은닉 계층 1개($h_1 \cdots h_n$), 출력 계층 1개로 구성된 다층 퍼셉트론. 다차원 입력값을 $x_1 \cdots x_n$으로 표시되어 있는 뉴런들이 처리한다. 이러한 뉴런들은 단일 퍼셉트론과 비슷하지만, 이 뉴런들이 단일 퍼셉트론과 다른 점은 활성값이나 임곗값을 지정해 레이블을 생성하는 대신 은닉 계층을 이루고 있는 뉴런들 쪽으로 활성값들을 보낸다. 마지막으로 임곗값 함수 $f(x)$는 모든 최종값들을 모아서 출력 y를 예측한다. 입력과 뉴런 사이, 뉴런과 뉴런 사이의 모든 연결에는 가중값이 부여되며, 가중값은 퍼셉트론을 훈련하는 동안 학습된다.

1.1.2　서포트 벡터 머신

앞에서 말했듯이, 분류(클래스들을 사용해 객체들에 레이블을 지정하는 일)[즉, 데이터 점

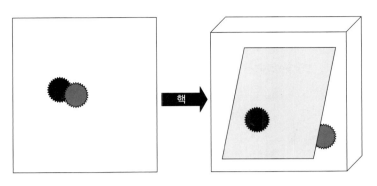

그림 1.7 핵을 1개 사용해 2차원 공간을 3차원 공간으로 보기. 핵은 2차원에서 선형적으로 분리할 수 없는 두 데이터 점을 3차원 공간에서 선형으로 분리할 수 있게 유도한다. 우리는 3차원 공간에 놓인 이 초평면을 선형 함수 꼴로 해석할 수 있다.

들(즉, 객체)을 기계가 보고 해당 데이터 점이 어느 클래스(즉, 부류)에 속하는지를 지정하는 일 ─ 옮긴이]를 수행하는 머신러닝 알고리즘은 데이터 점들 간에 놓인 선형 경계를 찾아내려고 시도한다. 이러한 선형 경계에 대해서는 그림 1.4를 참조하자. 우리가 접시 위에 있는 2개의 물체(오렌지와 사과 등)를 보고 있는데 그중 하나가 다른 하나를 부분적으로 가리고 있다고 상상해 보자. 우리가 한쪽 눈을 감으면 우리는 3차원 공간을 입체적으로 바라볼 수 없게 되고, 이로 인해 보이는 2차원 평면 공간에서는 두 개체를 분리할 수 없다. 두 눈을 떠야 두 물체를 서로 구분해서 볼 수 있다. 서포트 벡터 머신^{SVM}은 일상적으로 이런 이전^{migration} 과정을 더 높은 차원에서 수행함으로써 이 공간 속에 놓인 객체들을 구분해낼 수 있게 한다. 이럴 때 SVM이 사용하는 비밀 무기는 바로 **핵**^{kernel}이다(그림 1.7).

SVM은 특징 공간의 데이터를, **초평면**^{hyperplane}이라고 부르는 선형 평면을 사용해서 암묵적인 형태로 데이터를 분리할 수 있는 더 높은 차원에 사상$^{寫像, mapping}$하는 이진 분류기이다. 이러한 사상 과정은 암묵적으로 이루어지며 **핵함수**$^{kernel\ function}$에 의해 수행된다. 따라서 SVM이라는 것은 데이터를 풀어 선형적으로 분리할 수 있도록 하기 위해 원래 입력 공간을 암시적으로 더 높은 차원을 갖는 대체 표현으로 변환하는 함수인 것이다. 그리고 이러한 변환 과정이라는 것은 거리를 계산하는 2개의 특징 벡터에 적용된 유사도 함수 형태를 취한다는 의미에서 볼 때 암시적이다. 이것을 **커널 트릭**$^{kernel\ trick}$이라고 한다.

여러분은 이 시점에서 두 벡터의 점곱을 구하는 방법을 알고 있어야 한다. 아직 알고 있지 않다면 https://en.wikipedia.org/wiki/Dot_product를 보며 기억을 떠올려 보기 바란다. 요약하면 두 벡터 a와 b의 표준 점곱은 두 벡터의 외적$^{cross-product}$의 합이다.

```
def dot_product(a,b):
  return sum( [a[i]*b[i] for i in range(len(a))])
```

따라서 점곱은 단일 숫자를 생성하는 두 벡터에 대한 곱셈 연산이다. 핵이라는 것은 이러한 벡터들 간의 점곱을 일반화한 것이다. 핵은 이러한 벡터들의 교대 버전들 간의(즉, 교대 텐서들 간의−옮긴이) 점곱을 계산한다. **교대(화)**^{alternation} 성질은 핵함수에 의해 지정된다. 일반적으로 핵함수는 2개의 벡터를 사용하고 상수(핵모수)를 혼합하고 일부 핵 관련 성분을 추가하여 두 벡터의 점곱의 특정 형태를 생성한다.

오렌지와 사과에 관한 예시로 돌아가 보자. 물체들이 놓여있는 탁자를 평평한 XY 평면이라고 여긴다면 우리는 물체를 좌표 쌍 (x, y)로 나타낼 수 있다. 다른 핵 유형들과 마찬가지로 **다항 핵**은 저차원 공간을 고차원 공간으로 사상^{mapping}한다. 고등학교 수학에서 배웠던 다항함수가 $y = 4x^2 + 10$과 같이 더하기, 빼기, 곱하기 또는 양의 지수만을 사용하여 값을 생성한다는 점을 머릿속에 다시 떠올려 보자. 다항 핵들은 2개의 입력값(숫자 값들로 이뤄진 벡터들)과 (일반적으로) 1개의 상수에서 작동한다. 다항 핵들은 다항식을 사용해 결과를 계산한다.

예를 들어, 상수 c를 사용하고 오렌지와 사과를 설명하는 2개의 2차원 XY 벡터를 처리하는 간단한 **2차**^{quadratic} 핵 K는

$$x = (x_1, x_2)$$

이고

$$y = (y_1, y_2)$$

일 때 다음과 같이 된다.

$$K(x, y) = (c + x^T y)^2 = (c + x_1 y_1 + x_2 y_2)^2 =$$
$$c^2 + x_1^2 y_1^2 + x_2^2 y_2^2 + 2c x_1 y_1 + 2c x_2 y_2 + 2 x_1 y_1 x_2 y_2$$

벡터 곱셈에 필요한 **벡터 전치**$^{\text{vector transposition}}$(열과 행을 서로 뒤바꾸는 일)를 의미하는 위첨자 T에 주목하자. 핵은 무엇을 하는가? 두 벡터 간의 곱을 계산한다. 이 곱은 두 입력 벡터 간의 관계를 나타내는 어떤 한 가지 숫자이다. 하지만 이 핵을 끈덕지게 전개한다면 우리는 이것이 실제로 6차원(심지어 3차원도 아님!) 공간에서도 작동한다는 점을 알 수 있다. 이에 따른 결과를 보면 더하기 기호로 서로 구분이 된 여섯 가지 인자들이 계산되고 있다. 이번 경우에, 핵함수인 K는 다음에 보이는 벡터들 사이의 점곱을 암시적으로 계산한다.

$$< c, x_1^2, x_2^2, \sqrt{2c x_1}, \sqrt{2c x_2}, \sqrt{2c x_1 x_2} >$$
$$< c, y_1^2, y_2^2, \sqrt{2c y_1}, \sqrt{2c y_2}, \sqrt{2c y_1 y_2} >$$

따라서 이 두 벡터의 벡터곱이 결과로 나온
다. 그러나 *K*가 이러한 벡터를 명시적으로 만들
어 낸 것은 아니다. 이 **커널 트릭**의 요점을 말하
자면, 희망 사항이기는 하지만, 얽혀있는 입력
공간에서보다는 핵이 노는 놀이터인 고차원 공
간에서 사물을 더 쉽게 분리할 수 있다는 점이
다. 핵들은 이 공간을 명시적으로 드러내지 않
을 뿐만 아니라 해당 공간 내에서 암묵적으로
동작한다. 긴 벡터와 큰 지수가 다항식에 쓰이
는 경우, 이 커널 트릭이 아주 유용할 것이라는
점을 짐작할 수 있다!

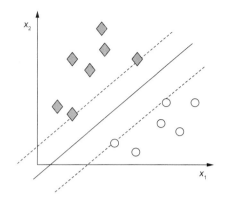

그림 1.8 SVM의 최대 한계들. 파선 형태의
점들을 사용해 받침 벡터를 표기했다.

트릭이 생성한 변환 공간에서 두 클래스는 기껏해야 최대로 넓은 경계(**최대 한계**maximum
margins라고 함)로 구분된다. 이러한 경계의 기울기를 결정하는 데이터 점들을 **받침 벡터**support
vector라고 한다. 그림 1.8을 보자.

(일부 유보해 두었던 시험 데이터를 사용해 측정한) 최소 오차를 내도록 한계margins를 최
적화하는 학습 가중값들을 알아내는 일은 SVM이 훈련을 하면서 해결해야 하는 일이다.
훈련이 끝난 후에는, 받침 벡터와 다양한 가중값 및 편향값이 모델을 구성하게 된다. 새로
운 입력값은 받침 벡터에 투영되고 입력값이 어느 쪽에 속하게 되는지에 따라 양수 레이블
이나 음수 레이블을 받는다(SVM은 이진 분류기임을 기억하자). 따라서 SVM에서는 훈련
시 사용된 데이터 중에 많은 부분이 버려지고 그중에 일부인 받침 벡터들만 남게 된다. 이
런 벡터들을 머신러닝의 **즉응**eager 형태라고 부를 수 있을 것이다.

핵 기반 머신러닝과 신경망 기반 머신러닝 간을 연결하는 내용을 *Deep Learning with
Python*(Chollet, 2017)이라는 책에서 간략하게 논의하고 있다. 이는 신경망의 은닉 계층이
선형적으로 분리할 수 없는 입력 데이터를 계층별, 단계별로 풀어주는 핵 같은 역할을 한
다는 직관에 기반한다.

1.1.3 메모리 기반 학습

훈련용 데이터의 간결하고 대표적인 모델을 구축하는 **즉응**eager 유형의 머신러닝과 달리 메
모리 기반 학습MBL : Memory-Based Learning(Daelemans 및 van den Bosch, 2005)은 **지연**lazy 학습의 한
형태이다. 훈련용 데이터를 일반화하여 압축하지 않고 오히려 모든 훈련용 데이터를 메모
리 속에 넣어 유지한다. 그리고 분류 작업 중에 실제로 훈련 데이터를 처리하게 되며, 유사
도 지표나 거리 지표를 적용하여 입력 데이터가 훈련용 데이터에 정합match된다. 여기서도

SVM과 비슷하게 벡터 간의 거리 함수를 사용해 유사도를 계산한다. 그러나 여기서 우리는 명시적 벡터들을 다루고 있을 뿐, 차원 트릭을 전혀 동원하지 않고 있다.

잘 알려진 거리 함수는 IB1 지표이며 다음 코드 목록에 이것을 단순화한 버전이 나와 있다.

| 목록 1.2 | IB1 거리 지표

```
def IB1(a,b):
  return sum( [delta(a[i],b[i]) for i in range(len(a))])

def delta(x,y):
   if x==y:
       return 0
   if x!=y:
       return 1
```

이 지표는 **특징 값 중첩**[feature value overlap]을 기반으로 두 특징 벡터 간의 거리를 계산한다. 즉, 기호(숫자가 아닌 것) 값에 대한 유사도를 정확히 계산해 내는 것이다. 대부분의 MBL 알고리즘은 특징 가중[feature weighting](예를 들면, 정보 이득 기반 가중[information-gain-based weighting] 같은 것) 또는 모범 가중[exemplar weighting](Daelemans 및 van den Bosch, 2005)을 사용하여 이러한 거리 지표를 확장한다. 그들은 현재 시험 항목들과 동일한 거리를 가진 훈련 항목들로 구성된 집합에서 정합하는(즉, 일치하는—옮긴이) 검색 공간을 분할한다. 예를 들어 거리 집합 $d_1, d_2, \cdots$를 먼저 찾은 다음 알고리즘이 해당 집합에서 가장 빈번한 클래스를 계산한다. 그런 다음에 모든 클래스에 대해 투표를 실시하여 시험 항목에서 가장 가능성이 높은 레이블을 결정한다. k라고 하는 파라미터로는 고려할 거리 집합들의 개수를 지정하므로 MBL이 k 최근접 **이웃**[neighbor] 분류 방식이 아닌 k 최근접 **거리**[distance] 분류 방식인 경우가 많다.

NLP 분야와 관련해 MBL에는 흥미로운 이점이 있다. 모든 훈련용 데이터를 분류 작업 과정 중에 사용할 수 있도록 유지하면 언어 사용 시의 예외적인 경우들을 처리할 수 있다. 예를 들어, 특정 언어에서 지소사[diminutive](원래 말을 변형해 원래 것보다 더 작음을 나타내기 위한 말. 반대말은 확대사[augmentative]—옮긴이) 형성 같은, 단어에 대한 형태학적 작업은 작은 부분법칙 그룹인 **예외 주머니**[pockets of exceptions]에 배열될 수 있다. 예를 들어 네덜란드어에서는 다음과 같은 경우가 있다.

- gat => gaatje ("작은 구멍")
- pad => paadje ("작은 길")

- blad =〉 blaadje ("작은 잎")

지소사 형태로 바꾸기 위해 추가한 모음과 지소사임을 나타내기 위한 접미사 -je에 주목하자. 또한 다음 같은 패턴을 보이는 어파^subfamily(어족의 하위 분류─옮긴이)도 있다.

- kat =〉 katje ("작은 고양이")
- rat =〉 ratje ("작은 쥐")
- schat =〉 schatje ["내 사슴(처럼 소중한 사람)"]
- schot =〉 schotje ("작은 담장")
- schip =〉 scheepje ("작은 배")
- schaap =〉 schaapje ("작은 양")
- guit =〉 guitje ("어린 독불장군")

schat은 음성학적으로 **gat**과 매우 유사하지만(-**ch**-는 -**g**-와 유사하게 발음됨) **sch**- 접두사가 붙은 다른 단어와 유사하게 변화된다. 그러나 **schip**은 이 패턴을 따르지 않는다.

　매우 예외적인 데이터에 대해 메모리 기반 학습기를 사용하는 이점은 원칙적으로 유사한 예외 입력 사례에 레이블을 지정하기 위해 항상 예외를 검색할 수 있다는 점이다. 메모리 기반 학습기는 완벽한 기억력을 지녀서 모든 것을 저장해 둔다. 그러나 **즉응**^eager 머신러닝 모델들은 이러한 예외 사항들을 '편집해서 정리해 버리는' 경향이 있다. 이러한 즉응 머신러닝 모델들은 예외 사항을 추구하기보다는 문자열 규칙성을 지향한다. 훈련용 데이터에서 이러한 예외 사항을 편집해 버리면 결과 분류기의 일반화 정확도(훈련용 데이터 외부의 새로운 보이지 않는 사례를 처리하는 특징)가 떨어지는 것으로 알려져 있다(Daelemans 등, 1999). 명백히, 예외를 담은 주머니 속에 부분 규칙성을 넣어두는 편이 유익하다. 머신러닝 형태 중에 '즉응'을 처리하는 형태라고 할 수 있는 딥러닝 기법의 과제 중 하나는 이러한 부분 규칙성을 유사한 맥락에서 처리하는 일이다.

1.2　딥러닝

딥러닝^deep learning(여러 계층으로 인공신경망을 구성해 훈련함으로써 인공지능 모델을 만드는 방법─옮긴이)은 지난 5년 동안 활발히 유행한 낱말 중 하나이다. 딥러닝 자체는 새로운 것이 아니다. 가장 엄격한 의미에서 딥러닝은 많은 내부 계층(즉, 은닉 계층)과 특정 필

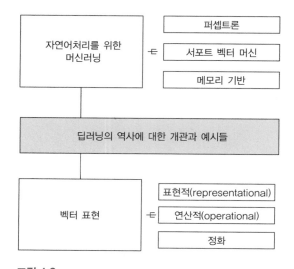

그림 1.9   딥러닝 : 약간의 역사적 배경

터링 작업을 포함하는 신경망이다. 딥러닝 기술에서는 정보를 계층 속 표상representations(표현)의 형태로 처리하므로, 계층을 건설하듯이 차곡차곡 쌓으면 더 많은 정보를 처리할 수 있다. 본질적인 형태의 딥러닝이 지난 세기인 1960년대에 발명되었지만 마침내 사용할 준비가 되기까지는 30년이 걸렸다. 이번 단원에서는 왜 이런 일이 발생했는지에 대해 설명한다(이 설명 과정의 구성을 알고 싶다면 그림 1.9를 참조할 것).

그러기 전에 먼저 딥러닝이 자연어처리 분야의 문제 중 어떤 것들을 해결하는지 알아보자. 딥러닝은 (아주) 많은 파라미터parameter(딥러닝에서는 입력값, 가중값, 활성값 등을 의미─옮긴이)를 다루기 위한 매우 효과적인 통계 기법으로 볼 수 있다. 각 입력 데이터의 한 가지 단면을 인코딩하는 수백만 개의 파라미터를 효과적으로 처리할 수 있다. 딥러닝용 인공신경망을 구성하는 각 계층은 입력 데이터를 해당 데이터에 할당하는 레이블로 수용해 나가는 각 단계별 변환기 역할을 한다. 이러한 계층들은 레이블을 더 쉽게 할당할 수 있도록 얽혀있는 입력 데이터를 **풀어낸다**disentangle. 이러한 입력 데이터 정리 단계들(즉, 계층들─옮긴이)을 서로 겹쳐서 쌓을 수 있다는 사실이 딥러닝의 주요 **강점**이다. 언어와 관련해서 본다면, 딥러닝은 두 가지 유형의 이점을 제공한다.

- 데이터 정리data decluttering 단계들을 반복적으로 적용하면 자연어처리에 좋다는 점이 입증되어 있지만, 이런 현상이 언어에만 국한되는 것은 아니다. 딥러닝이 적용되는 거의 모든 양식에 적용된다.

- 딥러닝에는 메모리 연산자들과 버퍼를 사용하여 순차적 정보를 처리하는 특징이 있다. 이러한 특징은 언어를 처리하기에 적합하며, 이런 관점에서 본다면 딥러닝이라는 것은 일반적으로 **상태 비저장**stateless 머신러닝 모델 유형들과 달리 **상태 저장**stateful 머신러닝의 한 형태이다. 또한 이러한 모델들은 일반적으로 SVM과 마찬가지로 단일한 얽힘만 푸는disentanglement 단계만 수행한다.

데이터의 계층적 표현을 학습하는 게 딥러닝의 핵심이다. 다층 신경망을 수직적 계층 구조로 보고 그 역할을 해석하자면, 다층 신경망이란 모든 '하위' 계층의 산출 내용을 '상위' 계층으로 공급하는 인공신경망이라고 할 수 있다. 그리고 각 계층은 연속된 구조로 되어있는, 입력값과 가중값을 처리하기 위한 복잡한 함수라고 볼 수 있다. 이러한 가중값은 인공신경망에 저장된 정보의 중요도[importance]를 인코딩하는 역할을 맡는다. 인공신경망은 전용 입력 계층에서 입력값을 받아들여 이 입력값을 계층별로 처리하여 인공신경망을 거쳐 상향 전송한다.

　마지막으로 출력 계층은 결과물[outcome]을 산출하게 되는데, 여기서 결과물이

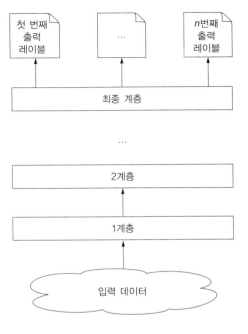

그림 1.10　딥러닝 인공신경망 : 일반적인 구조

란 모델이 입력값에 할당하는 레이블을 말한다.[1] 일반적으로 인공신경망은 나옴 직한 여러 결과에 대해 해당 결과가 나올 확률을 생성한다. 확률이 가장 높은 결과가 최종 출력 레이블이 된다. 입력 계층과 출력 계층을 제외한 나머지 모든 계층을 사람이 쉽게 관찰할 수는 없으므로 이러한 계층들을 **은닉 계층**[hidden layer]이라고 부른다. 앞에서 말했듯이 신경망의 은닉 계층들은 선형적으로 분리할 수 없는 입력 데이터를 각 은닉 계층에서 단계별로 분리하는 역할을 한다. 그림 1.10에서 일반적인 딥러닝 인공신경망을 볼 수 있다.

　신경망을 훈련하는 동안 신경망의 기본 처리 단위인 **뉴런** 간에 존재하는 가중값을 신경망 모델이 추정해 미세하게 조정[fine-tuning]한다. 모든 계층은 해당 계층에 공급되는 뉴런의 가중값을 기록한다. 가중값을 추정하는 일은 신경망에서 반드시 해야 할 일에 해당한다.

　신경망의 계층은 위계적으로 조직되기(즉, 차곡차곡 쌓이기) 때문에 이것들이 생성하는 **표현**은 계층적 표현이라는 말로 해석될 수 있으며, 구체적인(입력 계층에 가까운) 표현에서 더 추상적인(출력 계층에 가까운) 표현으로 옮겨 간다. 일반적으로 이러한 표현을 인간

---

1 유즈넷에 실린 글이 어떤 주제를 다루는지를 알아낸다면, 글은 입력값에 해당하고 주제는 레이블(흔히 y로 표기하며 실젯값을 말함)에 해당한다. 그리고 어떤 입력값을 신경망 모델에 넣으면 해당 입력값에 대한 예측 레이블(흔히 y_hat으로 표기하며 예측값을 말함)이 최종적으로 할당되어 결과물로 나오게 된다. 이는 저자가 말한 대로 마치 모델이 자신이 받은 입력값에 레이블을 할당하는 일을 하는 것처럼 보이게 된다. ─옮긴이

이 이해할 수 있는 말로 해석하기는 어렵다. 그러나 딥러닝 인공신경망의 계층과 관련된 가중값을 영상 분석 분야와 관련해 살펴보았더니 가중값이라는 것이 사람이 해석할 수 있는 개념을 인코딩한다는 점이 드러났다. 이처럼 해석 가능한 개념을 우리는 눈으로 볼 수 있는 형태로 나타낼 수 있으며, 하위 계층은 화소 수준에서 인코딩하는 것처럼 보이는 반면에 상위 계층에서는 가장자리(즉, 모서리)나 얼굴 객체들 같은 개념 수준까지 표현해 낸다[Lee(2010) 참조].

아마도 1965년에 이바흐넨코^{Ivakhnenko}와 라파^{Lapa}가 이러한 계층적 표현 학습을 처음으로 언급한 것 같다[Ivakhnenko 및 Lapa(1965) 참조]. 그들은 논문에서 다음 공식을 기반으로 계층이 서로 공급하여 출력을 생성하는 방법인 **데이터 처리를 위한 군^群 방법**^{GMDH : Group Method of Data Handling}을 설명한다.

$$Y(x_1, \ldots, x_n) = a_0 + \sum_{i=1}^{n} a_i x_i + \sum_{i=1}^{n} \sum_{j=1}^{n} a_{ij} x_i x_j + \sum_{i=1}^{n} \sum_{j=1}^{n} \sum_{k=1}^{n} a_{ijk} x_i x_j x_k + \ldots$$

이 무시무시한 공식은 입력값 x_i의 가중 조합(군)의 복소합^{complex sum}을 계산하는 함수 Y 외에는 아무것도 설명하지 않으며 모든 a 인자는 가중값(즉, **계수**^{coefficient})이다. 이 값(출력값)을 우리가 원하는 값(즉, 참값)과 비교한 다음에 이 '참'값에 근접하도록 가중값을 조정할 수 있다. 우리에게는 1차원 가중값에 해당하는 계수 행렬 a_i, 2차원 가중값에 해당하는 계수 행렬 a_{ij}, 3차원 가중값에 해당하는 계수 행렬 a_{ijk} 등이 있다는 점에 주목하자. 가중값 행렬을 일반적으로 **다항 모델**^{polynomial model}이라고 한다. 다음과 같이 두 값만 지정하는 일련의 2차 항(다항)으로 복소 함수를 나타낼 수 있다.

$$Y(x_i, x_j) = a_0 + a_1 x_i + a_2 x_j + a_3 x_i^2 + a_4 x_j^2 + a_5 x_i x_j + \ldots$$

(GMDH 인공신경망에서 모든 뉴런은 2개의 입력값을 지니게 되며 이 두 값으로부터 다항 값을 생성한다.) a 계수들의 값을 알아내기 위해 우리는 **최소제곱법**^{least square} 같은 간단한 방법을 통해 인공지능 모델이 훈련용 데이터로부터 학습을 해내게 할 수 있다(https://en.wikipedia.org/wiki/Least_squares). GMDH 인공신경망들은 외부 품질 판정 기준^{external quality criterion}을 최소화하며, 자체적으로 최적화된다. 즉, 다항 함수의 부분집합을 선택하고 해당 계수들을 추정하는 식이다. 1971년에 이바흐넨코는 GMDH를 기반으로 하는 최초의 깊은 8계층 인공신경망을 발표했다[Ivakhnenko(1971) 참조].

그러나 이 기억할 만한 사실이 딥러닝이 공식적으로 출시된 일과 들어맞지 않았다. 그래서 GMDH에 의한 가중값 조율을 위한 단순한 방법을 대규모 훈련에서 쓸 수 있도록 전개할 수 없었다. 규모^{scale}(눈금)를 조절할 수 있는 가중값 조율 방법(역전파 같은 방법)이 등장하기까지는 시간이 걸렸다. 역전파 방법의 경우에 1970년경에 발명되었지만 1980년대 후반 이전까지는 신경망에 적용되지 않았다. [역전파에 대한 소개는 *Deep Learning with Python*(Chollet, 2017)의 2.4 단원을 참조하자.]

　　그러나 역전파를 사용하더라도 신경망은 악명 높은 **그래디언트 소실**$^{vanishing\ gradient}$(경사 소실, 기울기 소실) 문제를 포함하여 다양한 실제 문제로 어려움을 겪었다. 이 문제는 인공신경망을 훈련하는 중에 발생한다. 신경망의 오차 함수에 대한 편도함수를 취하여 모든 가중값에 대해 미분하고 최솟값을 향해 단계적으로 이동함으로써 신경망의 오차 함수를 최소화하는 방법이 역전파의 중요한 재료가 된다. 그래디언트라는 것은 함수의 일변수 편도함수$^{one\text{-}variable\ partial\ derivative}$를 일반화한 것이다. 편도함수가 0인 지점에서 우리는 함수의 극댓값$^{local\ maximum}$(국소 최댓값)이나 극솟값$^{local\ minimum}$(국소 최솟값)을 찾을 수 있다. 이 함수가 가중값을 기반으로 특정 출력을 예측하기 위해 인공신경망이 만드는 오차를 계산하는 오차 함수인 경우에, 이 오차 함수를 최솟값에 더 가깝게 만드는 가중값 조율 결과를 찾을 수 있다. 이 절차를 **경사 하강법**$^{gradient\ descent}$이라고 하며 이는 역전파의 원동력이다. 역전파는 인상적인 실적을 쌓았고 대부분의 신경망 기반 업적의 기초가 되었다.

　　그러나 수백만 개의 가중값이 있는, 깊고 복잡한 인공신경망의 경우 가중값 조절치$^{weight\ adjustment}$들이 너무 작아서 유용하지 않을 수 있는데, 가중값에 대한 조절치들이 점점 줄어들어 사라져 버리게 되면 경사 하강법이 더 이상 효과적이지 않게 되기 때문이다. 역전파는 계층별 가중값에 대한 조절치들을 계산하기 위해 미적분학에서 다루는 **연쇄법칙**$^{chain\ rule}$을 전개한다. 연쇄법칙은 함수에 적용되는, 함수의 도함수를 계산하기 위한 알고리즘이다. 기본적으로 이것은 우리가 활성 함수들을 계층들의 출력값에 적용할 때 벌어지는 일이다 (이 활성 함수들은 자신들이 입력으로 받는 각 계층의 출력값에 다시 활성 함수를 적용하고, 이 과정이 연쇄적으로 이어진다).

　　앞에서 말했듯이, 경사 하강법은 계층과 각 활성 함수들을 통해 구성된 도함수를 사용해 가중값들을 갱신함으로써 인공신경망들의 가중값이 적절한 것이 되게(즉, 최종 출력단의 오차가 최소화되게) 하는 방법인 것이다. 작은 숫자(예 : 0과 1 사이)로 제한된 구간 내의 값에 맞는 그래디언트를 지니게 되는 활성 함수는 본질적으로 작은 가중값에 적응하게 되는 결과를 초래하고, 이러한 작은 숫자를 연쇄법칙에 맞춰 반복적으로 곱하면 가중값이 줄어들다가 결국 값이 증발하고 만다. 즉, 가중값에 대한 적응치$^{weight\ adaptation}$(출력 계층 바로 아래에 있는 계층에서 계산되는 값, 즉 인공신경망의 최상위 계층[2]에서 계산되는 값)들

---

[2] 여기서 '인공신경망의 최상위 계층'이라고 저자가 표현한 것은 입력 계층을 최하단에, 출력 계층을 최상단으

이 입력 계층에 더 가까운 쪽에 있는 계층들에 도달하지 않게 되며, 이로 인해 이후에는 학습이 되지 않는다.

그렇다면 딥러닝 분야에서는 어떻게 이 난제를 풀어냈을까? 문제를 쉽게 만들 해법이 적어도 몇 가지는 있다. 가장 눈에 띄는 것은 제한 볼츠만 머신^{RBM : Restricted Boltzmann Machine}에서 제시된 대로 특징 선택^{feature selection}/자료 복원^{data reconstruction}을 주기적으로 사용하는 것이다. RBM은 데이터에서 확률 분포를 학습하는 완전망^{complete network}(완비망)이다. 그것들은 계층이 되어 각기 서로 위에 쌓일 수 있다. 여기서 모든 계층은 개별 RBM에 해당하는데, 이는 은닉 계층 간의 계층 간 연결을 통하지 않고 은닉 계층 데이터를 다음 계층에 대한 입력으로 보내는 방식인 것이다. 이런 식으로 인공신경망을 구성하면 인공신경망을 이루는 계층별로 훈련할 수 있고 그래디언트가 인공신경망 아래쪽으로(즉, 입력 계층을 향하여 ─ 옮긴이) 멀리 이동할 필요가 없기 때문에 그래디언트 소실 문제 중 대부분을 해결한다. 이는 그래디언트들이 계층별로 분리되어 제한되기 때문이다. 순환 신경망의 다단계 계층 구조라는 유사한 아이디어가 이전에 위르겐 슈미트후버^{Jürgen Schmidhuber}(1992)에 의해 만들어졌다. LSTM처럼 순차적이고 반복적인 모델도 그래디언트들이 소실되는 일에 상대적으로 영향을 받지 않는 것으로 밝혀졌다.

이 모든 것 외에도 딥러닝 분야에서는 새로운 유형의 활성 함수가 인기를 얻었는데, 이 함수를 ReLU(정류된 선형 단위^{Rectified Linear Unit})라고 부른다. ReLU는 최대 2개의 값을 계산하는 매우 간단한 비선형 함수이며 그 값들 중 하나는 뉴런에 대한 입력값이다.

구체적으로 보면, 다음과 같다.

```
ReLU(x) = max(0,x)
```

따라서 `ReLU(x)`는 0 또는 x 중 더 큰 것을 반환한다. 따라서 0보다 작은 모든 x 값을 제거하게 된다.

이제 우리가 인공신경망을 구성하고 있는 모든 뉴런에 이 함수를 적용한다면 양수 값을 가진 뉴런만 자신이 지닌 그 양수 값을 다음 계층으로 흘려보내게 된다.

$$y = \text{ReLU}(\textstyle\sum_i (\text{가중값}_i \times \text{입력값}_i) + \text{편향값})$$

이 공식은 입력값^{input}에 가중값^{weight}을 곱한 합산값^{summation}($\sum$)에 편향값^{bias} 항 1개를 추가해

로 놓은 것으로 간주했을 때 출력 계층의 바로 아래 계층을 의미하며, 이는 신경망 전체적으로 보면 (입력 계층과 출력 계층을 제외한) 신경망 계층들 중 최상단 계층이 된다. ─옮긴이

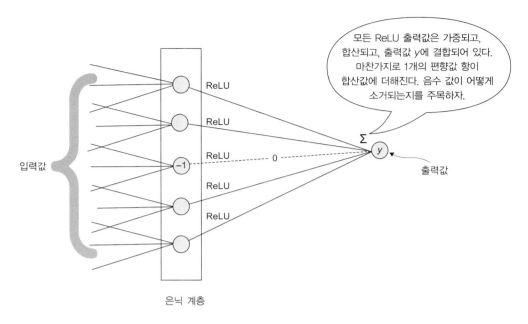

그림 1.11 ReLU 연산은 신경망의 최종 은닉 계층의 출력값에 대해 작동한다. 음수 값은 ReLU 연산에 의해 0으로 바뀐다.

서 보강한 값에 적용된 ReLU의 효과를 표현한다. 그림 1.11에서 이런 일이 어떻게 이루어지는지를 볼 수 있다.

ReLU 함수는 정확히 0인 부분을 제외한 거의 모든 곳에서 미분 가능하며 그 도함수는 아주 간단하다.

$$ReLU'(x) = 1 \text{ if } x > 0 \text{ and } 0 \text{ else}$$

이는 역전파가 진행되는 동안의 인공신경망 계산 속도와 확장성에 유익한 영향을 끼친다.

시그모이드 함수는 전통적인 활성 함수다.

$$sigmoid(x) = 1 \ / \ (1 + e^{-x})$$

활성 함수를 어떤 것으로 선택해 쓰느냐에 따라 인공신경망의 성능이 극적으로 달라진다는 점을 확인하기 위해 크기가 작은 정서 데이터 한 조각과, 이 데이터에 비해 지나치다 싶을 정도로 깊은 인공신경망을 사용해 보자.

시나리오 : 정서 레이블을 지정하기

여러분이 정서 레이블 지정 작업에서 깊은 인공신경망을 훈련하려고 한다고 해보자. 이 작업은 글에 정서 레이블인 1 또는 0을 지정하는 작업으로 구성된다. 여기서 1은 긍정 정서를 의미하고 0은 부정 정서를 의미한다. 여러분은 어떤 활성 함수를 선택해야 하는지에 대해 확신할 수 없을 것이다. 여러분은 최상의 선택지를 실험적인 방법으로 찾을 수 있는가?

우리의 처리 파이프라인이 그림 1.12에 나온다.

그림 1.12 깊은 다층 퍼셉트론으로 정서 레이블을 지정하기. 문서는 정서 레이블과 더불어 토큰화되고 벡터화되어 깊은 다층 퍼셉트론으로 공급된다.

Pang 및 Lee(2004)에서 가져온 우리의 데이터는 각각 0(부정 정서) 또는 1(긍정 정서)로 레이블이 지정된 일련의 문장이다.

감상평	정서 점수
smart and alert , thirteen conversations about one thing is a small gem	1
color , musical bounce and warm seas lapping on island shores and just enough science to send you home thinking	1
it is not a mass-market entertainment but an uncompromising attempt by one artist to think about another	1
a love affair with a veterinarian who is a non-practicing jew	1
initially reluctant to help , daniel's conscience eventually gets the better of him	0
his plans go awry , however , when his older brother , keith , returns from prison	0
inspired and motivated , the kids save the day , showing bravery and nobility	0

데이터의 원래 서식은 다음과 같다. 이 데이터에는 열이 2개이고, 2개의 열 중간에는 탭이 들어있으며, 각 열마다 제목이 붙어있다.

```
"text"<tab>"label"
smart and alert , thirteen conversations about one thing is a small gem
➡ <tab>1
...
```

우리가 다루려고 하는 모델은 다음 목록에서 볼 수 있듯이 깊이가 10개 계층에 이른다. 이 모델에서는 훈련용 데이터 중 90%에 해당하는 분량을 가지고 훈련하며 나머지 10%를 따로 분리해 두었다가 검증 작업에 사용한다.

| 목록 1.3 | 　10계층 MLP 정서 분류기

판다스 라이브러리에는 쉼표로 구분하는 데이터(csv 형식 데이터)와 탭으로 구분하는 데이터(tsv 형식 데이터)를 처리하는 데 유용한 기능이 많이 들어있다.

```
from keras.models import Sequential
from keras.utils import np_utils
from keras.preprocessing.text import Tokenizer
from keras.layers.core import Dense, Activation

import pandas as pd
import sys

data = pd.read_csv(sys.argv[1],sep='\t')
docs=data["text"]

tokenizer = Tokenizer()
tokenizer.fit_on_texts(docs)

X_train = tokenizer.texts_to_matrix(docs, mode='binary')
y_train=np_utils.to_categorical(data["label"])

input_dim = X_train.shape[1]
nb_classes = y_train.shape[1]

model = Sequential()
model.add(Dense(128, input_dim=input_dim))
model.add(Activation('sigmoid'))
model.add(Dense(128))
model.add(Activation('sigmoid'))
model.add(Dense(128))
model.add(Activation('sigmoid'))
model.add(Dense(128))
```

우리가 사용할 데이터는 탭으로 구분되어 있다. 즉 문장 속에 탭이 있어서 문장과 레이블을 서로 분리하고 있다. 우리는 데이터를 데이터 프레임(판다스의 기본 데이터 형식)으로 읽어 들여오고 '텍스트' 필드(데이터에서 '텍스트'로 레이블이 지정된 열)를 우리의 문서 집합으로 추출한다.

우리는 데이터 프레임(문서 텍스트)의 텍스트 필드 내용을 얻는다.

케라스에는 텍스트를 숫자 벡터로 변환하는 토큰화 기능이 있으며, 이 숫자 벡터는 원래 단어를 참조하는 고유 정수로 구성된다.

우리는 토크나이저를 우리 문서에 적용한다.

다음으로 우리는 우리 문서에 대한 벡터 표현을 생성한다. 이 모든 것들이 모여 1개 행렬을 구성한다. 토크나이저는 단어를 정수에 대응시키는 어휘집을 작성하고 입력 문서의 모든 단어에 대해 0부터 세어 1인 고정 차원의 이진 벡터를 생성한다. 즉 위치 3에 놓인 1은 어휘 2가 문서에 있다는 것을 의미한다.

우리는 벡터화된 데이터와 클래스 수에서 입력 크기(차원)를 추론한다.

인공신경망은 10개의 Dense 계층(표준, 완전 연결 계층)을 포함하고 시그모이드 특징을 통해 들어오는 연결을 각 뉴런으로 전달하는 시그모이드 활성 함수를 배포한다.

```
model.add(Activation('sigmoid'))
model.add(Dense(128))
model.add(Activation('sigmoid'))
model.add(Dense(128))
model.add(Activation('sigmoid'))
model.add(Dense(128))
model.add(Activation('sigmoid'))
model.add(Dense(128))
model.add(Activation('sigmoid'))
model.add(Dense(128))
model.add(Activation('sigmoid'))
model.add(Dense(128))
model.add(Activation('sigmoid'))
model.add(Dense(nb_classes))          ◁  출력 계층은 클래스 수만큼 뉴
model.add(Activation('softmax'))      ◁     런이 있는 Dense 계층이다.          softmax 활성 함수는 출력
model.compile(loss='binary_crossentropy',                                     확률을 생성한다.
              optimizer='adam',
              metrics=['accuracy'])   ◁  우리는 모델을
                                          컴파일한다.
print("Training...")
model.fit(X_train, y_train, epochs=10, batch_size=32, validation_split=0.1,
➡  shuffle=False,verbose=2)    ◁   이 모델은 검증용으로 유보해 둔 데이터(훈련용 데
                                   이터의 10%)를 사용하여 데이터에 적합하게 된다.
```

다음은 글로 된 데이터를 벡터화하는 케라스 토크나이저의 예이다.

```
>>> docs = ['smart and alert , thirteen conversations about one thing is a
➡  small gem','not very smart movie']
>>> tok=Tokenizer()
>>> tok.fit_on_texts(docs)
>>> tok.texts_to_matrix(doc, mode='binary')
array([[0., 1., 1., 1., 1., 1., 1., 1., 1., 1., 1., 1., 1., 0., 0., 0.,0.],
       [0., 0., 0., 0., 0., 0., 0., 0., 0., 0., 0., 0., 1., 0., 1., 1., 1.]])
>>> tok.word_index
{'and': 1, 'a': 9, 'about': 5, 'very': 15, 'not': 14, 'conversations': 4,
➡  'is': 8, 'one': 6, 'mart': 13, 'thing': 7, 'thirteen': 3, 'movie': 16,
➡  'small': 10, 'alert': 2, 'gem': 11, 'smart': 12}
```

우리 데이터를 사용하면 모델은 다음 출력을 생성해 낸다.

```
Train on 1800 samples, validate on 200 samples
Epoch 1/10
2s - loss: 0.7079 - acc: 0.5078 - val_loss: 0.6937 - val_acc: 0.5200
Epoch 2/10
1s - loss: 0.6983 - acc: 0.5144 - val_loss: 0.6938 - val_acc: 0.5200
Epoch 3/10
```

```
1s - loss: 0.6984 - acc: 0.5100 - val_loss: 0.6955 - val_acc: 0.5200
Epoch 4/10
1s - loss: 0.6988 - acc: 0.5000 - val_loss: 0.6979 - val_acc: 0.5200
Epoch 5/10
1s - loss: 0.6994 - acc: 0.4922 - val_loss: 0.6994 - val_acc: 0.5200
Epoch 6/10
1s - loss: 0.6999 - acc: 0.4989 - val_loss: 0.6986 - val_acc: 0.5200
Epoch 7/10
1s - loss: 0.6999 - acc: 0.4978 - val_loss: 0.6966 - val_acc: 0.5200
Epoch 8/10
1s - loss: 0.6993 - acc: 0.4956 - val_loss: 0.6953 - val_acc: 0.5200
Epoch 9/10
1s - loss: 0.6986 - acc: 0.5000 - val_loss: 0.6946 - val_acc: 0.5200
Epoch 10/10
1s - loss: 0.6982 - acc: 0.5111 - val_loss: 0.6944 - val_acc: 0.5200
```

인공신경망이 전혀 학습하지 않는 것 같다. 검증 정확도(훈련용 데이터 중 시험용으로 유보해 둔 부분을 사용해 훈련 시 달성한 정확도)가 증가하지 않고 있기 때문이다. 출력 목록을 통해서 이런 점을 확인할 수 있는데, **val_acc** 값이 훈련을 받는 동안 0.52로 고정되어 있다. 게다가 분류기의 정확도(acc)는 자체 훈련용 데이터에서 계산된 대로 약 50%에서 왔다 갔다 할 뿐 더 나아지지 않는다.

　이번에는 아주 똑같은 모델 구조로 되어있지만 활성 함수로 ReLU를 쓰는 인공신경망과 비교해 보자.

| 목록 1.4 |　ReLU 활성 함수를 사용하는 심층 MLP 정서 분류기

```
...
model = Sequential()
model.add(Dense(128, input_dim=input_dim))
model.add(Activation('relu'))
model.add(Dense(128))
model.add(Activation('relu'))
model.add(Dense(128))
...
```

이 코드는 다음 출력 결과를 생성한다.

```
Epoch 1/10
2s - loss: 0.6042 - acc: 0.6128 - val_loss: 0.3713 - val_acc: 0.8350
Epoch 2/10
1s - loss: 0.1335 - acc: 0.9478 - val_loss: 0.5356 - val_acc: 0.8250
Epoch 3/10
```

```
1s - loss: 0.0073 - acc: 0.9983 - val_loss: 0.9263 - val_acc: 0.8500
Epoch 4/10
1s - loss: 1.3958e-05 - acc: 1.0000 - val_loss: 0.9707 - val_acc: 0.8550
Epoch 5/10
1s - loss: 6.7025e-06 - acc: 1.0000 - val_loss: 1.0057 - val_acc: 0.8550
Epoch 6/10
1s - loss: 4.2353e-06 - acc: 1.0000 - val_loss: 1.0420 - val_acc: 0.8550
Epoch 7/10
1s - loss: 2.8474e-06 - acc: 1.0000 - val_loss: 1.0798 - val_acc: 0.8500
Epoch 8/10
1s - loss: 2.0100e-06 - acc: 1.0000 - val_loss: 1.1124 - val_acc: 0.8500
Epoch 9/10
1s - loss: 1.4673e-06 - acc: 1.0000 - val_loss: 1.1427 - val_acc: 0.8500
Epoch 10/10
1s - loss: 1.1042e-06 - acc: 1.0000 - val_loss: 1.1698 - val_acc: 0.8500
```

훨씬 낫다! 이제 우리는 훈련용 데이터 중에 10%만큼 유보해 둔 부분에서 85%(정확도 점
수이므로 비율값으로 점수가 나온다. ─옮긴이)에 해당하는 점수를 얻었고 훈련용 데이터
에서 100%에 해당하는 정확도 점수를 얻었다(하지만 이게 실제로는 이 모델이 과대적합
되고 있음을 의미할 수 있다). (두 인공신경망을 여러 번 실행하여 ReLU 인공신경망의 결
과가 시그모이드 인공신경망의 결과보다 일관되게 더 나은지 확인하자.)

다음 장에서는 딥러닝 기술을 자세히 살펴보자. 딥러닝에는 벡터 형태로 된 데이터가
필요하다. 텍스트 데이터를 어떻게 그러한 표현으로 바꿀 수 있는가?

1.3 언어의 벡터 표현

대부분의 머신러닝 알고리즘에서는 **벡터**를 사용해 작업을 진행하는데, 여기서 벡터란 (일
반적으로) 숫자 값들로 구성된 고정 크기 컨테이너(시퀀스 컨테이너)를 말한다. 이번 단원
에서는 글로부터 이러한 벡터를 생성해 내는 절차를 설명한다. 수학적 관점에서 볼 때, 이
러한 벡터들은 다차원 공간 속에 있는 점들에 해당한다. 텍스트 마이닝에 사용하는 애플
리케이션과 마찬가지로 일반적인 머신러닝 애플리케이션은 무척 고차원적이어서, 기하학
측면에서 볼 때 인간의 직관을 넘어서는 이러한 공간에서 우리는 객체(점) 사이의 거리를
측정해 내야 한다. 글을 벡터로 변환하는 방식은 꽤 많다(그림 1.13). 언어를 벡터로 표현
하는 유형을 크게 나누어 본다면 두 가지다.

- **표현적 벡터** ─ 직접 계산되는 벡터

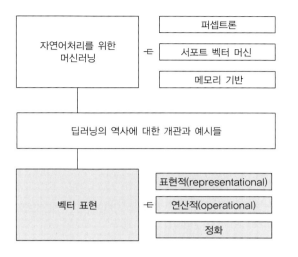

그림 1.13 벡터 표현 : 언어를 벡터로 변환한 것. 우리는 두 가지 주요 접근 방식에 대해 논의하고 벡터를 정화하는 일(최적화하는 일)을 다룰 것이다.

- **연산적(또는 절차적) 벡터** — 통계 또는 머신러닝을 통해 데이터에서 추정되는 벡터

언급했듯이 이번 단원에서는 주로 표현적 벡터에 초점을 맞춘다. 표현적 벡터란 데이터로부터 학습되지 않는(즉, 추정되지 않는) 벡터 표현을 말하는데, 이런 벡터 표현을 데이터로부터 직접 (정확하게) 계산해 낼 수 있다.

1.3.1 표현적 벡터

표현적 벡터representational vector에서는 사람이 해석할 수 있는 여러 **특징 차원**feature dimension에 걸쳐서 설명하는 식으로 글을 표현한다. 그러한 벡터의 가장 간단한 형태를 예로 든다면 여러 문자를 사용해 단어를 표현하는 글을 들 수 있다. 10차원 문자 값들로 구성된 벡터를 그러한 예로 들 수 있다.

$$v \; e \; c \; t \; o \; r - - - -$$

하지만 우리는 보통 더 정교한 표현을 사용한다. 어휘 형태론의 관점에서 네덜란드어의 지소사 형성 형태를 다시 생각해 보자. 네덜란드어는 지소사용 접미사를 사용한다.

hospitaal => hospitaal + tje ("작은 병원")　　　　woning => wonin + kje ("작은 집")

이러한 접미사들은 단어를 구성하는 접미사(어미)에 대한 음성학적(소리), 형태론적(단어의 형성 구조), 맞춤법적(철자) 특성과 앞서 나온 맥락과 유사한 특징들에 따라 고정된 수

의 조건이 적용된다. 12개 차원(쉼표로 구분)과 **hospitaal**에 대한 클래스 레이블이 있는 어떤 특징 벡터에 대해 상상해 볼 수 있는 꼴은 다음과 같다.

$$+,h,O,s,-,p,i,=,-,t,a,l,T$$

여기서 '+' 부호와 '–' 부호는 **hos**와 **pi** 및 **taal** 음절에 대한 강세 있음 또는 강세 없음을 나타내며, 다른 특징들은 단어를 이루고 있는 문자들의 음소 표현을 나타낸다. T 레이블은 지소사 접미사의 유형을 나타낸다(여기서는 **-tje**).

우리가 표현하는 방식 속에서 단어의 글자 수가 12개보다 더 적다면, 결여 차원에 대한 더미 값을 얻는다.

$=,=,=,=,=,=,=,=,+,v,A,xt,J$ ('모피'라는 뜻을 지닌 네덜란드어 단어 'vacht'의 벡터 표현)

그리고 12개 글자를 초과하는 단어는 잘린다.

$+,G,e,t,-,m,@,=,-,n,i,t,J$ ('물망초'라는 뜻을 지닌 네덜란드어 단어 'vergeetmenietje'에서 앞의 세 글자가 잘린 '…geetmenietje'에 대한 벡터 표현)

단어 가방^{bag-of-words} 표현은 또한 모든 차원이 명확한 특징 차원, 즉 인덱스 어휘에서 특정 단어의 존재(이진값, 예/아니요)를 나타내는 것으로 해석될 수 있다는 점에서 볼 때 표현적이다. 예를 들어, 다음 문장은 곧이어 나오는 표에서 볼 수 있는 이진 벡터 꼴로 표현될 수 있다.

Natural language is hard for computers. Computers are capable of learning natural language.

문장을 이진 벡터로 만들려면 먼저 서로소인(서로 겹치는 부분이 없는, 즉 중복이 허용되지 않는 집합의 꼴인–옮긴이) 단어 집합으로 구성된 어휘집^{lexicon}을 만들고 각 단어별로 고유한 식별자를 부여하면 된다.

are	1
capable	2
computers	3

for	4
hard	5
is	6
language	7
learning	8
natural	9
of	10

이 어휘집을 바탕으로 우리는 두 문장을 다음과 같이 인덱싱할 수 있다.

are	capable	computer	for	hard	is	language	learning	natural	of
0	0	1	1	1	1	1	0	1	0

are	capable	computer	for	hard	is	language	learning	natural	of
1	1	1	0	0	0	1	1	1	0

여기서 특정 위치 i에 나오는 모든 0이나 1은 문장의 어휘집에서 i번째에 나오는 단어가 해당 문장 속에 들어있거나 들어있지 않다는 점을 나타낸다.

이러한 이진 단어 가방 표현을 계산하는 간단한 파이썬 예제가 목록 1.5에 나와있다. 이 예제 코드에서는 탭으로 구분된 텍스트 파일의 문서에 대한 카운트 벡터$^{count\ vector}$(셈 벡터)를 다음과 같은 구조로 생성한다.

```
text                                             label
"Natural language is hard for computers."         0
"Computers are capable of learning natural language."   1
```

이 문장 속에서 레이블인 0과 1은 서로 다른 클래스를 나타내며, 각 클래스별로 소속되는 텍스트는 다 다르다. 모든 문서는 고정 크기의 벡터로 표현된다. 모든 위치에서 특정 단어의 개수는 해당 위치에 바인딩된다. 이 알고리즘은 CountVectorizer(SciKit 라이브러리인 **sklearn**에 고유한 구조, 2장 참조)라고 부르는 사전^{dictionary} 작성용 함수를 문서들에게 적합^{fitting}이 되게 하는데, 이때 예시로 든 코드에서는 문서에서 처리할 단어 개수를 가장 최근 단어 1,000개로 제한하고 있다. 이 1,000개의 단어는 텍스트가 인덱싱되는 어휘를 효과적으로 형성하여 최대 크기가 1,000인 벡터로 이어진다(기본 문서의 서로 다른 단어 수가 $N < 1,000$인 경우 벡터 크기는 N이 됨).

| 목록 1.5 | 단어 가방

우리의 탭 구분 파일을 읽기 위한 용도로 쓰기 위해 판다스 라이브러리를 들여온다(즉, 임포트한다). 이 책에서는 판다스를 많이 사용할 것이다.

sklearn에서 CountVectorizer를 들여온다.

```
import pandas as pd
from sklearn.feature_extraction.text import CountVectorizer

trainingdata = pd.read_csv("train.tsv", header=0, encoding='utf-8',
➡ delimiter="\t")

cv = CountVectorizer(analyzer = "word",      \
                            tokenizer = None,     \
                            preprocessor = None,  \
                            stop_words = None,    \
                            max_features = 1000)

docvec=cv.fit_transform(trainingdata["text"]).toarray()

print docvec

print cv.vocabulary_
```

우리는 판다스를 사용해 입력 데이터를 데이터 프레임으로 읽어 온다. 이 데이터 프레임은 본질적으로 보면 일종의 해시이며 우리는 'text'라는 열 제목을 사용해서 해당 열에 들어있는 내용을 쉽게 검색할 수 있다.

토큰화 또는 불용어 처리를 위한 특별한 작업이 없는 CountVectorizer를 정의한다. 어휘집 크기는 1,000으로 설정되어 있다. 즉, 벡터 요소의 길이는 최대 1,000이 된다. 우리의 경우에 각 문장 벡터를 이루고 있는 요소들의 길이가 1,000보다는 훨씬 짧다!

벡터화된 문서들을 출력한다.

CountVectorizer의 어휘집을 인쇄한다.

우리는 벡터라이저를 데이터에 '적합'시킨다. 이는 어휘집을 도출한다는 말이다. 이 어휘집에는 벡터 위치에 대한 단어 매핑이 포함되어 있다. 모든 단어는 결과 벡터에서 고유한 위치를 갖는다. 우리는 문서를 단번에 변환(벡터화)한다.

이 코드는 다음 내용을 생성한다.

```
[ [0 0 1 1 1 1 1 0 1 0]
  [1 1 1 0 0 0 1 1 1 1]
  ]

{u'hard': 4, u'natural': 8, u'for': 3, u'language': 6, u'capable': 1,
➡ u'of': 9, u'is': 5, u'computers': 2, u'are': 0, u'learning': 7}
```

이 결과에는 2개의 벡터화된 문서와 각 벡터의 위치(0에서 시작)를 단어에 연결하는 사전이 들어있다. 예를 들어 단어 위치 0에 해당하는 단어는 **are**이다. 두 번째 문서만 이 위치에 1이 있다. (두 번째 문서에 2개의 사례가 있는 경우라면 여기서 값은 2가 된다.)

원핫 벡터

단어의 원핫(one-hot, 단일 활성) 벡터 표현은 어휘집 크기인 *N*에 맞춰 희소하게 채워진 *N* 차원 벡터로 구성된다. 차원 중 하나만 값이 1이며 주어진 단어에 해당하는 차원이다. 예를 들어, 10만 단어로 구성된 어휘집이 주어지면 문서의 모든 단어에 대해서 단 한 단어만 'on'을 의미하는 1로 표현하는 식으로 벡터를 표현하므로, 벡터는 다루기 힘들 정도로 큰 10만 차원 벡터가 된다.

1.3.2 연산적 벡터

연산적 벡터 표현 방식에서는 원래 데이터로부터 알고리즘이 생성해 낸 파생 표현 중 일부를 반영한다. 일반적으로 이처럼 파생된 표현 벡터는 수치 벡터를 생성하는 비가역 계산에 의해 생성되므로 사람이 해석할 수 없다.

TF-IDF 꼴로 된 벡터 표현이 그러한 예이다. 이 표현을 사용하면 **용어 빈도**term frequency(단어 빈도)와 **역문서 빈도**inverse document frequency(역문헌 빈도)의 곱으로 구성된 숫자 점수로 단어에 가중값이 부여된다. 이러한 점수는 해당 단어가 도드라져 보이는 정도를 나타낸다. 가중값이 적게 부여되는 불용어 같은 단어는 덜 두드러져 보이게 된다(즉, 덜 '특별'하게 처리된다).

TF-IDF처럼 가중값을 기반으로 하는 문서 표현 방식은 머신러닝 알고리즘이 중요한 단어들을 집중해서 보게 하는 데 도움이 된다. 거의 모든 머신러닝 알고리즘은 벡터 간의 유사도를 (종종 암시적으로) 계산하고 중요한 차원들(예 : 두드러져 보이는 단어)을 강조하면서 다른 것들(예 : 불용어)을 경시함으로써 세분화된 유사도 추정에 기여할 수 있다.

용어 빈도라는 말은 문서에서 표현될 주어진 단어의 빈도를 나타낸다.

$$tf(w \mid d) = \mid w \in d \mid$$

이것은 단순히 w라고 하는 단어가 d라고 하는 문서에서 출현하는 횟수를 의미하며, d가 주어졌을 때 w의 용어 빈도를 정의한다.

역문서 빈도는 d라는 문서들로 구성된 문서 모음 D가 주어졌을 때 w 단어가 다른 문서들에서 출현한 빈도를 나타낸다.

$$idf(w \mid d, D) = \log \frac{\mid D \mid}{\mid d \in D : w \in d \mid}$$

이 두 수량의 곱인 TF-IDF(용어 빈도–역문서 빈도)는 단어의 빈도와 해당 단어가 나타나는 문서 수의 균형을 맞추는 숫자이다.

$$tf.idf(w \mid d, D) = tf(w \mid d) \times idf(w \mid d, D)$$

이 공식 속에 나오는 뒤편의 숫자가 크다는 것(주어진 단어 w가 여러 문서에 흔하게 출현한다는 의미)은 idf양이 0에 접근한다는 뜻인데, 이는 $\log(1)=0$이고 문서 모음인 D를 이루고 있는 모든 문서에서 $d(w$가 출현한 문서—옮긴이)가 발생하게 되면 로그의 비율이 1에 도달하기 때문이다. 따라서 TF-IDF 가중값에 대한 단어 빈도의 기여도를 idf 요소를 사용해 효과적으로 억제할 수 있다. 이는 **the, is** 및 **what**과 같은 불용어에는 낮은 TF-IDF 점수가 부여되는(문서 모음 D에 따라 다름) 반면에 특이한 단어에는 일반적으로 높은 점수가 부여된다는 것을 의미한다.

이진 단어 가방 벡터에 대해서는

$$BOW(d = w_1, \ldots, w_n \mid L) = \vec{v}[i] \mapsto tf(w_i \mid d) \ if \ w_i \in L$$

위 식 같은 TF나,

$$BOW(d = w_1, \ldots, w_n \mid L, D) = \vec{v}[i] \mapsto tf.idf(w_i \mid d, D) \ if \ w_i \in L$$

위 식 같은 TF-IDF로 보강될 수 있는데 이 두 가지 식에서 L은 어휘집을 나타낸다.

텍스트에 대한 또 다른 유형의 연산 벡터는 신경망에 의해 생성되는 신경 단어 임베딩이다.

신경 단어 임베딩

신경 단어 임베딩neural word embeddings(인공신경망을 이용해 단어를 묻어두는 매장 공간—옮긴이)은 지난 10년 동안 텍스트 마이닝 분야에서 나온 발명품 가운데 아주 중요한 것 중 하나이다. 일반적으로 Word2Vec 임베딩(Mikolov, 2013)으로 알려진 이러한 임베딩은 단어에 대한 연산적 벡터 표현을 생성한다. 임베딩은 특정 콘텍스트[직역하면 '문맥'이며, 여기서는 '중심 단어의 주변 단어들(또는 주변 단어들이 품고 있는 정보)'이라는 의미—옮긴이]가 주어져 있는 단어를 예측하는 신경망이나, 그 반대로 특정 단어가 주어졌을 때 어휘 콘텍스트(콘텍스트에서 발생할 가능성이 있는 단어들)를 예측하는 신경망에 의해 생성된다. 이러한 인공신경망에 대한 입력값과 출력값은 일반적으로 원핫 벡터로 구성된다. 예를 들어, 후자(단어에 대한 콘텍스트를 예측하는 일)의 변형은 그림 1.14에 표시된 구조를 갖게 된다.

그림에서 입력 벡터는 V 차원으로 된 1개 단어를 나타내고, N 차원으로 된 은닉 계층(H)

1개가 있고, M 차원으로 된 출력 계층(O)을 구성하는 하위 벡터들은 예측된 콘텍스트를 이루는 단어들에 각기 해당하는 벡터들을 의미한다. 두 가중값 행렬 W와 W'는 학습된 가중값을 인코딩한다.

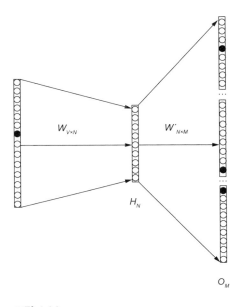

일단 인공신경망이 콘텍스트에 대응되는 많은 수의 단어에 대해 훈련되면 은닉 계층은 각 입력 단어의 벡터를 표현해 내는 역할을 한다. 이에 대해서는 3장에서 더 자세히 논의한다. 학습이 진행되는 동안 인공신경망은, 간결하고 의미론적으로 볼 때 의미가 있는 방식으로 단어를 나타낼 수 있는, 은닉 계층 표현을 세부조정하게 된다. 유사한 콘텍스트를 공유하는 두 단어는 상대적으로 유사한 벡터들과 연결된다. 이것은 **분포적 의미 유사도**^{distributional semantic similarity}의 한 형태이다. 단어 임베딩^{word embedding3}을 생성하는 신경망은

그림 1.14 스킵그램 기반 Word2Vec 계산을 위한 얕은 신경망. 원핫 벡터는 출력에 사상(mapping)된다. 이러한 단어들의 최종 표현(벡터화된 표현)은 입력 계층과 출력 계층 사이의 은닉 계층으로부터 유도된다.

결코 **깊은**^{deep} 것이 아니다. 실제로는 **얕고**^{shallow}, 일반적으로 은닉 계층 1개와 입력 계층 1개로 구성된다. 그럼에도 불구하고 입력 임베딩은 입력값을 심층 신경망 속으로 넣기 위한 방법 중 하나로 크게 인기를 끌고 있다.

> **시나리오 : 벡터 조합**
>
> 정서 분류기(sentiment classifier : 감성 분류기)를 구축한다고 가정해 보자. 분류기는 고정 크기 벡터들을 사용해 작업을 처리해야 하며, 이때 쓰이는 모든 벡터는 트윗 한 줄처럼 짧은 문서를 표현하게 된다.

---

3 워드 임베딩이라고도 부르며, 수학 용어로 표현하면 '단어 매장'에 해당한다. 이는 어떤 수학적 공간 속으로 단어를 묻는(임베딩을 하는) 일이 끝난 후에 그 수학적 공간과 해당 공간 속에 묻힌(임베딩이 된) 단어를 아우르는 개념이다. 따라서 '단어 매장체'라고 부르면 정확한 번역어가 되겠지만, 옮긴이가 제시하는 이 번역어가 아직 널리 쓰이지 않고 있다. '임베딩'이 아닌 '매장(embedding)'이라는 수학 용어를 알아두면 이를 바탕으로 '몰입(immersion)'같이 더 심도 있는 수학 용어까지 지식의 범위를 넓혀갈 수 있고, 그러다 보면 다양한 임베딩 기법과 관련된(심지어 미분 다양체를 이용한 최적화와 관련된) 수학적 배경을 더 잘 이해할 수 있을 것으로 보인다. ─옮긴이

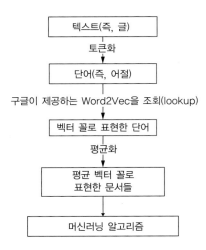

그림 1.15 Word2Vec 벡터들의 평균을 낸 벡터로 문서를 표현하기. 단어는 조회(lookup) 과정을 거쳐 벡터에 사상된 후, 이러한 단어 벡터들이 더해지고 나서 전체 문서에 대해 평균화된다.

우리는 10억 단어로 이뤄진 뉴스 텍스트 말뭉치로부터 구글이 생성해서 누구나 무료로 사용할 수 있게 한 대규모 300차원 벡터 집합을 사용하여 트윗의 모든 단어에 대한 신경 단어 임베딩을 생성할 수 있다. 개별 단어 임베딩을 결합하는 한 가지 방법으로는 **평균화**^averaging 방법이 있는데, 이 방법에서는 모든 N 차원 벡터를 합산하여 다시 N 차원 결과 벡터를 생성하고 해당 벡터의 모든 구성 요소를 트윗을 이루고 있는 단어 개수인 K로 나눈다. 따라서 트윗 한 줄은 평균 단어 임베딩 1개로 표현되며, 이는 기하학적으로 볼 때 해당 단어의 다양한 단어 임베딩 벡터에 의해 확장된 벡터 공간의 중심에 해당한다. 이 과정이 그림 1.15에 묘사되어 있다.

목록 1.6에 나오는 코드가 이 작업을 모두 수행한다. 이 코드는 트윗들로 이뤄진 배열을 정의하는 일로 시작된다. 이번 경우에는 도널드 트럼프가 작성한 트윗 몇 개를 사용한다. 그런 다음 젠심^Gensim이라고 부르는 오픈 소스 라이브러리(https://radimrehurek.com/gensim)를 사용하여 3차원 단어 벡터를 저장하는 구글 뉴스 기반 Word2Vec 모델을 적재한다(용량이 커서 처리하는 데 시간이 꽤 걸린다). 그리고 나면 Word2Vec 모델이 벡터 컨테이너를 생성하고, 모든 트윗에 대한 평균 Word2Vec 벡터 1개를 해당 벡터 컨테이너에 추가한다. 주제나 정서 같은 적절한 레이블에 이러한 벡터들을 연결하면 훈련용 데이터로 사용할 수 있다.

| 목록 1.6 | Word2Vec 벡터들의 평균 계산하기

```
import gensim
import numpy as np
```

```
tweets=["With the great vote on Cutting Taxes, this could be a big day for
➥ the Stock Market - and YOU","Putting Pelosi/Schumer Liberal Puppet
➥ Jones into office in Alabama would hurt our great Republican Agenda
➥ of low on taxes, tough on crime, strong on military and borders...
➥ & so much more. Look at your 401-k's since Election. Highest Stock
➥ Market EVER! Jobs are roaring back!",
...]                        ⟵┤ 트윗 목록

model = gensim.models.Word2Vec.load_word2vec_format(
➥ 'GoogleNews-vectors-negative300.bin', binary=True) ⟵

vectA=[]

for tweet in tweets:
    vect=np.zeros(300)  ⟵
    n=0
    for word in tweet.split(" "):
        if word in model.wv:
            vect=np.add(vect, model.wv[word]) ⟵
            n+=1
    vect=np.divide(vect,n)
    vectA.append(vect)

return vectA
```

뉴스 데이터에서 파생된 300차원 벡터로 구성된, 구글이 미리 훈련을 해둔 Word2Vec 모델을 적재한다.

0들로 구성된 결과 벡터를 생성한다.

우리의 Word2Vec 모델에서 우리가 찾아낸 트윗의 단어 수에 대한 카운터를 선언한다.

결과 벡터에 대해, 단어들이 Word2Vec 모델에 들어있는 경우라면, 우리는 단어들의 Word2Vec 벡터들을 추가한다. Word2Vec 모델에 정의된, 젠심 메서드인 wv가 해당 검사를 수행한다.

집계된 Word2Vec 기여도를 모델에서 찾은 단어 수로 나누어 벡터를 정규화한다.

이렇게 하면 트윗들에 대해 정규화된 Word2Vec 벡터들이 생성된다. 이러한 표현들은 정서 분류 같은 모든 종류의 분석을 수행하는 데 적합하다. 3장에 가서 자세히 설명할 텐데, 3장에서 우리는 미리 빌드된 임베딩을 사용하지 않고 Word2Vec 임베딩을 직접 빌드한다.

1.4 벡터 정화하기

표현적 벡터이든 연산적 벡터이든 많은 후처리postprocessing 프러시저를 사용하여 벡터를 정화sanitization, 즉 최적화optimization할 수 있다. 이제 우리는 여러 가지 후처리 프러시저 중에 해싱 기법을 사용해서 달성하는 차원 축소 그리고 정규화라는 두 가지 후처리 프러시저에 대해 논의해 보려고 한다.

1.4.1 해싱 기법

큰 벡터를 다루기는 어렵다. 이런 벡터는 메모리를 많이 차지하며, 서로 관련이 없고 조밀하지 않은 차원들로 구성될 수 있다. 10만 단어가 있는 매우 큰 어휘집을 사용해 문서를 인

덱싱한다고 상상해 보자. 이럴 때는 가장 짧은 글일지라도 10만 차원 크기의 벡터 표현이 필요하다. 모든 이진수(0 또는 1)를 1비트로 나타내는 모든 벡터들은 각기 1만 2500바이트 (즉, 12킬로바이트)를 차지하게 된다. 이제 예를 들어 주제 분류기^topic classifier에 10만 개 레이블이 지정된 예시 문서가 포함된 훈련용 데이터가 있다고 가정해 보자. 이렇게 하면 약 1.2 기가바이트 크기에 해당하는 데이터셋이 생성되며, 이는 현재 하드웨어 성능 수준에서 처리하기에도 버거울 만큼 엄청난 크기이다. 결과적으로 알고리즘 처리를 통해 차원을 줄이는 데 사용할 수 있는 편리한 옵션이 있다. 즉, **특징 해싱**^feature hashing이라고도 하는 **해싱 기법**^hashing trick이다.

해싱 기법은 벡터를 이루고 있는 특징들에 해싱 함수를 적용하여 큰 특징 벡터들의 차원을 줄이는 알고리즘이다. 해싱 함수는 모든 특징을 인덱스에 매핑하고 알고리즘은 해당 인덱스의 정보만 갱신한다.

| **목록 1.7 | 특징 해싱**

```
def feat_hash(featureV ,vecSize):
    outputV=numpy.array(vecSize)
    for f in range(0,len(featureV)):
        if featureV[f]==1:
            dim=hash_function(InverseLexicon[f])
            outputV[dim mod vecSize] += 1
    return outputV
```

이 코드에서는 단어를 인덱스(즉, 정수-옮긴이)에 대응시키지 않고 그 대신 정수(즉, 인덱스-옮긴이)를 단어에 대응시키는 식의 역어휘집인 **InverseLexicon**이 있다고 가정한다. 이 역어휘집에서는 일부 해싱 함수가 주어진 해시 값인 이진값 입력 벡터 **featureV**의 양수 인덱스를 복원한다. 값은 0···vecSize 범위에 속하도록 제한된다(여기서 **vecSize**는 우리가 원하는 출력 벡터 크기에 해당한다). 이러한 방식으로 해싱 함수는 인덱싱을 수행하게 되는데, 이런 상황에서 유사한 입력값들로 인해 유사한 숫자 인덱스들이 늘어나게 된다. 유사도의 양은 우리가 선택한 특정 해시 함수에 의해 처리된다.

modulo 함수 사용으로 인해 서로 다른 특징이 동일한 인덱스를 공유하는 경우에 충돌할 수 있다.

$$5 \bmod 4 = 1 \qquad 9 \bmod 4 = 1$$

그러나 이들은 추가 해싱 함수(예 : https://en.wikipedia.org/wiki/Feature_hashing 참조)를 사

용하여 정상적으로 처리할 수 있다.

1.4.2 벡터 정규화

벡터들은 벡터 공간 속에서 어떤 양^{quantity}을 나타낸다. 벡터를 크기(화살표의 길이)와 방향(화살표가 있는 공간의 원점에 대한 화살표의 각도)을 모두 가진 화살표라는 식으로 생각하면 직관적으로 따져볼 수 있다. 그림 1.16을 참조하자.

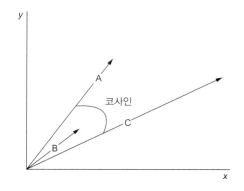

피타고라스의 정리를 사용하여 벡터 v의 크기^{magnitude}를 계산할 수 있다.

그림 1.16 2차원 공간 속에 표현해 둔 벡터들. 방향이 서로 같은 벡터들(A 및 B)끼리는 더할 수 있지만, 이 벡터들의 길이가 각기 다를 수 있다. 벡터들 간의 코사인 값을 계산해 벡터 간의 유사도를 나타내는 척도로 활용할 수 있다. 문서들이 벡터로 표현되어 있는 문서 공간 속에서 x축은 본질적으로 의미가 없으며 특정 단어에 해당한다. y축은, 예를 들자면, 문서에서 특정 단어의 빈도에 해당한다.

$$ \| v \| = \sqrt{\sum_i^n v_i^2} $$

벡터 v의 모든 성분을 그 크기로 나누면 벡터의 크기는 정확히 1이 된다.

수치 정보를 담고 있는 벡터(우리가 본 TF-IDF 벡터 같은 것)는 **정규화**^{normalize}될 수 있다. 이 말은 벡터들을 부분공간^{subspace}으로 조여 벡터 차원들 간의 분산을 줄일 수 있다는 뜻이다. 그림 1.17에서 모든 벡터는 크기 1로 정규화되었다.

이 경우 모든 벡터 A, B, C는 각 벡터의 모든 성분을 벡터들의 크기로 나누어 정규화되었다. 벡터 v의 정규화 버전을 다음과 같이 표현할 수 있다.

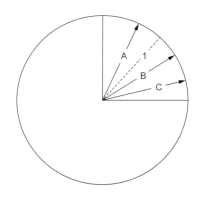

그림 1.17 정규화된 벡터들 : 단위 놈(norm)

$$ \hat{v} = \frac{v}{\| v \|} $$

이처럼 정규화한 벡터를 **단위 벡터**^{unit vector}라고 한다. 정규화에 신경을 쓰는 이유는 무엇인가? 벡터가 동일한 데이터 범위에 있도록 강제함으로써 머신러닝 알고리즘이 이상점 데이터에 민감하게 반응하도록 할 수 있기 때문이다.

이제 할 일을 다 마쳤으므로 논제를 딥러닝으로 바꿀 차례가 되었다. 다음 장에서는 NLP를 위한 딥러닝의 기본 아키텍처에 대해 설명한다. 텍스트의 연산 벡터 표현(임베딩)에 대해 논의하는 3장에서 벡터 표현 주제로 돌아간다.

요약

- 다양한 형태의 NLP는 머신러닝 및 통계에 기반을 두고 있다.
- 딥러닝은 1960년대로 거슬러 올라간다.
- 자연어처리를 머신러닝 방법으로 수행하려면 텍스트를 벡터화해야 한다.
- 벡터화에는 많은 옵션이 열려있지만 머신러닝 방법(예 : Word2Vec)을 사용하여 데이터에서 벡터화를 추론하고 최적화하는 것이 좋다.

딥러닝과 언어 : 기초

이번 장에서 다루는 내용

- 딥러닝의 기본 아키텍처 강조하기 : 다층 퍼셉트론과 공간 및 시간적 필터링
- 자연어처리를 위한 딥러닝 모델 소개하기

이번 장을 읽고 나면 여러분은 일반적으로 딥러닝이 작동하는 방법, 딥러닝이 다른 머신러닝 접근 방식과 다른 이유, 자연어처리 분야에 미치는 영향을 명확하게 알 수 있다. 이번 장에서는 몇 가지 케라스 개념과 구현 세부 정보를 예제를 통해 소개한다.

2.1 딥러닝의 기본 아키텍처

딥러닝의 기본 아키텍처인 다층 퍼셉트론과 다양한 필터링 입력의 형태, 공간 및 시간에 대해 살펴보자(그림 2.1 참조).

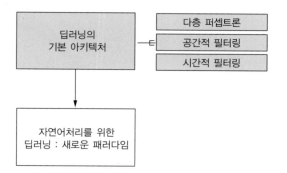

그림 2.1 딥러닝의 기본 아키텍처

2.1.1 깊은 다층 퍼셉트론

딥러닝 방식 신경망의 원형에 해당하는 것은 **다층 퍼셉트론**MLP이다. 우리는 1장에서 이것들을 다룬 적이 있는데, 이렇게 간단한 다층 퍼셉트론에 대한 구조를 그림 2.2에서 다시 설명한다. 이 다층 퍼셉트론에는 은닉 계층이 1개뿐이다.

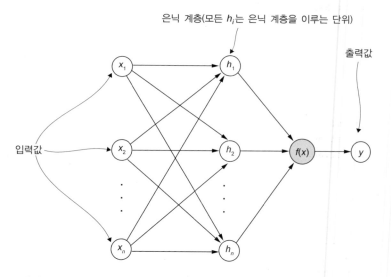

그림 2.2 입력 계층, 은닉 계층($h_1 \cdots h_n$이라고 이름 붙인 뉴런들로 구성된 계층), 출력 계층이 있는 다층 퍼셉트론. 다차원 입력은 $x_1 \cdots x_n$ 뉴런에 의해 처리된다. 이 뉴런은 단일 퍼셉트론과 비슷하지만 차이점은 활성 함수에 대해 임계 처리를 하지 않은 채로 레이블을 1개만 생성하는 대신에, 은닉 계층에 들어있는 뉴런들로 활성값들을 보낸다는 것이다. 마지막으로, 임곗값 함수인 $f(x)$는 모든 입력값을 수집해 출력 y를 예측한다. 입력값과 뉴런 사이 그리고 뉴런과 뉴런 간의 모든 연결에는 가중값이 적용되고, 퍼셉트론을 훈련할 때 가중값이 학습된다.

MLP는 기본적으로 다른 뉴런에 대한 가중 연결에서 입력을 받는 수학적 함수인 **인공 뉴런**artificial neurons(인공신경세포)이 들어있는 계층들로 구성된다. 인공 뉴런들은 다양한 수학적 연산을 통해 출력값을 생성한다. 심층 신경망에는 많은 뉴런과 여러 가중값이 있으며 우리는 이것들을 다뤄야 한다. 일반적인 심층 인공신경망에는 일반적으로 많은 은닉 계층이 있다. 하지만 몇 개가 있을까? 얕은 학습과 깊은 학습 사이의 경계를 구분하는 마법의 임곗값이 있는가? 짐작할 수 있듯이 그러한 마법수는 없다. 그러나 비공식적으로 입력 계층과 출력 계층 사이에 2개 이상의 계층이 있는 인공신경망을 **깊다**고 여길 수 있다.

　이러한 MLP의 5계층 깊이 아키텍처를 케라스로 구현하는 과정을 단계별로 살펴보면서 훈련용 데이터 처리 과정도 따라가 보자. 그림 2.3에는 모델이 어떻게 구축되어 있는지가 나타나 있다.

| 목록 2.1 |　깊은 MLP : 모델 생성

```
from keras.models import Sequential
from keras.utils import np_utils
from keras.preprocessing.text import Tokenizer
from keras.layers.core import Dense, Activation, Dropout
```

... (중간에 나오는 데이터 처리 과정은 생략)

```
model = Sequential()
model.add(Dense(128, input_dim=input_dim))
model.add(Activation('relu'))
```

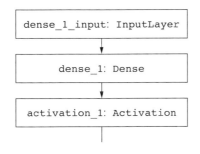

그림 2.3 우리가 구축하고 있는 깊은 모델의 한 부분을 보여주는 그림. Dense 계층들은 차곡차곡 위로 쌓이고(그림에서는 아래 방향으로 쌓이고 있다. – 옮긴이) Dense 계층을 거쳐 나온 값들은 계층에 대한 활성 함수를 인코딩하는 Activation 계층으로 공급된다. 이 함수는 계층의 모든 뉴런에 적용된다.

케라스가 제공하는 인공신경망 관련 기능들을 가져오는 일부터 시작해서 인공신경망을 정의해 보자. 여기서 말하는 기능이란 적층된(차곡차곡 쌓인 – 옮긴이) 계층들의 집합에 대한 컨테이너를 정의하는 Sequential 모델과 계층들을 정의하는 그 밖의 기능들을 말한다. 우리는 model이라고 부르는 컨테이너를 초기화한다. 이 컨테이너에 입력 차원이 input_dim(자체 정의 변수)이고 출력 차원이 128인 Dense 계층을 추가한다. Dense 계층은 이전 계층에서 들어오는 모든 뉴런을 다음 계층의 뉴런에 연결한다. 이 계층들 사이는 서로 **완전히 연결되어** 있다. 우리의 경우, 첫 번째 Dense 계층은 (batch_size, input_dim) 차원으로 이뤄진 입력값 텐서$^{\text{input tensor}}$(텐서란 수치 데이터를 위한 일종의 컨테이너이다)를 소비한다. batch_size로는 인공신경망 훈련 중에 배치^{batch}(집단, 묶음) 단위로 처리하기 위한 묶음별 데이터 점 개수를 지정한다. batch_size를 굳이 명시하지 않아도 되는데, 이는 batch_size의 기본값으로 1이 정해지기 때문이다. 모든 계층 다음에는 해당 계층의 활성 함수를 인코딩하는 Activation 계층이 이어 나온다. 이것은 우리가 했던 것처럼 별도의 계층을 통해 수행하거나, 케라스의 Dense 계층에서 속성을 따로 지정하는 식으로 수행할 수 있다. 이 Dense 계층은 128차원으로 이뤄진 계층으로 공급되어(데이터를 공급하여─옮긴이) (batch_size, 128) 모양으로 된 텐서를 생성한다.

모든 입력 단위(즉, input_dim 크기의 입력 벡터를 이루는 모든 성분)는 다음 Dense 계층을 이루는 128개 성분에 각기 공급된다. Dense 계층으로 공급되는 데이터의 크기는 초기화 시에 한 번만 지정하면 된다.

이 인공신경망에 이러한 Dense 계층들을 몇 개 추가해 보자. 각 Dense 계층 뒤에는 ReLU(정류된 선형 단위)라는 Activation 계층이 뒤따르므로, Dense 계층에서 나온 값이 ReLU Activation 계층으로 공급된다.

| 목록 2.2 | 깊은 다층 퍼셉트론 : 계층들을 추가하기

```
# ...
model.add(Dense(128))
model.add(Activation('relu'))

model.add(Dense(128))
model.add(Activation('relu'))

model.add(Dense(128))
model.add(Activation('relu'))

model.add(Dense(128))
model.add(Activation('relu'))

model.add(Dense(nb_classes))
model.add(Activation('softmax'))
```

우리의 모델을 고안하고 난 후에는 이렇게 고안한 모델을 '컴파일'해야 한다. 모델을 컴파일한다는 것은 **손실 함수**[모델이 만드는 예측값과 훈련용 데이터에 따라 할당해야 하는 레이블, 즉 실젯값 간의 비정합성(불일치하는 정도-옮긴이)을 계산하는 함수]를 지정하고, 경사 하강을 수행하는 수치 최적화 알고리즘을 지정함으로써, 훈련을 위한 모델을 준비한다는 말이다. 경사 하강 처리 과정 및 이에 대한 평가 지표$^{evaluation\ metric}$는 훈련 중에 모델의 중간 평가를 수행하는 데 사용되며, 또한 이것들은 손실 함수의 손실을 지정하는 역할을 한다(예 : 정확도나 평균 제곱 오차 같은 것). 경사 하강법을 복습하고 싶다면 1장을 다시 참조하거나 프랑수아 숄레$^{François\ Chollet}$가 저술한 *Deep Learning with Python*이라는 책을 읽어보자. 훈련용 데이터셋에서 가져온, 하지만 검증용으로 쓰기 위해 보류해 두었던 데이터를 사용해 훈련 중에 모델 성능을 평가할 때 이 평가 지표를 사용한다. '적합^{fit}'(신경망을 데이터에 적응하게 하는 일-옮긴이) 단계에서, 우리는 훈련용 데이터 중에 유보해 둔 이 부분의 크기(validation_split=0.1이라는 식으로 지정한다면 이는 우리가 훈련용 데이터 중에 10%를 유보해 두었다가 검증용으로 사용하겠다는 말이다), 훈련 에포크 수(epochs=10), 그리고 모든 훈련 단계에서 고려되는 훈련용 데이터 배치의 크기(batch_size=32)를 결정할 수 있다.

| **| 목록 2.3 |** **깊은 MLP : 모델을 데이터에 맞게 컴파일하고 적합하게 하기** |

```
model.compile(loss='binary_crossentropy',
              optimizer='adam',
              metrics=['accuracy'])

model.fit(X_train, y_train, epochs=10, batch_size=32,
    validation_split=0.1, shuffle=True,verbose=2)
```

우리가 비공식적으로 정의한 '깊이'라는 개념에 근거해서 말한다면 이 인공신경망은 깊다고 할 수 있다. 계층이 5개이기 때문이다. 구조는 무척 단순하다. 비슷한 크기의 **Dense** 계층 5개를 표준 피드포워드 방식으로 연결한 것일 뿐이다. 그러나 우리가 사용하는 딥러닝 프레임워크에서는 이보다 더 많은 기능을 제공한다. 그중에서도 우리 마음대로 사용할 수 있는 두 가지 기본 연산자인 **공간** 필터와 **시간** 필터를 살펴보자.

2.1.2 두 가지 기본 연산자 : 공간과 시간

딥러닝 인공신경망은 종종 공간적 필터링$^{spatial\ filtering}$과 시간적 필터링$^{temporal\ filtering}$이라는 두 가지 유형의 정보 필터링 간의 상호 작용을 표현한다. 공간 필터는 입력 데이터 구조의 속성을 처리하여 관련 없는 편린들을 제거하고 중요한 편린들을 통과시킨다. 시간 필터는 유사한 기능을 수행하지만 과거의 정보를 저장하는 일련의 메모리 상태에서 작동한다. 일반적으로 시퀀스를 처리할 때는 시간 필터를 사용한다.

공간적 필터링 : 합성곱 신경망

합성곱 신경망CNN : Convolutional Neural Network은 영상 처리에서 많은 성공을 거두게 한 원동력이다. 텍스트를 분석하는 일에도 합성곱 신경망을 적용할 수 있다. CNN은 입력 데이터에 일련의 가중 필터(**합성곱 필터**convolutional filters라고 부름)를 적용하고 훈련용 데이터를 기반으로 이러한 필터들의 가중값을 학습한다. 필터는 여러 위치에서 데이터를 스캔하고 점차 전문화된 특징 검출기가 되어 중요한 정보를 추출[정확히 말하면 추출이라기보다는 오히려 강조하기(**도드라져 보이게 하기**emphasizing)라는 개념에 더 가깝다]한다. 이러한 검출기를 적층해서 만든 계층은 데이터의 점점 더 추상적인 표현에 초점을 맞추게 하는 역할을 담당하여, 결과적으로 딥러닝 기술을 보고 경이롭다고 느끼게 한다. 글에 담긴 맥락 속에서 합성곱 필터의 기능이 어떻게 작동하는지도 살펴보겠지만, 이 필터를 사용하는 방법을 쉽게 이해하려면 합성곱 필터를 영상에 적용해 보면 된다. 그러니 먼저 영상 처리에 합성곱 신경망을 적용하는 일부터 살펴보자. 그림 2.4에 보이는 것처럼 영상들을 3차원 객체(높이, 너비, 색 깊이를 지닌 객체)로 나타낼 수 있다.

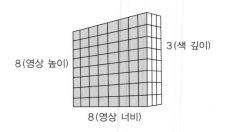

그림 2.4 영상의 3D 표현. 영상에는 8×8 = 64화소(pixel)가 있으며 각 화소에는 색상에 대해 3개의 RGB(빨강-초록-파랑) 값이 있다. 이는 64×3 = 192개의 수치 값을 생성한다.

CNN은 영상을 구성하는 화소 격자에 미리 지정된 수의 필터를 적용한다. 이러한 필터들도 실제로는 그저 가중값 행렬들에 다름 아니다. 필터들은 자신들이 함께 맡게 된 분류 작업과 관련하여 입력 영상의 특정 부분을 강조해 주는 역할을 한다. 영상보다는 크기가 작고 종잇조각같이 작은 필터가 하나 있다고 가정해 보자. 이 필터는 왼쪽에서 오른쪽으로, 위에서 아래로 영상 위를 옮겨 다니면서 가능한 모든 배열을 한 번에 하나씩 방문하게 되는데, 이때 우리가 특별히 고정해 둔 화소 개수만큼 계속 옮겨 다닌다. 이때 한 번에 옮겨 가는 화소 개수는 종잇조각(즉, 필터)이 한 번에 내딛는 걸음 크기에 해당한다고 할 수 있는데, 이 걸음 크기를 **보폭**stride이라고 부른다. 영상을 처리하는 경우 모든 필터는 자신이 방문하는 $N \times N \times 3$ 화소로 된 격자(RGB) 값에 대해 가중 집계weighted aggregation(곱들의 합sum of products)를 수행한다.

필터가 영상을 따라 위로 미끄러지듯이 움직일 때마다 필터가 드리운 영상 부분에 들어 있는 모든 화소를 기반으로 별도의 값이 계산된다. 이 값은 차원이 $H \times V$인 새 결과 행렬에 입력된다. 여기서 H는 필터가 수행하는 수평 이동 수이고 V는 수직 이동 수이다.

그림 2.5에는 $8 \times 8 \times 3$ 크기로 된 영상의 왼쪽 상단 모서리에 적용되고 있는 2×2 크기의 필터가 나온다. 무슨 일이 벌어지는지 알 수 있게 우리가 RGB라는 3개 채널이 필요한 컬러 영상을 처리하는 게 아니라 단 하나의 채널로 된 흑백 영상을 처리한다고 가정해 보자. 그림 2.6에는 그러한 흑백 영상 표현이 나와있다.

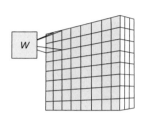

그림 2.5 합성곱 필터를 사용해 영상을 걸러낸다. 필터 W는 영상의 선택된 부분에 적용된다.

1	0	1	1
1	1	1	0
1	0	0	0
1	0	1	1

그림 2.6 이진수 격자로 표현한 영상. 여기서 0은 검은색, 1은 흰색을 나타낸다.

그림 2.7 같은 필터가 있다고 가정해 보자. 그림 2.8에는 이 흑백 영상의 왼쪽 상단 모서리 부분이 나와있다. 해당 부분에 필터를 적용한다고 가정해 보자. 이렇게 가정하면 다음과 같은 곱들의 합이 생성될 것이다.

$$1 \times 1 + 0 \times 0 + 0 \times 1 + 1 \times 1 = 2$$

1	0	⋯	⋯
1	1	⋯	⋯
⋯	⋯	⋯	⋯
⋯	⋯	⋯	⋯

그림 2.8 영상에 필터를 적용하기. 이 필터는 왼쪽 상단 모서리에 적용된다.

1	0
0	1

그림 2.7 합성곱 필터. 이 이진 필터는 영상의 흑백 값에 적용된다.

원래 영상 위에서 필터는 가로 방향으로 최대 세 번, 세로 방향으로 최대 세 번 이동할 수 있으므로 그림 2.9와 같이 모든 칸^{cell}에서 필터가 출력한 내용을 합치면 3×3 출력 행렬이 생성된다.

그림 2.9 필터가 출력한 값 중 하나 : 입력 영상의 왼쪽 상단 모서리에 이진 필터를 적용한 결과

CNN이 수행하는 중요한 기법 중 하나는 훈련용 데이터를 사용해 자신이 동원하는 필터 그 자체를 학습시키는 기법이다. 따라서 필터 행렬을 미리 수작업 방식으로 지정하는 대신

CNN이 이러한 필터를 임의로 초기화하게 하면 된다. 물론 우리가 필터 개수, 보폭, 필터 크기 등 몇 가지 규격을 지정해 줘야 한다. 그러나 그 후 훈련 중에 CNN은 필터에 더 알맞은 가중값들을 파악하고 데이터의 특정 부분을 강조하거나 강조하지 않는 방법을 알아낸다. 이러한 가중값들이 이론적으로는 최적인 것은 아니지만, 훈련용 데이터 그리고 학습 프러시저의 파라미터를 사용하여 가중값이 최적화되며, 이 최적화된 가중값들은 초기에 무작위로 부여되었던 가중값들보다는 확실히 더 나은 것이 되어간다.

CNN 계층과는 별도로 존재하는 **최대 풀링**max pooling 계층에서 소위 **최대** 필터는 자신이 방문하는 격자에 대해 최대 선택(여러 칸에 있는 값들 중에서 최대인 값을 대푯값으로 보고 칸을 병합하는 기법, 즉 최대 병합–옮긴이)을 수행한다. 예를 들어 어떤 한 필터가 4×4 크기로 된 영상을 방문해서

- [1,1;5,6]
- [2,4;7,8]
- [3,2;1,2]
- [1,0;3,4]

라는 값들로 구성된 2×2 크기 패치를 다루는 경우를 가정해 보면 최대 풀링 필터는 이 배열에서 최댓값(6, 8, 3, 4)을 뽑아내어 인공신경망의 다음 계층으로 내보낸다.

최대 풀링은 다운샘플링downsampling(하향표집, 하향추출)[표본(즉, 샘플)의 개수를 줄이는 처리 과정–옮긴이]의 한 형태로 해석될 수 있다. 이 예에서 영상 패치가 최댓값을 선택하여 별도의 숫자로 변환되는 방식에 주목하자. 이 과정을 통해 **특징 표현의 차원 축소**dimensionality reduction of feature representations가 수행된다. 즉, 이 과정에서 특정 차원의 표현이 더 낮은 차원의 표현으로 변환된다. 이번 예시에서는 4×4 행렬이 2×2 행렬로 바뀐다.

텍스트용 합성곱 신경망

CNN을 텍스트에도 적용할 수 있다. 문자열 같은 텍스트 객체들은 일반적으로 1차원 객체이다. 문자열의 경우 수평 차원인 1차원으로 전개되는 문자 스트림이다. (문자열의 세로 크기를 식별하는 것도 실제로 이치에 맞지 않는다. 하지만 문서에 대해서는 이치에 맞을 수 있다.) 그림 2.10을 참조하자.

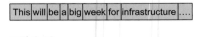

그림 2.10 단어들의 1차원 시퀀스

CNN이 텍스트상에서 수행하는 공간표집spatial sampling(공간표본추출)의 의미는 무엇인가?

일반 필터는 입력을 강조하거나 강조하지 않는 가중값 행렬에 불과하다는 점을 상기하자. 따라서 텍스트에 적용하면 CNN은 특정 NLP 작업과 관련된 흥미로운 단어나 기타 특징을 감지할 수 있다. 이것은 (은유적으로) 인간이 문서를 훑어보면서 특정 부분을 관련성이 있는 부분이라며 따로 표시하는 것과 비슷하다.

1장에서 했던 것처럼 정서 분석 인공신경망을 구축해 보자. 이번에 우리는 Dense 계층 대신 합성곱 계층을 사용할 것이다. 먼저 코드를 소개한 다음에 단계별로 살펴보겠다. 모델은 케라스에 내장된 plot_model 함수로 생성한, 그림 2.11에 나오는 그림에 묘사되어 있다.

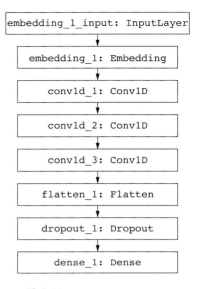

그림 2.11 우리의 CNN 모델. 3개의 1차원 합성곱 계층이 임베딩 계층 위에 쌓인다(그림에서는 아래쪽으로 쌓이고 있다. — 옮긴이).

| 목록 2.4 | 정서 분석을 위한 CNN

```
from keras.models import Sequential          ◁── 필요한 모듈들을
from keras.layers import Dense                    들여온다.
from keras.preprocessing.text import Tokenizer
from keras.preprocessing.sequence import pad_sequences
from keras.layers import Convolution1D, Flatten, Dropout
from keras.layers.embeddings import Embedding
from sklearn.model_selection import train_test_split
from keras.preprocessing import sequence
import pandas as pd
import sys
from keras.utils.vis_utils import plot_model    탭으로 구분된 입력 데이터를 읽고
                                                 처리하여 숫자 벡터(X)와 관련 레이
data = pd.read_csv(sys.argv[1],sep='\t')      ◁─ 블(Y)의 쌍이 되도록 한다.
max_words = 1000
tokenizer = Tokenizer(num_words=max_words, split=' ')
tokenizer.fit_on_texts(data['text'].values)

X = tokenizer.texts_to_sequences(data['text'].values)
X = pad_sequences(X)
Y = pd.get_dummies(data['label']).values
```

```
X_train, X_test, y_train, y_test = train_test_split(
➡ X,Y, test_size = 0.2, random_state = 36)
```

X와 Y를 훈련용 부분과 시험용
부분으로 분할한다.

```
embedding_vector_length = 100

model = Sequential()
```

모델을 선언하고
정의한다.

```
model.add(Embedding(
➡ max_words, embedding_vector_length,
➡ input_length=X.shape[1]))
```

첫 번째 계층(입력 계층)은
임베딩 계층이다.

```
model.add(Convolution1D(64, 3, padding="same"))
model.add(Convolution1D(32, 3, padding="same"))
model.add(Convolution1D(16, 3, padding="same"))
model.add(Flatten())
model.add(Dropout(0.2))
model.add(Dense(2,activation='sigmoid'))

model.summary()
plot_model(model, to_file='model.png')
```

3개의 합성곱 계층이 서로
차곡차곡 쌓여있다.

그다음에는 평탄화(flattening) 연산과, 과적합을 방지하
기 위해 무작위로 뉴런을 선택 해제하는 Dropout( ) 활
동이 이어진다. 훈련용 데이터에 너무 딱 맞아서 모델이
새로운 사례에 성공적으로 대처할 수 없게 된다.

```
model.compile(loss='binary_crossentropy', optimizer='adam',
➡ metrics=['accuracy'])
```

모델을 컴파일하고 데이터 적합
을 위해 준비한다. 훈련 중에 크
기 64의 배치로 훈련용 데이터
를 사용한다.

```
model.fit(X_train, y_train, epochs=3, batch_size=64)

scores = model.evaluate(X_test, y_test, verbose=0)
print("Accuracy: %.2f%%" % (scores[1]*100))
```

우선 우리는 우리 데이터(정서 레이블이 있고 탭으로 분리된 텍스트 파일)를 읽어 와 분리
한다.

```
data = pd.read_csv(sys.argv[1],sep='\t')
max_words = 1000
tokenizer = Tokenizer(num_words=max_words, split=' ')
tokenizer.fit_on_texts(data['text'].values)

X = tokenizer.texts_to_sequences(data['text'].values)
X = pad_sequences(X)
Y = pd.get_dummies(data['label']).values

X_train, X_test, y_train, y_test = train_test_split(
➡ X,Y, test_size = 0.2, random_state = 36)
```

X와 Y가 함께 훈련용 데이터를 구성하며 이 중에서 X는 문서 집합에 해당하고 Y는 레이
블을 나타낸다. 각 문서는 케라스 함수인 **pad_sequences**를 사용하여 균일한 길이로 채

워진^{padding}, 해당 단어를 참조하는 정수 배열로 표시된다. 이 균일한 길이는 X에 있는 문서의 최대 길이이며, 우리의 경우 65이다. 우리는 데이터 중 80%를 훈련용 데이터로, 20%를 시험용 데이터로 나눈다.

그 후, 모든 단어에 대한 100차원 벡터 임베딩을 기반으로 데이터에 단어 임베딩을 생성한다(임베딩을 3장에서 설명하겠지만 간단히 말해서 임베딩은 텍스트를 벡터 표현으로 변환하는 데 사용되는 것이다).

```
embedding_vector_length = 100

model = Sequential()
model.add(Embedding(
    max_words, embedding_vector_length,
    input_length=X.shape[1]))
```

우리는 이어서 우리의 모델을 정의한다. 이 모델에는 합성곱 계층이 3개 들어있다.

```
model.add(Convolution1D(64, 3, padding="same"))
model.add(Convolution1D(32, 3, padding="same"))
model.add(Convolution1D(16, 3, padding="same"))
model.add(Flatten())
model.add(Dropout(0.2))
model.add(Dense(2,activation='sigmoid'))
```

모든 계층에서는 출력 공간의 차원(각기 64, 32, 16)을 정의할 뿐만 아니라 **핵 크기**^{kernel size}라고도 하는 필터의 크기(3)도 지정하고 있다. 여기에 사용된 차원값(각기 64, 32, 16)은 임의로 선택했다. 일부 유보해 둔 검증 데이터에서 이러한 값[하이퍼파라미터^{hyperparameter}(초모수)에 해당하는 값]들을 추정하는 것이 좋다. 보폭(한 번에 걷는 걸음의 크기)은 기본적으로 1로 설정되지만 다시 정의할 수 있다.

Dropout 계층은 과적합을 방지하기 위해 훈련 시간 동안 모든 갱신 단계에서 입력 유닛^{input unit}(입력에 쓰이는 인공신경세포−옮긴이) 중에서 지정된 비율(우리의 경우 0.2)에 해당하는 만큼을 무작위로 0으로 재설정한다. 텍스트에서 가장 긴 문서에는 65개 단어가 담겨있다.

케라스에는 어떤 한 가지 모델의 아키텍처를 나타내는 데 쓸 **model.summary()** 함수가 있다. 우리 모델의 아키텍처는 다음과 같다.

```
Layer (type)                    Output Shape           Param #
=================================================================
embedding_1 (Embedding)         (None, 65, 100)        100000
_____
conv1d_1 (Conv1D)               (None, 65, 64)         19264
_____
conv1d_2 (Conv1D)               (None, 65, 32)         6176
_____
conv1d_3 (Conv1D)               (None, 65, 16)         1552
_____
flatten_1 (Flatten)             (None, 1040)           0
_____
dropout_1 (Dropout)             (None, 1040)           0
_____
dense_1 (Dense)                 (None, 2)              2082
=================================================================
Total params: 129,074
Trainable params: 129,074
Non-trainable params: 0
```

Flatten 계층은 직전의 합성곱 계층에서 65×16 모양으로 출력하는 내용을 1040차원 배열로 강제 변환하여 Dropout 계층에 공급하고, 마지막에 보이는 2차원 Dense 계층에는 이진 표현(주관적 정서나 객관적 정서) 꼴로 된 출력 레이블이 들어있다.

분류기를 훈련하는 동안에 20%만큼 유보해 둔 데이터[holdout data]를 사용해 3회에 걸쳐 반복 처리를 하면 다음과 같은 결과가 나타난다.

```
8000/8000 [==============================] - 4s - loss: 0.4339 - acc: 0.7729
Epoch 2/3
8000/8000 [==============================] - 3s - loss: 0.2558 - acc: 0.8948
Epoch 3/3
8000/8000 [==============================] - 3s - loss: 0.2324 - acc: 0.9052
Accuracy: 87.80%
```

각 줄은 에포크별 출력을 나타낸다(총 3에포크). 에포크란 훈련용 데이터 전부를 한 번 훈련한 횟수를 나타낸다. *s로 표시된 내용(여기서는 4s, 3s, 3s-옮긴이)은 이 에포크를 진행하는 데 소요된 시간을 나타낸다[물론 이 훈련에 사용된 기계(즉, 컴퓨터-옮긴이) 및 데이터셋에 따라 다름]. 이 결과에 명시되어 나온 손실[loss]은 훈련용 데이터를 사용해 훈련하는 중에 보이는 오차[error]에 해당하며, 우리의 경우에는 **이진 교차 엔트로피**[binary cross-entropy]로 측정된다. 확률(0과 1 사이의 값)을 생성할 때 분류 모델이 얼마나 잘 수행되는지를 교차 엔트로피 기반 손실 함수를 사용해 나타낼 수 있다. 이 손실 함수는 예측값과 정확한 레이블 값이 맞지 않은 경우가 많을수록 더 큰 손실값을 생성하므로, 우리는 손실값을 가능한 한 낮게 유지하려고 한다. acc 점수는 훈련을 하는 중에 훈련용 데이터에서 얻은 점수에 해당

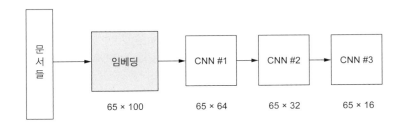

그림 2.12 정서 분석을 위한 합성곱 인공신경망. 3개의 CNN이 입력 문서를 나타내는 임베딩 위에 쌓인다.

하며 이 점수는 모델의 정확도를 나타낸다.

　이 방법이 어떻게 작동하는지를 더 자세히 살펴보자. 그림 2.12에 나오는 도형을 통해 3개의 CNN 계층을 쌓는 과정을 알 수 있다. 우리 데이터를 이루고 있는 단어들은 $1000 \times 100 \times 1 = 10$만 개 파라미터를 갖는, 크기가 100인 임베딩을 통해 압축된다. 입력 문서의 최대 길이(65)에 맞게 채워진 출력 행렬의 크기는 65×100이다. 따라서 모든 입력 문서는 65×100 크기의 행렬로 표현된다. 65개 행은 입력 문서의 원래 단어 순서에 맞게 나열되며 시간 구조 형식 중 일부를 구현한다. 이 모든 것이 첫 번째 합성곱 계층으로 공급되는데, 이 계층은 핵 크기가 3인 64개의 합성곱 연산을 입력 벡터를 구성하고 있는 65개 100차원 항목에 적용한다.

　필터의 길이(즉, 핵의 크기)가 3이므로 우리는 처음 세 단어(즉, 행렬 중에 첫 3개 행)부터 시작한다. 첫 번째 필터는 이러한 단어의 세 가지 벡터 표현에 적용된다. 그런 다음 한 단어만큼 이동하고(stride=1) 최종 그룹(63번, 64번, 65번 단어)에 도달할 때까지 2번 단어 벡터, 3번 단어 벡터, 4번 단어 벡터 같은 순서로 필터를 적용한다.

　그러므로 다음과 같은 예문

The quick brown fox jumps over the lazy dog

에서 필터는 다음과 같이 진행될 것이다.

- the quick brown
- quick brown fox
- brown fox jumps
- …

모든 단계에서 필터는 단일값을 생성한다. 최종값으로 구성된 리스트는 입력된 길이와 같은 길이가 되도록 채워진다(이 경우에는 65 − 3 = 62, 즉 62회 이동하므로, 우리는 결과로 나오는 벡터의 크기가 65가 되게 채운다[padding]). 이렇게 하면 65개의 숫자 시퀀스가 생성된다. 다른 필터들을 사용해 이 일을 64번 반복하면 65×64 크기에 해당하는 값들로 채워진 행렬이 생긴다.

두 번째 합성곱 계층은 이 2D 행렬을 입력으로 받는다. 이 계층은 1D 합성곱 계층이므로 65개의 64차원 항목들에 32겹 합성곱을 적용한다. 첫 번째 계층으로서, 이 계층은 3단어 벡터들로 구성된 그룹에서 한 번에 작동한다. 이것은 다시 2D 출력을 생성하므로 이제 65×32차원이 되고 이런 식의 작업이 계속 이어진다.

시간적 필터링 : 순환 인공신경망

순환 신경망[RNNs : Recurrent Neural Networks]은 시간 표시 막대의 수평 방향으로 깊이가 확장되는 또 다른 유형의 심층 인공신경망이다. 일단 펼쳐지면 RNN은 많은 종속 계층들로 이어진 시퀀스가 되고, 이러한 계층에 걸친 가중값 간의 의존성이 바로 그러한 인공신경망을 깊게 만든다.

CNN과 유사하게 RNN은 처리하는 정보의 특정 측면을 종단 간 방식으로 강조하거나 또는 강조하지 않으면서 공간적 차원이 아닌 시간적 차원에서 작동한다. CNN과 마찬가지로 이 선택 과정은 학습되는 가중값 행렬들로 귀결된다. 결정적으로 RNN은 이전 인지 상태와 과거에 내린 결정을 기억할 수 있다. 이것은 신경망에서 특정 **편향값**[bias]을 구현하기 위한 기능을 제공하여 최근에 수행한 작업들과 들어맞는 분류를 수행할 수 있도록 한다. 이러한 RNN 인공신경망으로는 단순 RNN[simple RNN](단순 순환 신경망)도 있고 **LSTM**[Long Short-Term Memory](장단기 기억) 신경망도 있다. 단순 RNN부터 살펴보자.

단순 RNN은 메모리양이 제한된 신경망이다. 시간 눈금[time tick]에서 이전 시간대를 가리키는 눈금의 숨겨진 메모리 상태를 배포하여 현재 출력을 생성한다. 언제든지 RNN이 기억하는 상태는 세 가지 요소에 의해 결정된다.

- 이전 시간 눈금의 메모리 상태(시간이 한 번에 한 눈금씩 이산 방식으로 전달된다고 가정함)
- 이전 메모리 상태에 가중값을 부여하는 가중값 행렬
- RNN에 대한 현재 입력에 가중값을 부여하는 가중값 행렬

이런 내용이 그림 2.13에 설명되어 있다.

메모리 상태 S는 다음과 같이 시간대별 눈금마다 반복적으로 갱신된다.

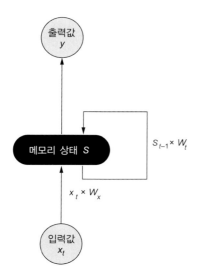

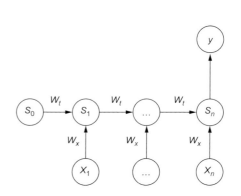

그림 2.13 단순 RNN. 공유된 메모리 상태는 모든 시간 단계(예를 들면 단어 처리 과정 같은 것)에서 사용할 수 있으며 왼쪽 콘텍스트의 정보를 인코딩한다.

그림 2.14 단순 RNN을 펼쳐놓은 형태. 입력값 $X_1 \cdots X_n$은 왼쪽에서 오른쪽으로 처리되며 각 시간 단계(X_i 처리)에서 왼쪽 콘텍스트에 은닉되어 있는 상태 정보를 사용할 수 있다. 펼쳐놓은 형태로 표현하면 이런 면이 드러난다.

$$S_t = S{\sim}t - 1{\sim} \times W_t + x_t \times W_x$$

중요한 것은 가중값들(W_t 및 W_x)이 모든 갱신 과정에서 공유된다는 점이다. 이 인공신경망이 어떤 식으로 순환 루프를 지니게 되는지에 주목하자. 이 순환 루프를 그림 2.14처럼 펼쳐볼 수 있다.

입력값의 개수만큼 상태 개수도 많이 있다는 점에 유의하자. 새로운 입력값은 모두 RNN을 새로운 '인지^{cognitive}' 상태로 바꾼다.

이렇게 두루마리를 펼치듯이 펼쳤을 때 발생하는 시간 단계의 수는 시간적 차원에서 볼 때 인공신경망의 깊이를 구성한다. 인공신경망이 노출된 모든 입력값(x_t)에서 가중값들을 공유하고 갱신함으로써, 우리는 이전 경험으로부터 학습하고 가중값들을 전역적으로 최적화하여 훈련 오차를 최소화하는 시스템을 얻게 된다.

예를 들어보자. 우리는 해당 문자 앞에 오는 문자를 기반으로 문자열의 다음 문자를 예측하는 방법을 배우는 단순 RNN을 구축할 것이다. 그림 2.15에 이 인공신경망이 설명되어 있다.

이 그림에서 우리는 문자들을 원핫 인코딩 방식으로 변환해서 만든 원핫 벡터를 가지고 출발한다. 원핫 벡터는 시간적 연쇄$^{\text{temporal chain}}$를 형성하는 RNN의 은닉 유닛들(즉, 은닉 계

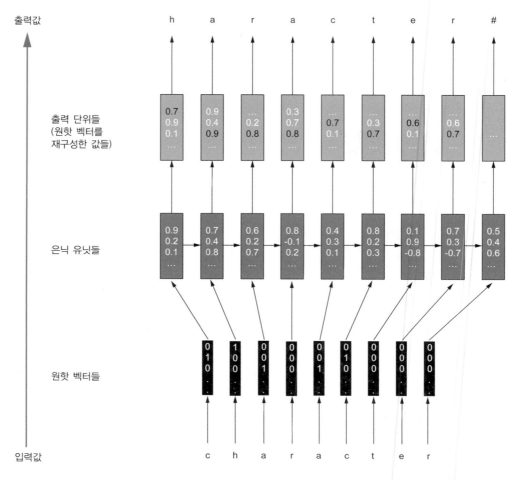

그림 2.15 문자들을 예측하는 데 쓰는 단순 RNN[비슷하면서도 덜 복잡한 예를 Karpathy(2015)에서 볼 수 있다]. 일반적으로 우리는 이 그림을 하향식으로 표시하지만 이 책에서는 이러한 다이어그램을 보통 상향식으로 표시한다(실제로 원서에 나오는 그림은 정보의 흐름이 위쪽으로 향하게, 즉 상향식으로 표현되어 있다. − 옮긴이). 인공신경망은 이전 콘텍스트를 기반으로 문자를 예측한다.

충에 있는 뉴런들−옮긴이)로 공급되며 모든 은닉 유닛에서 나온 값은 시간의 흐름에 맞춰 다음 유닛으로 공급된다. 각 시간 눈금마다 문자 1개가 처리된다. 우리는 은닉 유닛이 출력한 값을 가지고 원핫 벡터를 재구성하는 단계로 이 작업을 마무리한다. 다음 목록에 이 작업을 하는 코드가 수록되어 있다.

| 목록 2.5 | 단순 RNN을 사용해 한 번에 한 문자씩 예측하기

```
from keras.models import Sequential
from keras.layers import SimpleRNN, TimeDistributed, Dense
from sklearn.preprocessing import LabelEncoder
from sklearn.preprocessing import OneHotEncoder
import numpy as np
```

케라스는 전용 R N N 계층
(SimpleRNN)과 더불어 시간을 통
해 가중값 정보를 전달하는 함수
(TimeDistributed)를 제공한다.

sklearn의 LabelEncoder와 OneHotEncoder를 사용하여
데이터를 벡터화한다(모든 문자에 대한 원핫 벡터들).

데이터는 그저 'character'라는
문자열일 뿐이다.

```
data = ['character']
enc = LabelEncoder()
alphabet = np.array(list(set([c for w in data for c in w]))) #
enc.fit(alphabet)
int_enc=enc.fit_transform(alphabet)
onehot_encoder = OneHotEncoder(sparse=False)
int_enc=int_enc.reshape(len(int_enc), 1)
onehot_encoded = onehot_encoder.fit_transform(int_enc)


X_train=[]
y_train=[]

for w in data:
    for i in range(len(w)-1):
        X_train.extend(onehot_encoder.transform([enc.transform([w[i]])]))
        y_train.extend(onehot_encoder.transform([enc.transform([w[i+1]])]))


X_test=[]
y_test=[]


test_data = ['character']

for w in test_data:
    for i in range(len(w)-1):
        X_test.extend(onehot_encoder.transform([enc.transform([w[i]])]))
        y_test.extend(onehot_encoder.transform([enc.transform([w[i+1]])]))

sample_size=256
sample_len=len(X_train)

X_train = np.array([X_train*sample_size]).reshape(
⇒  sample_size,sample_len,len(alphabet))
y_train = np.array([y_train*sample_size]).reshape(
⇒  sample_size,sample_len,len(alphabet))
test_len=len(X_test)
X_test= np.array([X_test]).reshape(1,test_len,len(alphabet))
```

데이터로부터 영문
자를 유도해 낸다.

훈련용 데이터를
생성한다.

시험용 데이터를
생성한다.

우리는 이번에 다루는 장난감 같은 문제에 알맞게
256개 샘플로 구성된 훈련용 데이터를 생성한다.

```
y_test= np.array([y_test]).reshape(1,test_len,len(alphabet))

model=Sequential()
model.add(SimpleRNN(input_dim = len(alphabet), output_dim = 100,
➡ return_sequences = True))
model.add(TimeDistributed(Dense(output_dim = len(alphabet),
➡ activation = "sigmoid")))
model.compile(loss="binary_crossentropy",metrics=["accuracy"],
➡ optimizer = "adam")
model.fit(X_train, y_train, nb_epoch = 10, batch_size = 32)
```

> 우리는 모델을 정의하고 이 모델을 훈련용 데이터에 적합하게 한다. 소위 TimeDistributed 계층 래퍼라고 부르는 곳으로 값을 공급하는 SimpleRNN 계층이 이 모델에 들어있다. 이는 수신된 샘플 집합(이 경우 SimpleRNN 계층에서 생성됨)의 모든 샘플(시간 단계에 해당)에 대해 특정 계층(이 경우 Dense 계층)을 적용하기 위한 케라스 기능이다. SimpleRNN 계층에서 return_sequences=True 라고 지정하면 SimpleRNN 계층이 예측한 값을 문자 꼴로 바꿔서 내보낸다.

```
preds=model.predict(X_test)[0]        우리는 모델을 시험용
for p in preds:                       데이터에 적용한다.
    m=np.argmax(p)
    print(enc.inverse_transform(m)),

print(model.evaluate(X_test,y_test,batch_size=32))
```

그러면 다음과 같은 내용이 출력된다.

```
Epoch 1/10
256/256 [==============================] - 0s - loss: 0.5248 - acc: 0.8125
Epoch 2/10
256/256 [==============================] - 0s - loss: 0.2658 - acc: 0.9375
Epoch 3/10
256/256 [==============================] - 0s - loss: 0.1633 - acc: 0.9661
Epoch 4/10
256/256 [==============================] - 0s - loss: 0.1169 - acc: 0.9792
Epoch 5/10
256/256 [==============================] - 0s - loss: 0.0913 - acc: 0.9922
Epoch 6/10
256/256 [==============================] - 0s - loss: 0.0752 - acc: 1.0000
Epoch 7/10
256/256 [==============================] - 0s - loss: 0.0637 - acc: 1.0000
Epoch 8/10
256/256 [==============================] - 0s - loss: 0.0548 - acc: 1.0000
Epoch 9/10
256/256 [==============================] - 0s - loss: 0.0474 - acc: 1.0000
Epoch 10/10
256/256 [==============================] - 0s - loss: 0.0411 - acc: 1.0000
```

```
h
a
r
a
c
t
e
r
```

[0.037899412214756012, 1.0]

인공신경망은 첫 문자인 'c'를 보자마자 자신이 할 일을 시작하고 모든 다음 문자를 차례로 예측한다. 출력된 내용을 보면 인공신경망이 자신의 훈련 샘플에 대해서(만) 정확한 문자를 생성했음을 보여준다. 2개의 최종 숫자 점수는 시험용 데이터에 대한 분류기의 손실 및 정확도를 나타낸다. 1.0은 100%라는 정확도 점수를 나타낸다. 이 겸손한 성공에도 불구하고 여전히 단순 RNN은 다소 조잡하며 임시로 쓸 만한 인공신경망일 뿐이다.

RNN은 긴 시퀀스를 다루지 못하며(RNN의 기억 용량이 작고 제한되어 있기 때문), 쓰레기 정보와 가치 있는 정보를 구별하지 않고 은닉 상태 전체를 맹목적으로 재사용한다.

LSTM 인공신경망은 인공신경망의 과거 정보를 현재로 전달하는 과정에 게이팅 연산$^{gating\ operation}$(관문 연산)들을 추가하여 단순 RNN의 부족함을 채우려고 시도한다. 모든 LSTM은 시퀀스 내에서 사슬처럼 연결된 여러 개의 셀로 구성되며, 각 셀은 동일한 입력값을 소비하게 되는데, 이때 각 셀은 개별 언어 단위(예를 들면, 단어 같은 것)로 구성된 시간 단계를 이룬다. 셀 개수는 하이퍼파라미터에 해당한다. 이런 하이퍼파라미터라고 하는 것은 여러분이 자연어처리 공학자 입장에서 검증 데이터를 살펴보면서 스스로 추정해 내야 하는 값이다. 이러한 셀의 내부 정보는 시간 단계별로(예를 들면 단어별로) 읽거나 전체 시퀀스별로(이때는 마지막 셀을 사용한다) 읽을 수 있다. 시간 단계 기반으로 셀 정보를 처리하면 차후에 소위 말하는 **시간 분산**$^{time\text{-}distributed}$ 처리라는 것을 할 수 있는데, 이러한 시간 분산 처리의 사례로는 품사 부착$^{PoS\ Tagging}$을 들 수 있다. LSTM 셀은 콘텍스트 정보를 인코딩한다는 점에 유의해야 한다. LSTM 셀은 이 정보를, 시간 분산인 경우에는 국부적으로 사용 가능하게 하고, 비시간 분산인 경우에는 전역적으로(예를 들어 전체 단어 시퀀스에 대해) 사용할 수 있게 한다.

그런데 이 마법 같은 셀^{cell}(여기서는 '인공신경세포'라는 뜻－옮긴이)은 어떻게 생겼을까? 그림 2.16에 일반적인 구조가 나와있다.

따라서 우리에게는 다음과 같은 재료가 있다.

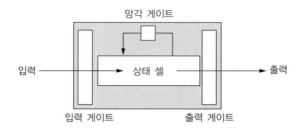

그림 2.16 LSTM 셀. 입력된 내용이 처리되고, 망각 게이트는 현재 입력된 내용(예 : 한 단어)을 국소적으로 처리하는 데 사용되어야 하는 왼쪽 콘텍스트의 이력(historical) 정보 중 어느 것을 쓸 것인지를 망각 게이트가 결정한다.

- 입력 데이터
- 가중값 행렬을 적용하여 새 입력 데이터에 가중값을 부여하는 입력 게이트
- 가중 입력 데이터를 소비하고 이전 상태 셀의 정보에 가중값을 부여하는 망각 게이트를 적용하는 인공신경망의 '은닉 상태'인 상태 셀
- 이전 상태 셀이 지니고 있던 과거 정보를 선택적으로 통과시키는 망각 게이트. 이 게이트는 또한 별도의 가중값 행렬로 입력 데이터에 가중값을 부여한다.
- 현재 상태 셀에서 정보를 선택적으로 내보내는 출력 게이트
- 출력 게이트가 통과시킨 것으로부터 계산해 낸 출력 내용

LSTM 셀을 사용해 정보를 신중하게 게이트 처리^{gating}(관문처럼 정보를 골라 통과시키게 하는 일 – 옮긴이) 하는 일이 9개의 가중값 행렬을 기반으로 수행된다. 이러한 가중값 행렬은 독창적인 계산에서 중요한 역할을 한다. 우리는 이를 설명하는 방정식을 단계별로 살펴볼 것이다. 지금은 이러한 방정식의 세부 사항에 관심을 가질 필요가 없지만 방정식을 주의 깊게 읽으면 과거 정보가 인공신경망을 통해 어떻게 스며드는지 느낄 수 있다.

9개의 가중값 행렬은 다음과 같다.

- W_i — 입력 내용에 적용된 입력 게이트의 가중값
- W_o — 입력 내용에 적용된 출력 게이트의 가중값
- W_f — 입력 내용에 적용된 망각 게이트의 가중값
- W_c — 전체 셀의 활동을 계산하기 위한, 입력 내용에 대한 가중값
- H_i — h_{t-1} 인공신경망의 이전 은닉 상태에 적용된 입력 게이트의 가중값(이전 시간 단계의 출력과 이전 은닉 상태로 정의됨)
- H_c — 전체 셀의 활동을 계산하기 위해 인공신경망의 은닉 상태에 적용되는 가중값
- H_f — 인공신경망의 이전 은닉 상태에 적용된 망각 게이트의 가중값
- H_o — 인공신경망의 이전 은닉 상태에 적용된 출력 게이트의 가중값

- V_c — 셀 활동에 적용된 가중값

이 모든 가중값 행렬은 LSTM 셀의 단순 출력을 계산하는 데 어떻게 사용될까? 이와 관련된 입력 내용인 x_t 및 편향값을 구성하는 모든 b_i 벡터를 사용하여 주어진 시간 단계 t에서 다양한 게이트를 통해 처리해 보자. 인공신경망은 입력 내용 및 망각 게이트의 출력 내용을 기반으로 실제 셀 활성값으로 바뀌는 후보 셀 활성값 C'를 계산한다. 이 셀 활성값은 최종 출력 계산에 사용된다.

1. 입력 게이트 : $i_t = \text{sigmoid}(W_i\, x_t + H_i\, h_{t-1} + b_i)$
   가중 입력과 가중 은닉 상태 및 편향 항에 시그모이드 활성 함수를 적용한다.
2. 망각 게이트 : $f_t = \text{sigmoid}(W_f x_t + H_f h_{t-1} + b_f)$
   망각 게이트 가중값과 망각 게이트 가중 은닉 상태 및 편향 항으로 가중값을 부여한 입력된 내용에 시그모이드 함수를 적용한다.
3. $C'_t = \tanh(W_c\, x_t + H_c\, h_{t-1} + b_c)$
   이 보조 상태 셀 변수(후보 셀 활성화)는 가중 입력, 가중 은닉 상태 및 편향 항에 대한 tanh 함수이다.
4. $C_t = i_t C'_t + f_t C_{t-1}$
   현재 셀 활성값은 입력 가중 보조 상태 C' 및 망각 게이트 가중 이전 셀 활성값으로부터 계산된다.
5. $o_t = \text{sigmoid}(W_o\, x_t + H_o\, h_{t-1} + V_c\, C_t + b_o)$
   출력 게이트는 출력 게이트 가중 입력과 출력 게이트 가중 은닉 상태, 가중 셀 활성치, 편향 항에 적용된 시그모이드 함수의 출력 내용을 생성한다.
6. $h_t = o_t \tanh(C_t)$
   시간 t에서의 은닉 상태는 현재 상태 셀 C_t의 tanh 함수이다.

이 방정식에서 덧셈이 많이 사용된다는 점에 유의하자. 그래디언트 문제를 해결하기 위한 한 가지 방편은 곱셈을 회피하는 것이다. tanh를 사용하면 값이 $[-1,1]$ 구간에 있게 된다. 마찬가지로 시그모이드 함수를 쓰면 값이 $[0,1]$ 구간에 들도록 다시 변환된다.

현재 셀의 활성값인 C_t는 입력 게이트를 통과해서 들어오는 데이터와 셀의 이전 상태(오래되었지만 여전히 보존된 정보가 수록되어 있는 원장 같은 것)에 적용된 망각 게이트를 결합한다. 이 작은 메모리 구조에서 얼마나 많은 가중값과 편향값이 적용되고 있는지 주목하자. 케라스에서 LSTM 계층은 모든 배치batch(데이터 집단)에 대해 정확히 하나의 셀 상태, 즉 메모리 상태를 통합한다. 따라서 1,000개의 시퀀스 데이터셋이 주어지고, 배치 크기가 100이고 길이가 10인 시퀀스가 20개라면, 우리는 각각 한 가지 메모리 상태를 담고 있는 10개 배치를 얻거나 그림 2.16에 제시된 것처럼 LSTM 셀의 인스턴스를 포함하는 10개의 배치를 얻게 된다. 파라미터를 갱신한 내용은 훈련 단계를 거치는 동안에 배치들이 서로 공유하게 된다. 훈련 중이나 시험 중에 각 시퀀스가 처리된 후 메모리 상태가 다시 설정된다. 메모리 상태들은 모든 시퀀스에 대해 수집될 수 있으며 원한다면 **상태 저장** LSTM이라고 부르는 것을 사용하여 각 배치 간에 보존할 수 있다(자세한 내용은 5장 참조).

단순 RNN에서 본격적인 LSTM 인공신경망으로 옮겨 가는 이전 예제를 다시 처리해 보자. 그런 다음 우리는 RNN 인공신경망과 LSTM 인공신경망을 가지고 문자열의 일부를 기억하게 하는 시험을 해볼 것이다.

케라스에서 LSTM을 사용하려면 (**샘플 개수, 시간 단계 수, 특징 개수**) 양식으로 된 3차원 입력 데이터가 필요하며, 케라스는 이 입력 데이터를 배치 단위로 묶어서 처리한다. '샘플samples 개수' 차원은 LSTM에 공급하는 데이터 블록의 개수에 해당하고, '시간 단계timesteps 수' 차원은 각 배치를 구성하고 있는 관측값observations 개수를 나타내며, '특징features 개수' 차원은 각 관측값의 특징 수에 해당한다. 케라스 LSTM에서는 셀을 한 단위로 규정하고 있지 않다. 오히려 케라스에서는 모든 시간 단계가 암시적으로 한 단위가 된다. 즉, LSTM을 펼치면 시간 단계 수에 대응하는 단위를 갖게 된다. 코드는 다음과 같다.

| **목록 2.6** | LSTM을 사용해 한 번에 한 문자씩 예측하기

```
from keras.models import Sequential
from keras.layers import LSTM, TimeDistributed, Dense
from sklearn.preprocessing import LabelEncoder
from sklearn.preprocessing import OneHotEncoder
import numpy as np


np.random.seed(1234)

data = ['xyzaaaaaaaaaaaaaaaaaaaaaaaaaaaaaaaaaaaaaaaaaaaaaaxyz',
        'pqraaaaaaaaaaaaaaaaaaaaaaaaaaaaaaaaaaaaaaaaaaaaaaaapqr']

test_data = ['xyzaaaaaaaaaaaaaaaaaaaaaaaaaaaaaaaaaaaaaaaaaaaaaaaaaxyz',
             'pqraaaaaaaaaaaaaaaaaaaaaaaaaaaaaaaaaaaaaaaaaaaaaaaaaapqr']

enc = LabelEncoder()
alphabet = np.array(list(set([c for w in data for c in w])))
enc.fit(alphabet)
```

◁ 케라스에는 LSTM을 위한 별도의 계층이 있다.

◁ 우리가 사용하는 데이터는 긴 문자열 형태로 되어있다.

```
int_enc=enc.fit_transform(alphabet)
onehot_encoder = OneHotEncoder(sparse=False)
int_enc=int_enc.reshape(len(int_enc), 1)
onehot_encoded = onehot_encoder.fit_transform(int_enc)

X_train=[]
y_train=[]

for w in data:
    for i in range(len(w)-1):
        X_train.extend(onehot_encoder.transform([enc.transform([w[i]])]))
        y_train.extend(onehot_encoder.transform([enc.transform([w[i+1]])]))

X_test=[]
y_test=[]

for w in test_data:
    for i in range(len(w)-1):
        X_test.extend(onehot_encoder.transform([enc.transform([w[i]])]))
        print i,w[i],onehot_encoder.transform([enc.transform([w[i]])])
        y_test.extend(onehot_encoder.transform([enc.transform([w[i+1]])]))

sample_size=512
sample_len=len(X_train)

X_train = np.array([X_train*sample_size]).reshape(
    sample_size,sample_len,len(alphabet))
y_train = np.array([y_train*sample_size]).reshape(
    sample_size,sample_len,len(alphabet))

test_len=len(X_test)
X_test= np.array([X_test]).reshape(1,test_len,len(alphabet))
y_test= np.array([y_test]).reshape(1,test_len,len(alphabet))

model=Sequential()
model.add(LSTM(input_dim = len(alphabet), output_dim = 100,
    return_sequences = True))
model.add(TimeDistributed(Dense(output_dim = len(alphabet),
    activation = "sigmoid")))
model.compile(loss="binary_crossentropy",metrics=["accuracy"],
    optimizer = "adam")

n=1
while True:
        score = model.evaluate(X_test, y_test, batch_size=32)
        print "[Iteration %d] score=%f"%(n,score[1])
        if score[1] == 1.0:
```

모델의 구성은
RNN과 비슷하다.

모델이 100% 정확한 결과를 낼
때까지 모델을 적합하게 한다.

```
        break
    n+=1
    model.fit(X_train, y_train, nb_epoch = 1, batch_size = 32)

preds=model.predict(X_test)[0]
for p in preds:
    m=np.argmax(p)
    print(enc.inverse_transform(m))

print(model.evaluate(X_test,y_test,batch_size=32))
```

이 LSTM은 까다로운 작업을 수행하고 있다. RNN 예제에서와 같이 훈련용 데이터 조각을 재구성한다. 이 경우에는 다음과 같은 52자 문자열이다.

xyzaaaaaaaaaaaaaaaaaaaaaaaaaaaaaaaaaaaaaaaaaaaaaaaxyz

pqraaaaaaaaaaaaaaaaaaaaaaaaaaaaaaaaaaaaaaaaaaaaaaapqr

이 문자열을 자세히 살펴보자. 마지막 문자들(NLP 어휘로 말한다면 '접미사'에 해당하는 것들)인 xyz 및 pqr은 문자열의 시작 부분('접두사'에 해당하는 xyz 및 pqr)에 따라 결정된다. 접미사는 앞의 a⋯a 시퀀스에서 직접 조건화되지 않는다는 점에 유념해야 하는데, 일반적으로 이 문자열을 보면 a 뒤에 a 문자가 나온다는 점을 알 수 있다. 따라서 멀리 떨어져 있는 접두사(xyz, pqr)를 염두에 두면서 접미사(접두사의 정확한 복사본에 해당하는 것)를 생성할 시기를 결정하기 위해 중간에 끼어있는 a 문자 개수를 계산하는 게 과제가 된다. 명시적인 카운터를 사용하면 이러한 과제를 해결할 방법을 아주 쉽게 구현할 수 있지만 여기서 중요한 점은 인공신경망이 접미사를 생성할 시기를 자체적으로 파악하고 이전 정보(접두사)에 따라 접미사를 조정할 수 있어야 한다는 점이다. 이는 인공신경망에 약간의 기억 능력^{memory capacity}이 있음을 보여준다.

간단해 보이는 이 과제를 풀어가는 과정을 일일이 기록하자면 실제로는 아주 복잡해진다. 우리는 훈련용 문자열과 시험용 문자열을 LSTM이 아닌 원래 RNN(즉, 단순 RNN − 옮긴이)에 공급하여 샘플 수(배치 크기)를 256에서 512로 늘린다. 이것은 (우리의 경우) 102개 시퀀스(각 시퀀스의 첫 번째 문자를 뺀 52자로 된 문자열 2개를 기반으로 한 훈련용 샘플의 크기)들로 이뤄진 512개 배치를 생성한다는 것을 의미한다.

RNN을 100회 반복해서 실행해 봐도 좋은 결과가 나오지는 않는다. RNN은 다음 출력 내용을 산출한다(두 번째 문자부터 생성되기 시작하므로, 출력되지 않는 첫 번째 문자를 대괄호 안에 따로 표시했다).

```
[x]yzaaaaaaaaaaaaaaaaaaaaaaaaaaaaaaaaaaaaaaaaaaaaaaaaaaaaaaaaaaaaayz
[p]qraaaaaaaaaaaaaaaaaaaaaaaaaaaaaaaaaaaaaaaaaaaaaaaaaaaaaaaaaaaaaqr
```

이 RNN은 두 접미사의 첫 번째 문자(xyz 안에 들어있던 x 문자와 pqr 안에 들어있던 p 문자)를 누락했다.

그러나 동일한 구성(100회 반복, 512개 샘플)을 유지하면서 LSTM을 사용해 100회 미만으로 반복 훈련해 보았더니 두 가지 문자열을 완벽하게 다시 구성해 냈다.

```
[x]yzaaaaaaaaaaaaaaaaaaaaaaaaaaaaaaaaaaaaaaaaaaaaaaaaaaaaaaaaaaaaxyz
[p]qraaaaaaaaaaaaaaaaaaaaaaaaaaaaaaaaaaaaaaaaaaaaaaaaaaaaaaaaaaaapqr
```

2.2 자연어처리를 위한 딥러닝 : 새로운 패러다임

피상적인 관점에서 볼 때, 딥러닝이라고 하는 것은 이전 머신러닝 방법들보다 더 개선되고 뛰어난 성능을 지닌 머신러닝 유형으로 보인다. 그러나 언어에 적용하는 일과 관련해서 딥러닝은 시간적 필터링과 공간적 필터링이라는 새롭고 유용한 두 가지 요소를 제공한다. 언어는 과거에서 현재로 흐르는, 순서대로 배열된 단어로 구성된다. 공간적 필터링과 시간적 필터링을 조합하면 NLP에 대한 새롭고 흥미로운 가능성이 열린다(그림 2.17).

우리가 추상적 표현을 다루고 있다는 점을 명심해야 한다. 추상적인 중간 계층 표현에 대해 공간적으로 처리를 하는 일을 상상하기는 어렵다. 그러나 이런 일은 그저 복잡한 데이터 표현의 일부를 강조하거나 덜 강조하는 또 다른 방법일 뿐이다. 비슷한 방식으로, 시간적 차원은 우리가 과거의 데이터를 이 추상화 프로세스에 연결하여 이러한 복잡한 표현의 특정 부분을 망각하거나 보존하는 방법을 배울 수 있게 한다.

우리는 단어의 벡터 표현에 합성곱 연산을 적용하는 방법을 시연해 보였으며, 이때 우

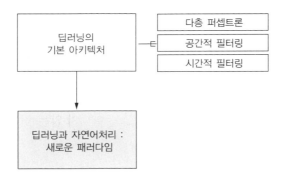

그림 2.17 딥러닝 기반 자연어처리의 새로운 패러다임. 딥러닝이 NLP에서 어떤 역할을 하게 되는가?

리는 마치 이러한 벡터들이 나란히 놓여있는 공간 구조가 있는 것처럼 꾸몄다. RNN 계층과 LSTM 계층은 과거 정보를 현재로 연결한다. LSTM 계층이 출력해 낸 내용에 CNN 계층을 적용하지 못할 이유는 없다. 이렇게 한다면 시간적이고 게이트 처리를 한 정보에 대해서 공간적 필터링을 하는 꼴이 된다. 이와는 반대로 CNN이 출력해 낸 내용을 LSTM으로 처리할 수 있다. 이런 식으로 생각해 나간다면 계층을 다양하게 조합해 구성할 수 있을 것이고, 이런 조합에 한계가 없어 보인다. 영상 처리와 관련해 계층을 조합하는 일에 대해서는 몇 가지 모범 사례가 무수한 실험 문헌에서 제안되었다. NLP에 대해서도 유사한 모범 사례를 찾아낼 수 있을까? 이 책의 나머지 부분에서 그러한 사례들을 많이 발견할 수 있을 것이다.

마지막으로 언어는 순차적일 뿐만 아니라 **재귀적**이다.

*Bill*이 *Richard*에게 자신이 가고 있다고 말했다고 *Mary*가 말했다고 *John*이 말했다.

이러한 재귀적 구조를 딥러닝으로 처리하는 능력은 활발한 연구 주제이며, 이런 주제는 서로 멀리 떨어진 단어 간의 관계를 구성하는 접근 방식 중 하나로 볼 수 있다.

이번 장의 배경이 된 지식을 우리가 갖추게 되었으므로 이제 실제 NLP 문제에 손을 댈 준비를 마친 셈이다. 우리는 다음 장에서 텍스트 임베딩을 사용하여 글을 딥러닝 모델로 가져오는 일부터 해볼 것이다.

요약

- 기본 딥러닝 아키텍처들이라는 것은 여러 계층으로 이뤄진 퍼셉트론이자, 공간적 필터(합성곱 신경망) 및 시간적 필터(RNN 및 LSTM 기반 신경망)에 해당한다.
- 케라스를 사용하면 합성곱 신경망과 순환 신경망, 그리고 장단기 기억 기반 인공신경망에 필요한 코드를 쉽게 작성할 수 있다.
- 이번 장에서 다룬 언어 분석에 적용된 딥러닝 사례로는 정서 분석, 문자 예측 등이 있다.

텍스트 임베딩

3

이번 장에서 다루는 내용

- 단어 임베딩word embedding 및 문서 임베딩document embedding을 사용하여 딥러닝을 위한 텍스트를 준비하기
- 자체 개발 임베딩을 사용하거나 사전 훈련 임베딩을 사용하기
- Word2Vec으로 단어 유사도 구현하기
- Doc2Vec을 사용하여 문서 검색하기

이번 장을 읽고 나면 여러분은 기본적이면서도 널리 사용되는 텍스트 임베딩 알고리즘을 실용적으로 다룰 수 있게 될 테고, NLP에 임베딩을 적용하는 방법에 대한 통찰력을 갖게 될 것이다. 우리는 그 목표를 달성하기 위해 여러 가지 구체적인 시나리오를 살펴볼 것이다. 하지만 먼저 임베딩과 관련된 기본적인 내용부터 살펴보자.

3.1 임베딩

임베딩embedding(수학 용어로는 '매장하기' 또는 '묻기'에 해당하며, 때로는 그렇게 어떤 수치를 묻어둔 공간 그 자체를 의미하기도 한다. −옮긴이)이란 입력 데이터를 벡터 표현으로 변환하는 절차이다. 1장에서 언급했듯이 벡터는 숫자를 포함하는 컨테이너(예 : 배열) 같

은 것이다. 모든 벡터는 다차원 벡터 공간에 1개 점으로 존재하며 모든 값은 특정 차원의 값으로 해석된다. 임베딩은 입력 데이터를 그러한 공간에 사영projection하기 위해 체계적으로 잘 만들어 낸 프러시저를 따른 후에 얻게 되는 결과이다.

우리는 단어 가방 표현과 빈도 기반 벡터 또는 TF-IDF 기반 벡터에 사용되는 원핫 벡터(특정 단어에 대해서만 1비트로 '켬'을 나타내는 식

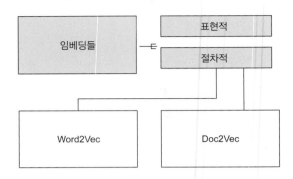

그림 3.1 임베딩 유형은 다양하며 이를 표현적 임베딩과 절차적 임베딩으로 분류할 수 있다. 우리는 Word2Vec과 Doc2Vec이라고 하는 두 가지 유형의 절차적 임베딩에 대해 자세히 설명할 것이다.

으로 구성한 이진값 벡터)처럼 텍스트의 샘플 벡터 표현을 1장과 2장에서 살펴보았다. 이러한 모든 벡터 표현을 임베딩 기법으로 생성했다.

가장 간단한 임베딩부터 다루어 보고 점점 더 복잡한 임베딩으로 나아가자. 1장에서 벡터 인코딩은 생성 방법에 따라 표현형과 절차형의 두 가지 주요 유형이 있다고 말했던 일을 기억하자(그림 3.1). 벡터에 대한 표현적 인코딩은 사람이 직접 설계해야 한다. 예를 들어 간단한 계수 작업 같은 통계 연산을 사용하여 데이터로부터 인코딩 값을 직접 계산해 낼 수 있다. 반면 절차적 인코딩은 머신러닝이나 통계를 통해 데이터에서 추론(학습 또는 추정)된다. 이제 임베딩의 관점에서 표현 유형을 간단히 살펴보자.

3.1.1 직접 계산하는 임베딩 : 표현적 임베딩

텍스트를 벡터에 사상mapping하기 위한 가장 간단한 표현적 임베딩은 **원핫 임베딩**이다. 원핫 임베딩에서는 N개 항목(예 : 여기서 항목이란 문자나 단어를 의미)으로 구성된 어휘가 주어지면 모든 단어를 $N-1$개의 0과 딱 1개뿐인 1을 사용해 벡터를 표현한다.

the	cat	sat	on	a	mat
1	0	0	0	0	0
0	1	0	0	0	0
0	0	1	0	0	0
0	0	0	1	0	0
0	0	0	0	1	0
0	0	0	0	0	1

이 기본 임베딩은 단어를 이진 6차원 벡터 공간에 사상한다. 모든 단어는 다음과 같이 이진 벡터로 표현된다.

- cat : 010000
- a : 000010

연습
펜과 종이를 사용하여 짧은 문장을 원핫 인코딩 기법으로 인코딩하는 연습을 조금 해보자.

이상적으로는 관련된 단어들이 이 벡터 공간 속에서 서로 인접해 있어야 한다. 여기서 말하는 '인접'이란 거리 함수로 측정할 때 서로 가까이 있다는 점을 알 수 있다는 의미이다. 그러한 거리 함수 중 하나는 **유클리드 거리**Euclidean distance이다. 이 거리 척도는 피타고라스 알고리즘을 사용하여 유클리드 공간에서 두 점 사이의 직선 길이를 계산한다. 유클리드 공간은 차원 수가 유한한 공간이다. 유클리드 공간의 점은 각 차원에 대한 좌푯값으로 지정된다. 따라서 (0,1,0) 같은 벡터는 3차원에서 점의 고유한 좌표가 된다. 그림 3.2에는 3차원 유클리드 공간이 표시되어 있다. 2^3(8)개의 서로 다른 좌표가 입방체를 이루고 있는 각 모서리에 어떻게 대응하는지 확인하자.

언어학적 관점에서 볼 때 우리가 고안한 6차원 공간 속에서 벡터 간 거리는 의미가 없

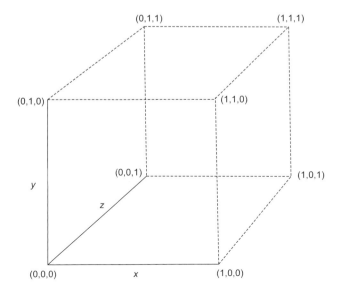

그림 3.2 3차원 유클리드 공간. 좌표는 3차원 입방체를 나타낸다.

다. 모든 벡터는 나머지 모든 벡터로부터 동일한 거리에 있다. 따라서 'the'와 'a' 사이에는 언어학적 관점에서 관련이 있는 단어임(둘 다 관사임)에도 불구하고 명백한 공간적 관계는 없다. 그렇다고 해서 이러한 표현 방식이 너무 단순해서 사용하기에 알맞지 않음을 의미하는 것만은 아니다. 실제로 이런 식의 텍스트 인코딩 방법들은 거리 기반 유사도가 작용하지 않아도 되는 상황에서 흔히 쓰는 방법이다. 예를 들어 2장에서는 RNN 및 LSTM 예제에서 문자를 표현하는 방법으로 쓰였다. 이제, 좀 더 고급스러운 임베딩, 즉 데이터로부터 학습을 함으로써 비로소 형성되는 임베딩에 대해 살펴보자.

3.1.2 임베딩을 하기 위한 학습 : 절차적 임베딩

머신러닝 기반 임베딩(즉, 연산적이고 절차적인 임베딩)을 살펴보자. 우리는 케라스부터 살펴보려고 한다. 케라스라는 것은 임베딩 생성용 자체 설비라고 할 수 있는 Embedding 계층을 제공한다. 케라스가 제공하는 Embedding 계층은 훈련 가능한 계층이며 훈련 중에 최적화가 되는 가중값 행렬을 내보낸다. 따라서 이 Embedding 계층은 얕고(즉, 하나의 은닉 계층으로 되어있고) 작은 인공신경망인 셈이다. Embedding 계층은 암묵적으로 손실 함수를 최소화한다. 즉, Embedding 계층은 특정 기준이 주어지면 자신이 생성하는 표현을 이 기준에 맞춰 최적화한다. 벡터 표현들 간에 최대한 구별될 수 있게 함으로써 벡터들을 서로 혼동하는 일을 최소한으로 줄일 수 있게 하는 것이 암묵적인 기본 기준이 된다. 곧 보게 되겠지만 우리는 다른 기준을 사용해 Embedding들을 구동할 수도 있다.

케라스 설명서에 수록된 표준 케라스 Embedding 예제가 다음에 나온다. 이 예제에서는 8차원 벡터 공간에 임의의 정수 임베딩 1개를 생성한다. 따라서 임의로 선택한 입력 샘플의 모든 정수는 8차원 숫자 벡터로 표현된다.

| 목록 3.1 | 표준 케라스 임베딩

```
from keras.models import Sequential
from keras.layers import Embedding
import numpy as np

model = Sequential()
model.add(Embedding(100, 8, input_length=10))

input_array = np.random.randint(100, size=(10, 10))
```

10개의 블록으로 구분해 둔 100개의 정수를 처리하기 위한 임베딩 계층 1개를 모델에 추가한다. 여기서는 임베딩 벡터의 크기를 8로 설정하고 있다.

100개의 정수를 임의로 뽑아내어 10개씩을 한 블록으로 삼아 10개 블록에 나눠 넣는다.

```
model.compile('rmsprop', 'mse')

output_array = model.predict(input_array)
```

손실 함수를 '평균 제곱 오차(MSE)'로 설정하고 최적화 방법 중에 rmsprop을 사용하여 모델을 컴파일한다. 이 단계에서는 명시적으로 훈련하는 일 없이 임베딩이 실행된다.

무작위 입력 데이터에 대한 임베딩들을 생성한다.

이 임베딩은 최대 정수 값이 100인 10×10 크기의 정수 행렬을 사용한다(정수 10개로 구성된 배치가 10개라는 말). 이 예제에서는 numpy의 randint 함수를 호출하여 행렬을 생성하였다. 이 행렬은 다음과 같다.

```
array([[17, 92, 74, 87, 60, 34,  8, 77, 16, 98],
       [99, 12, 83, 33, 98, 47, 55, 56, 28, 19],
       [97, 62, 88, 18, 13, 25, 39, 99, 62,  5],
       [38, 96, 11, 79, 67, 90, 66, 39, 52, 76],
       [12, 24, 79, 78, 15, 88,  1, 11, 43, 73],
       [45, 60, 26, 71, 44, 63, 69, 55, 28, 10],
       [89, 64, 63,  0, 13, 74, 96, 99, 10, 25],
       [90,  5, 98, 92, 11, 77,  4, 57, 61, 93],
       [ 7, 41, 80, 31, 74, 33,  3, 33, 55, 20],
       [83, 79, 28, 40, 65, 87, 60, 71, 44, 41]])
```

10개의 정수 배열(행렬의 행에 해당)에 대해 해당 임베딩은 정수 배열의 모든 정수에 대해 하나씩 8차원 값으로 구성된 10×8 행렬을 생성한다. 이러한 값들은 Embedding 계층의 훈련된 가중값들에 해당하며 이는 입력된 정수 값들에 대응하는 임베딩들인 것이다. 예를 들어 방금 전에 나온 입력 행렬의 마지막 행 값에 대한 임베딩은 다음과 같이 된다.

```
[[ 1.28672235e-02 8.03406164e-03 -2.44486574e-02 -2.50550359e-03
  -1.29224174e-02 2.64333598e-02 -2.68703699e-02 -4.35554162e-02]
   ...
 [
   3.53093855e-02 -1.42144933e-02 3.14533599e-02 -5.73614985e-03]]
```

따라서 다음에 보이는 행(앞에 나온 입력 행렬의 마지막 행 — 옮긴이)

```
[83, 79, 28, 40, 65, 87, 60, 71, 44, 41]
```

에서 83이라는 정수가 다음에 보이는 8차원 벡터 형태로 임베딩되어 있음을 알 수 있다.

```
[1.28672235e-02          8.03406164e-03 -2.44486574e-02 -2.50550359e-03
-1.29224174e-02          2.64333598e-02 -2.68703699e-02 -4.35554162e-02]
```

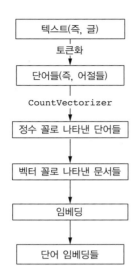

이런 과정을 텍스트에 적용해 보자. 일련의 문서를 정수 벡터로 나타내면 임의의 정수에 대한 임베딩과 유사한 형태로 문서에 대한 표준 임베딩을 만들 수 있다. 우리는 그림 3.3에 나온 개요도의 흐름을 따를 것이다.

그림 3.3 케라스가 제공하는 표준 embedding 계층을 사용해 단어들을 임베딩하기. 텍스트는 토큰화되고(즉, 단어별로 분리되고), 단어는 정수로 표현되며, 문서는 여러 개의 숫자로 표현된다. 이와 같은 문서 전처리 작업 후에 단어를 나타내는 숫자는 최종적으로 임베딩으로 바뀐다.

다음에 나오는 코드는 문서에 대한 전처리를 다룬다.

| 목록 3.2 | 문서 전처리

```
docs=["Chuck Berry rolled over everyone who came before him ? and turned up
     ➡ everyone who came after. We'll miss you",
     "Help protect the progress we've made in helping millions of
     ➡ Americans get covered.",
     "Let's leave our children and grandchildren a planet that's healthier
     ➡ than the one we have today.",
     "The American people are waiting for Senate leaders to do their jobs.",
     "We must take bold steps now ? climate change is already impacting
     ➡ millions of people.",
     "Don't forget to watch Larry King tonight",
     "Ivanka is now on Twitter - You can follow her",
     "Last night Melania and I attended the Skating with the Stars Gala at
     ➡ Wollman Rink in Central Park",
     "People who have the ability to work should. But with the government
     ➡ happy to send checks",
     "I will be signing copies of my new book"
     ]
docs=[d.lower() for d in docs]
```
← 우리는 docs 배열에 저장되어 있는 문서에 담긴 단어를 모두 소문자로 바꾼다.

```
count_vect = CountVectorizer().fit(docs)
tokenizer = count_vect.build_tokenizer()

input_array=[]
for doc in docs:
    x=[]
    for token in tokenizer(doc):
        x.append(count_vect.vocabulary_.get(token))
    input_array.append(x)

max_len=max([len(d) for d in input_array])

input_array=pad_sequences(input_array, maxlen=max_len,
➡ padding='post')
```

토크나이저를 CountVectorizer와 연관시킨다. 이 함수는 기본적으로 공백을 기준으로 문서(문자열)를 분할해 토큰화한다.

소문자로 바꾼 문서에 CountVectorizer를 적용한다. CountVectorizer(sklearn의 기능)는 문서 집합의 모든 단어를 고유한 임의의 정수에 대응시킨다. 예를 들어, "children"은 20, "our"는 66, "we"는 96으로 표현될 수 있다. 이러한 정수 값은 특별한 의미가 없다.

케라스가 제공하는 함수인 pad_sequences를 사용하여 모든 문서 길이가 동일해질 수 있게 문서 내용을 채운다. 이 함수는 각 배열의 끝에 0을 추가하는 식으로(padding = 'post'라고 지정했기 때문에 배열의 끝 쪽에 0이 추가된다) 배열을 지정된 최대 길이에 맞춰 전달한다.

이전에 제시된 정수 예제와 유사하지만 이번에는 단어를 참조하는 정수가 있는, 배열로 구성된 임베딩을 위한 입력 배열을 만든다(CountVectorizer에서 생성됨).

이제 우리는 각 배열의 모든 정수가 8차원 벡터로 표시되도록 이러한 배열을 Embedding 계층으로 공급할 준비가 되었다. 잘 알려진 가시화 알고리즘인 T-SNE(van der Maaten 및 Hinton, 2008)를 사용하여 벡터 임베딩을 가시화할 수 있다. 다음 알고리즘은 고차원 벡터를 2D와 같은 저차원 평면에 사상한다.

| 목록 3.3 | T-SNE를 사용해 케라스 임베딩을 가시화하기

```
from keras.models import Sequential
from keras.layers import Embedding
import numpy as np
from sklearn.manifold import TSNE
import matplotlib.pyplot as plt

def tsne_plot(model,max_words=100):
    labels = []
    tokens = []

    n=0
    for word in model:
        if n<max_words:
            tokens.append(model[word])
            labels.append(word)
            n+=1

    tsne_model = TSNE(perplexity=40, n_components=2, init='pca',
```

```
     n_iter=10000, random_state=23)
new_values = tsne_model.fit_transform(tokens)

x = []
y = []
for value in new_values:
    x.append(value[0])
    y.append(value[1])

plt.figure(figsize=(8, 8))
for i in range(len(x)):
    plt.scatter(x[i],y[i])
    plt.annotate(labels[i],
                 xy=(x[i], y[i]),
                 xytext=(5, 2),
                 textcoords='offset points',
                 ha='right',
                 va='bottom')
plt.show()
```

⟵ 차원 축소용으로 쓸 T-SNE 모델을 생성하고 동일한 데이터에 대해서 1만 회만큼 반복해서 실행한다.

⟵ T-SNE 알고리즘은 (x, y) 좌표로 그릴 수 있는 2D 모양의 데이터를 생성한다.

```
# ... (이전 코드에 이은 문서 처리 부분을 생략함)

model = Sequential()
model.add(Embedding(100, 8, input_length=10))
input_array = np.random.randint(100, size=(10, 10))
model.compile('rmsprop', 'mse')
output_array = model.predict(input_array)

M={}
for i in range(len(input_array)):
    for j in range(len(input_array[i])):
        M[input_array[i][j]]=output_array[i][j]

tsne_plot(M)
```

⟵ 임의의 정수들에 대한 임베딩

이 코드는 다차원 벡터를 거리를 반영하는 2D 공간으로 캐스팅하는 역할을 하여, 이에 따라 그림 3.4와 같은 그림을 생성한다. 임베딩은 다양한 단어(각각 8차원 벡터로 포함된 정수로 표현됨)들이 균일한 간격으로 놓이는 벡터 표현을 생성하지만, 이 공간에서 위상은 의미가 없다는 점을 알 수 있는데, 예를 들어 단어 96("we")은 우리의 2D 공간에서 단어 66("our")보다 단어 55("Melania")에 더 가깝기 때문이다. 이는 우리가 임베딩을 제한하지 (데이터 점 사이의 거리를 합리적으로 계산하는 손실 함수를 이 데이터에 적용하는 식으로 제한하지) 않았기 때문에 발생한 현상이다.

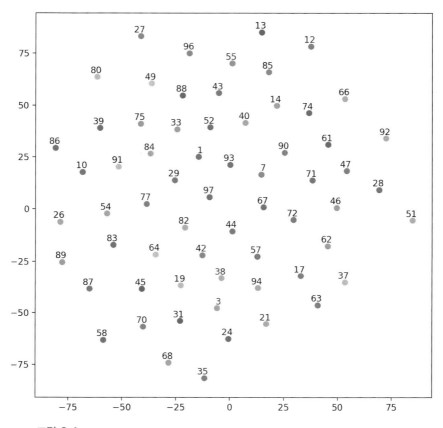

그림 3.4 케라스 임베딩을 T-SNE 방법으로 가시화한 것

이제 임베딩 생성과 관련해 더 해석하기 쉬운 기준을 추가해 보자. 식당 이용 후기에 정서 레이블을 추가하기 위한 과정 중의 한 단계로 단어 임베딩을 훈련하는 일을 해보자. 이것은 우리가 정서 레이블을 다는 작업 중의 일부 작업으로서, 훈련된 단어 임베딩을 만들어 내려고 한다는 점을 의미한다. 부정 정서가 담긴 문서와 긍정 정서가 담긴 문서를 서로 잘 분별할 수 있도록 단어를 임베딩해야 한다. 케라스가 제공하는 표준 임베딩 계층은 벡터를 무작위로 임베딩하기 시작하는데, 이는 단어 간의 어휘론적 관계나 의미론적 관계에 대해 고려하지 않고 단어를 서로 최대로 분리하려고만 한다는 말이다. 그러나 다행스럽게도 이러한 임베딩들은 **가단성**^{malleable}(달군 쇠를 두드려서 펴거나 늘릴 수 있듯이 이리저리 조형할 수 있는 성질―옮긴이)이 있어서, 임베딩들을 학습 작업이라는 맥락에 맞춰 세부 조정하는 식으로 우리는 이러한 어휘론적 관계나 의미론적 관계를 어느 정도까지는 인코딩되게 훈련할 수 있다.

참고 임베딩을 세부조정^{fine-tuning}하는 일을 **다운스트림 태스크**^{downstream task}(후속 과업)라고 한다.

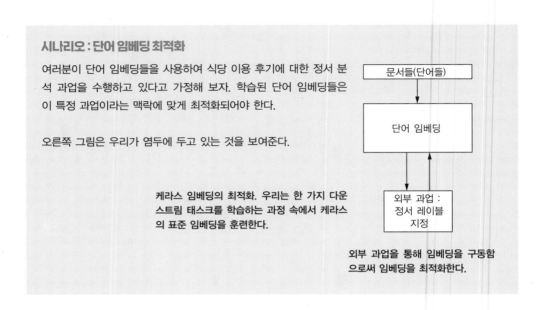

시나리오 : 단어 임베딩 최적화

여러분이 단어 임베딩들을 사용하여 식당 이용 후기에 대한 정서 분석 과업을 수행하고 있다고 가정해 보자. 학습된 단어 임베딩들은 이 특정 과업이라는 맥락에 맞게 최적화되어야 한다.

오른쪽 그림은 우리가 염두에 두고 있는 것을 보여준다.

케라스 임베딩의 최적화. 우리는 한 가지 다운스트림 태스크를 학습하는 과정 속에서 케라스의 표준 임베딩을 훈련한다.

문서들(단어들)

단어 임베딩

외부 과업 : 정서 레이블 지정

외부 과업을 통해 임베딩을 구동함으로써 임베딩을 최적화한다.

우리는 특정 단어에 대한 식별자(어휘집에 들어있는 한 가지 항목)로 쓰기 위해 정수를 단어에 대응시키고, 이 정수들로 이뤄진 벡터로 표현한 일련의 문서(즉, 식당 이용 후기)가 있다고 가정한다. 기술적으로 보면 이런 벡터 표현은 이전에 임의로 생성해 낸 정수를 사용했던 예제와 똑같다. 각 문서에 레이블을 달아보자. 예를 들어 긍정적인 정서를 담고 있는 문서라면 해당 문서에 1을 달고, 부정적인 정서를 담고 있는 문서라면 0을 달아보자는 말이다. 이제 우리는 문서들을 최대한 분별하는 일을 목표로 하는 손실 함수에 의해 제약을 받는 단어 임베딩을 훈련할 수 있다. 따라서 단어 임베딩은 이 작업을 학습해야 하므로, 제공된 문서 레이블링이 최대 정확도로 학습되도록 단어에 대한 최적의 임베딩을 찾는다 (그림 3.5).

어떻게 진행하는가? 우리는 먼저 훈련용 데이터와 시험용 데이터를 읽어야 하는데, 우리 경우에서는 정서 레이블이 지정되어 있는 텍스트 데이터로 구성되어 있다. 우리는 1,000개에 이르는 옐프^{Yelp}의 식당 이용 후기들을 담은 공개 데이터셋을 사용한다.

이 공개 데이터셋에 담겨있는 모든 문장의 정서는 양수(1)나 음수(0)로 표시되어 있다. 우리는 이 데이터를 700개의 경우^{case}(예시^{example}, 사례^{instance}와 같은 말로 데이터셋에 담긴 각 문장과 정서—옮긴이)로 구성된 훈련용 집합^{training set}(처음 700개)과 나머지 300개의 문장이 있는 시험용 집합^{test set}으로 분할했다. 데이터셋에는 총 1만 1894개의 단어(토큰)가 포함되

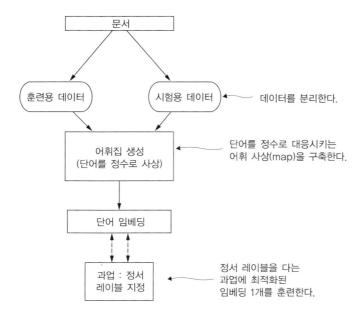

문서

훈련용 데이터   시험용 데이터 ← 데이터를 분리한다.

어휘집 생성
(단어를 정수로 사상) ← 단어를 정수로 대응시키는
어휘 사상(map)을 구축한다.

단어 임베딩

과업 : 정서
레이블 지정 ← 정서 레이블을 다는
과업에 최적화된
임베딩 1개를 훈련한다.

그림 3.5 케라스 임베딩의 최적화 : 프러시저. 데이터를 훈련용 데이터와 시험용 데이터로 분할하고, 단어를 정수에 대응시키고(매핑하고), 단어를 묻고(임베딩하고), 이렇게 묻어서 만들어진 임베딩을 세부 조정하여 다운스트림 태스크를 최적화하고 시험용 데이터의 결과를 최적화한다.

어 있다. 이 데이터에 인공신경망을 적용하면 인공신경망은 훈련용 데이터에 대해서는 만점(100% 미만)에 해당하는 정확도를, 그리고 시험용 데이터에 대해서는 73.6%의 정확도(데이터 집합 크기가 작고 인공신경망이 단순하다는 점을 생각해 보면 꽤 괜찮은 정확도)

이용 후기	정서 레이블
Wow⋯ Loved this place.	1
Crust is not good.	0
Not tasty and the texture was just nasty.	0
Stopped by during the late May bank holiday off Rick Steve recommendation and loved it.	1
The selection on the menu was great and so were the prices.	1
Now I am getting angry and I want my damn pho.	0
Honestly it didn't taste THAT fresh.	0
The potatoes were like rubber and you could tell they had been made up ahead of time being kept under a warmer.	0
The fries were great too.	1
A great touch.	1
Service was very prompt.	1
Would not go back.	0

를 금방 달성한다.

다음 목록은 코드를 보여준다.

| **목록 3.4 |**　정서 레이블 달기 과업을 통해서 임베딩을 배우기

```python
from keras.models import Sequential
from keras.layers import Embedding,Dense,Flatten
import numpy as np
import random
import re
import sys
import codecs
from keras.preprocessing.sequence import pad_sequences

def save_embedding(outputFile, weights, vocabulary):
    rev = {v:k for k, v in vocabulary.iteritems()}
    with codecs.open(outputFile, "w") as f:
        f.write(str(len(vocabulary)) + " " + str(weights.shape[1]) + "\n")
            for index in sorted(rev.iterkeys()):
                word=rev[index]
        f.write(word + " ")
            for i in xrange(len(weights[index])):
                f.write(str(weights[index][i]) + " ")
                f.write("\n")

def getLines(f):
    lines = [line.rstrip() for line in open(f)]
    return lines

def create_vocabulary(vocabulary, sentences):
    vocabulary["<unk>"]=0
    for sentence in sentences:
        for word in sentence.strip().split():
            word=re.sub("[.,:;'\"!?()]+","",word.lower())
            if word not in vocabulary:
                vocabulary[word]=len(vocabulary)

def process_training_data(textFile,max_len):
    data=[]
    sentences = getLines(textFile)
    vocab = dict()
    labels=[]
    create_vocabulary(vocab, sentences)
    for s in sentences:
        words=[]
```

임베딩을 파일에 저장하기 위한 함수 : 모든 단어가 임베딩 벡터와 함께 나열된다.

지정된 텍스트 파일 속 모든 줄에 대해서 개행 문자(newline)를 제거하고 배열에 모두 담아 반환하는 도우미 함수

이 함수는 입력 텍스트 파일의 문장(줄)을 기준으로 어휘를 채운다. 이 어휘집은 모든 단어를 고유한 정수에 대응시킨다. 알 수 없는 단어에 대한 특수 토큰도 생성된다.

이 함수는 훈련용 데이터를 처리하여 단어 및 레이블 배열(이 경우엔 정서 레이블)에 해당하는 정수의 패딩된 벡터를 생성한다. 어휘는 즉석에서 채워지고 나중에 시험용 데이터의 단어로 보완된다.

```
            m=re.match("^([^\t]+)\t(.+)$",s.rstrip())
            if m:
                sentence=m.group(1)
                labels.append(int(m.group(2)))
            for w in sentence.split(" "):
                w=re.sub("[.,:;'\"!?()]+","",w.lower())
                if w!='':
                    words.append(vocab[w])
            data.append(words)
        data = pad_sequences(data, maxlen=max_len, padding='post')

        return data,labels, vocab

def process_test_data(textFile,vocab,max_len):
    data=[]
    sentences = getLines(textFile)
    labels=[]
    create_vocabulary(vocab, sentences)
    for s in sentences:
        words=[]
        m=re.match("^([^\t]+)\t(.+)$",s.rstrip())
        if m:
            sentence=m.group(1)
            labels.append(int(m.group(2)))
        for w in sentence.split(" "):
            w=re.sub("[.,:;'\"!?()]+","",w.lower())
            if w!='':
                if w in vocab:
                    words.append(vocab[w])
                else:
                    words.append(vocab["<unk>"])
        data.append(words)
    data = pad_sequences(data, maxlen=max_len, padding='post')
    return data,labels

max_len=100
data,labels,vocab=process_training_data(sys.argv[1],max_len)
test_data,test_labels=process_test_data(sys.argv[2],vocab,max_len)

model = Sequential()
embedding=Embedding(len(vocab), 100, input_length=max_len)
model.add(embedding)
model.add(Flatten())
model.add(Dense(1,activation="sigmoid"))
model.compile(loss='binary_crossentropy', optimizer='adam',metrics=['acc'])
model.fit(data,labels,epochs=100, verbose=1)
```

> 마찬가지로 이 함수는 시험용 데이터를 처리한다.

> 훈련용 데이터의 어휘가 시험용 데이터 처리 함수에 어떻게 전달되는지 확인하자.

> 벡터 길이가 100인 어휘의 단어 수에 대한 임베딩을 생성한다.

```
loss, accuracy = model.evaluate(test_data, test_labels, verbose=0)
print accuracy
```

```
save_embedding("embedding_labeled.txt",embedding.get_weights()[0], vocab)
```
나중에 처리하고 검사할 수 있도록
임베딩을 텍스트 파일에 저장한다.

이 정서 레이블링 작업 중에 학습을 수행한 단어 임베딩이라면 어떨까? 우리는 모델 출력 파일(embedding_labeled.txt)에서 단어 벡터의 최근접 이웃을 찾아 학습된 임베딩을 검사할 수 있다.

| 목록 3.5 | 임베딩 검사하기 : 벡터들의 최근접 이웃을 찾기

```
import sys
import numpy as np
from gensim.models import KeyedVectors
import gensim.models
import os
```
우리는 미리 만들어 둔 단어 벡터들을 사용해 과업을 처리하는 데 필요한 설비를 담고 있는 젠심 모듈을 적재한다. 이 단어 벡터들이 Word2Vec 모델에 적재된다.

```
w2v = gensim.models.KeyedVectors.load_word2vec_format(os.path.join(
   sys.argv[1]), binary=False,unicode_errors='ignore')
```
이제 우리가 모델을 지니게 되었으므로, 우리는 임베딩 벡터를 기반으로 모든 단어에 대해 가장 가까운 3개의 이웃을 나열하는 유사도 함수를 호출한다.

```
for w in  sorted(w2v.wv.vocab):
    print w,w2v.most_similar(w,topn=3)
```
유사도 점수들 또한 나열된다(유사도 점수는 높을수록 좋다).

참고   우리는 최근접 이웃을 찾기 위해 젠심(https://radimrehurek.com/gensim) 툴킷을 사용하고 있다. 고도로 최적화된 이 파이썬 툴킷은 Word2Vec 모델들을 사용해 작업(및 파생)하는 데 필요한 설비를 갖추고 있으며, 분석 모델에 대한 최근접 이웃 검색을 빠르게 수행할 수 있다. 우리가 내보낸 임베딩의 포맷은 해당 라이브러리와 호환되며, 우리는 젠심이 제공하는 최근접 이웃 검색 기능을 활용해 서로 정합하는[match](일치하는) 단어 벡터를 찾을 수 있다.

우리 프로그램은 단어로부터 유도해 낸 벡터 표현을 기반으로 모든 단어에 대해 3개의 최근접 이웃을 나열한다. 그중에 일부 결과를 표시하면 다음과 같다.

```
waiter [(u'terrible', 0.8831709027290344), (u'2', 0.8141345381736755),
   (u'rude', 0.8114627003669739)]
```

```
waitress [(u'breakfast', 0.8804935216903687),
   (u'bartender', 0.8568718433380127), (u'server', 0.8293911218643188)]
```

모든 단어(여기서는 "waiter"와 "waitress"라는 두 단어를 예로 들고 있음)에 대해 3개의 최근접 이웃이 유사도에 따라 (내림차순으로) 정렬된다. 따라서 "waitress"와 "bartender"는 "server"보다 더 유사한 단어이다.

이 예를 보면 마치 입력 단어와 최근접 이웃 간의 특정 의미론적 관계를 암시하는 것 같지만, 일반적으로 최근접 이웃의 대부분을 해석할 수는 없다. 분명히 이 임베딩은 우리가 만든 선택(인공신경망 구조에 대한 선택과 데이터에 대한 선택)에 대해 얻을 수 있는 최선이었다. 하지만 단어들 사이의 의미 있는 관계를 나타낼 수 있고 해석할 수 있는 임베딩을 우리가 원한다면 어떨까? 이를 위한 사실상의 알고리즘인 Word2Vec으로 들어가 보자.

3.2 단어를 벡터로 : Word2Vec

1장에서 논의된 Word2Vec 알고리즘은 단어 간의 관계를 설정하고 단어를 벡터 공간에 임베딩하기 위해 단어 간의 콘텍스트(맥락, 문맥) 정보를 고려한다(그림 3.6). 이전 단원에서 우리가 구현해 보았던 알고리즘은 그런 일을 원격으로 수행하지 않았다. 이 알고리즘은 단어의 벡터 표현을 최적화하여 정서 레이블링 작업의 정확성을 극대화했지

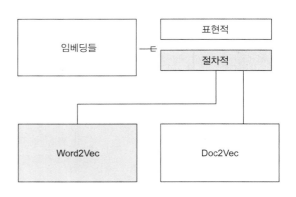

그림 3.6 Word2Vec 알고리즘 : 절차적 (학습된) 임베딩

만, 공유된 유사 콘텍스트를 이루는 단어 간의 관계 설정에는 관심을 두지 않았다. 우리가 Word2Vec을 사용하여 획득한 벡터 표현은 공유 콘텍스트들을 기반으로 단어 간의 유사도를 더 해석 가능한 형태로 표현할 수 있어야 한다.

Word2Vec에 따르면 유사한 콘텍스트들을 공유하는 두 단어는 서로 더욱더 유사하다고 한다. 이는 영국 언어학자 존 루퍼트 퍼스John Rupert Firth의 신조를 현대적으로 구현한 것이다.

특정 단어에 수반되는 단어를 보고 그 특정 단어를 알 수 있을 것이다.

−J. R. 퍼스

시나리오 : 단어 사이의 의미 관계 모델링

자신이 가지고 있는 큰 텍스트 말뭉치(식당 이용 후기 집합)를 기반으로 단어 사이에 동의어 관계 같은 의미 관계를 구성하려고 한다고 해보자. 여러분이 추구하는 관계는 단어 동시 출현 같은 통계를 기반으로 구성해야 한다. 두 단어가 같은 콘텍스트에서 출현하면 두 단어는 서로 더 비슷한 의미를 지니고 있다고 볼 수 있다. 여러분은 문서를 편집하는 동안 단어의 동의어를 알아서 제시해 주는 문서편집기 같은 것을 구현하기 위해 이러한 관계를 활용해 보고 싶지만, 여러분이 직접 일일이 이러한 관계를 구성하고 싶지는 않다고 해보자. 이럴 때 임베딩이 어떻게 도움이 될까?

다음 그림은 우리가 추구하는 일, 즉 벡터 임베딩을 기반으로 단어 간의 의미 있는 관계를 설정하는 일을 보여준다.

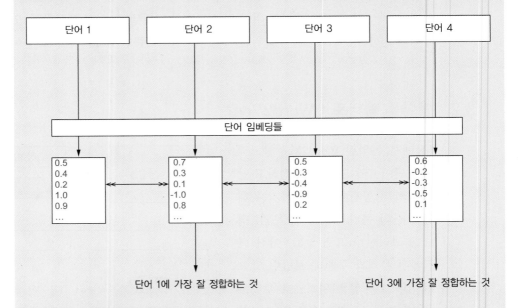

단어 임베딩들을 기반으로 따져볼 수 있는 단어 유사도. 단어가 벡터로 표현되면 코사인 유사도 값을 기준으로 근접 관계를 나타낼 수 있으므로 서로 근접한 단어끼리 묶을 수 있다. 만약 이러한 벡터들에 콘텍스트 정보가 인코딩된다면, 유사한 콘텍스트를 공유하는 단어들끼리는 벡터 공간 안에서 서로 근접한 곳에 있어야 한다.

이를 실현하기 위한 계획은 다음과 같다. Word2Vec 알고리즘에는 콘텍스트로부터 단어를 예측하는 접근법(CBOW를 변형한 접근법)이나, 단어로부터 콘텍스트를 예측하는 접근법(스킵그램^{skipgram}을 변형한 접근법)이 구현되어 있다. 우리는 두 번째 접근법, 즉 **네거티브 샘플링**^{negative sampling}이라는 기법을 사용하는 Word2Vec의 스킵그램 버전을 구현해 볼 것이다. 바로 시작해 보자.

우리는 주어진 단어에 대해 단어 주변의 특정 콘텍스트의 유효성을 예측하려고 한다. 예를 들어,

the restaurant has a terrible ambiance and the food is awful

같은 문자열이 주어졌을 때, 우리는 "awful"이라는 단어가 "restaurant"이라는 단어에 대해 유효한 콘텍스트를 이루는 단어인지, 또는 "awful"이라는 단어가 "food"라는 단어에 대해 유효한 콘텍스트를 이루는 단어인지를 예측하려고 한다. 유사한 콘텍스트 예측값을 보이는 단어들은 Word2Vec 내에서 서로 유사한 것으로 판정된다. 즉, 유사한 벡터 표현을 생성한다.

실용적인 방식으로 콘텍스트 예측값을 구성하려고 한다면, 올바른 콘텍스트와 잘못된 콘텍스트에 대해서 긍정적인 콘텍스트에 해당하는 사례와 부정적인 콘텍스트에 해당하는 사례를 모두 만들어야 한다. 이 작업을 철저하게 하려고 해도 고려해야 할 부정적인 가능성이 너무 많기 때문에 실용적이지 않다. 그래서 **네거티브 샘플링** 기법이 필요하다. 네거티브 샘플링은 유효한 콘텍스트의 긍정적인 사례만 수집하는 것이 아니라 잘못된 콘텍스트에 해당하는 부정적인 사례도 수집한다는 의미이다.

우리가 하는 일은 다음과 같다.

1. 우리 데이터에 대한 사전을 하나 만든다. 이 사전은 각 단어에 대해 유일한 정수 값을 대응시킨 꼴로 구성된다.
2. 임의의 제너레이터와 고정 콘텍스트 창 크기(입력 단어를 기준으로 왼쪽과 오른쪽으로 모두 창을 키운 꼴)를 사용하여 이 창 범위 안에서 유효한 콘텍스트 단어를 수집한다.
3. 입력 단어의 범위(즉, 우리가 입력한 단어를 중심 단어로 두고 그 주변의 몇 개 단어를 아우르는 범위를 말하며, 이는 창의 크기와 같다. ─옮긴이)를 벗어난 단어들을 사전에서 무작위로 샘플링한다. 이러한 단어들이 부정적인 콘텍스트를 생성하므로 이 기법을 **네거티브 샘플링**이라고 부르는 것이다.

예를 들어,

the restaurant has a terrible ambiance and the food is awful

이라는 문자열이 주어졌고, 창 크기를 3으로 지정했고, 우리가 입력한 단어가 "restaurant"이라고 가정하면, 창의 오른쪽 크기 범위 안에 든 "has a terrible"을 이루는 각 단어는 "restaurant"의 유효한 오른쪽 콘텍스트 단어가 되고, "the"라는 단어는 유효한 왼쪽 콘텍스트 단어가 된다. 그러나 "and the food is awful"을 이루고 있는 각 단어는 "restaurant"의 바로 왼쪽 콘텍스트나 바로 오른쪽 콘텍스트에 들어있지 않으므로 "restaurant"에 유효한 콘텍스트 단어가 아닌 것이다.

알려진 바와 같이 케라스에는 포지티브 콘텍스트 샘플과 네거티브 콘텍스트 샘플을 생성하는 함수가 있다.

```
skipgrams(sequence, vocabulary_size, window_size=n, ...)
```

이 함수는 해당 이진 레이블 집합인 0과 1에 연결된 단어 쌍 집합인 (입력 단어, 콘텍스트 단어)를 생성한다. 이 0과 1이라는 레이블들은 데이터에서 특정 단어 쌍에 대한 콘텍스트 단어가 입력 단어에 직접적인 영향을 미치는 콘텍스트에서 관찰되었는지 여부를 나타낸다.

그림 3.7에 네거티브 샘플링 과정이 나와있다. 텍스트는 정수로 인코딩되며, 유효한 콘텍스트가 결정된다. 유효한 콘텍스트의 몇 가지 예가 맨 오른쪽 상자에 나타난다.

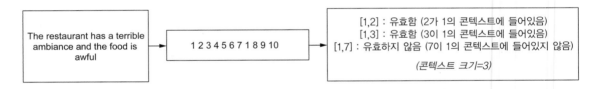

그림 3.7 네거티브 샘플링을 이용한 스킵그램 레이블링

사용해 온 문자열을 다시 살펴보자.

the restaurant has a terrible ambiance and the food is awful

우리가 다음 내용이 들어있는 사전을 만들었다고 가정하겠다.

- The → 1
- restaurant → 2
- has → 3
- a → 4
- terrible → 5
- ambiance → 6

- and → 7
- food → 8
- is → 9
- awful → 10

우리는 `skipgrams` 함수의 `window_size` 파라미터를 3으로 설정한다. 이 예에서는 `vocab_size`를 무작위 샘플을 추출하기에 충분히 큰 크기(100)로 인위적으로 설정해야 한다. 그렇지 않으면 유효한 콘텍스트 단어를 콘텍스트 단어가 아닌 것으로 표시할 가능성이 있다. 우리는 먼저 우리 사전에서 입력 문자열을 찾아 단어들을 정수로 치환한다. 또한 문장을 (공백을 기준으로 삼아서) 단어들로 나누고 우리의 어휘집에서 모든 단어를 찾는다.

```
sequence=[vocab[w] for w in sentence.split(" ")]
```

이 코드로 인해 다음 표의 맨 아래 행이 생성된다.

The	restaurant	has	a	terrible	ambiance	and	the	food	is	awful
1	2	3	4	5	6	7	1	8	9	10

`sequence` 변수를 1, 2, 3, 4, 5, 6, 7, 1, 8, 9, 10으로 설정하여,

```
skipgrams(sequence, 100, window_size=3)
```

를 실행하면,

```
[[7, 8], [2, 5], [3, 85], [3, 4], ... ]
```

및

```
[1, 1, 0, 1, ...]
```

이라는 레이블을 얻는다.

예를 들어, [7, 8] 쌍의 경우 단어 8("food")이 단어 7("and")의 콘텍스트에 나타나므로 레이블은 1이다. [3, 85] 쌍의 경우 무작위로 선택된 단어 85는 단어 3("has")의 콘텍

스트에 들어있지 않다. 우리의 작은 어휘집에는 단어가 10개밖에 들어있지 않기 때문에 **skipgrams** 함수는 어휘집으로부터 부정적인 콘텍스트의 단어를 무작위로 골라 끌어낸다. 어휘집이 크다면 작은 어휘집을 쓸 때보다 유효한 콘텍스트 단어들을 부정 콘텍스트 단어로 잘못 도출해 낼 가능성이 상대적으로 더 작아야 한다.

이 편리한 함수를 우리 마음대로 사용할 수 있으므로 Word2Vec 스크립트를 작성해 보자. 먼저 일반 문장들로 구성된 원자료를 처리하는 함수를 정의한다. 이 문장들은 스킵그램 방식으로 처리되며, 모든 스킵그램과 이에 해당하는 레이블들은 전체 데이터셋으로부터 수집한다.

| **목록 3.6 | Word2Vec을 위한 데이터 처리하기**

```
def process_data(textFile,window_size):
    couples=[]
    labels=[]
    sentences = getLines(textFile)
    vocab = dict()
    create_vocabulary(vocab, sentences)
    vocab_size=len(vocab)
    for s in sentences:
        words=[]
        for w in s.split(" "):
            w=re.sub("[.,:;'\"!?()]+","",w.lower())
            if w!='':
                words.append(vocab[w])
        c,l=skipgrams(words,vocab_size,window_size=window_size)
        couples.extend(c)
        labels.extend(l)
    return vocab,couples,labels
```

특별한 제너레이터 함수는 모델의 훈련 단계에서 이러한 샘플을 반복하여 임의의 샘플과 레이블을 선택하고 모델에 배치 단위로 공급한다.

| **목록 3.7 | 배치들을 생성하기 위한 함수**

```
def generator(target, context, labels, batch_size):
    batch_target = np.zeros((batch_size, 1))
    batch_context = np.zeros((batch_size, 1))
    batch_labels = np.zeros((batch_size, 1))
```

```
while True:
    for i in range(batch_size):
        index= random.randint(0,len(target)-1)
        batch_target[i] = target[index]
        batch_context[i]=context[index]
        batch_labels[i] = labels[index]
    yield [batch_target,batch_context], [batch_labels]
```

우리의 인공신경망은 출력 레이블(콘텍스트 단어가 원본 단어에 대해서 유효하지 않은 콘텍스트에 해당하면 0이고 유효한 콘텍스트에 해당하면 1)이 공급되었던 **Dense** 계층(일반적인 계층 구조이며 이전 계층의 뉴런들과 이 계층의 뉴런들이 서로 완전히 연결된 계층)으로 공급되는 2개의 **Embedding** 계층(원본 단어용 하나와 콘텍스트 단어용 하나)을 간단하게 조합한 것이다. 여기에서 우리가 콘텍스트를 한 단어로 제한하고 있다는 점에 유념해야 하는데, 이 단어는 원본 단어의 바로 옆에서 찾아볼 수 있으며, 창의 크기는 양쪽 방향으로 모두 3만큼 확장한 것이다. 인공신경망은 선택한 콘텍스트 단어가 목표 단어에 대한 유효한 콘텍스트에 들어있는지 여부를 결정하는 방법을 학습한다. 이는 그림 3.8에 설명되어 있다.

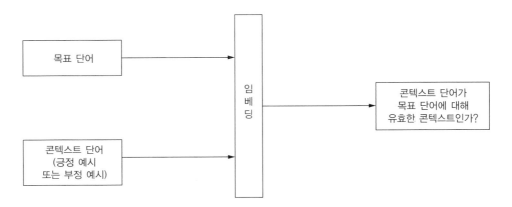

그림 3.8 Word2Vec : 네거티브 샘플링을 이용해 유효한 콘텍스트 단어들을 예측하기

연습
여러분은 더 발전된 인공신경망 아키텍처로 전환하여 보다 강력한 모델을 제시할 수 있는가?

우리 모델에서 입력 단어와 목표 단어는 실질적인 이유로 동일한 임베딩을 공유한다(이는 모델이 추정해야 하는 가중값의 수를 제한하는 역할을 한다). 이 임베딩이 입력 단어와 목표 단어에 대해 생성하는 벡터 표현은 점곱을 통해 하나의 벡터로 결합된다. 마지막으로 훈련된 임베딩의 가중값은 입력 단어에 대한 Word2Vec 벡터를 생성한다.

다음은 전체 코드 목록이다.

| 목록 3.8 | 네거티브 샘플링을 이용한 Word2Vec

```python
from keras.models import Model
from keras.layers import Input, Dense, Reshape, merge
from keras.layers.embeddings import Embedding
from keras.preprocessing.sequence import skipgrams
from keras.preprocessing import sequence

import numpy as np
import sys

import random
import re
import codecs

def save_embedding(outputFile, weights, vocabulary):
    rev = {v:k for k, v in vocabulary.iteritems()}
    with codecs.open(outputFile, "w") as f:
        f.write(str(len(vocabulary)) + " " + str(weights.shape[1]) + "\n")
    for index in sorted(rev.iterkeys()):
        word=rev[index]
        f.write(word + " ")
        for i in range(len(weights[index])):
            f.write(str(weights[index][i]) + " ")
        f.write("\n")

def getLines(f):
    lines = [line.rstrip() for line in open(f)]
    return lines

def generator(target, context, labels, batch_size):
    batch_target = np.zeros((batch_size, 1))
    batch_context = np.zeros((batch_size, 1))
    batch_labels = np.zeros((batch_size,1))

    while True:
        for i in range(batch_size):
            index= random.randint(0,len(target)-1)
            batch_target[i] = target[index]
```

```
                    batch_context[i]=context[index]
                    batch_labels[i] = labels[index]
                yield [batch_target,batch_context], [batch_labels]


def process_data(textFile,window_size):
    couples=[]
    labels=[]
    sentences = getLines(textFile)
    vocab = dict()
    create_vocabulary(vocab, sentences)
    vocab_size=len(vocab)
    for s in sentences:
        words=[]
        for w in s.split(" "):
            w=re.sub("[.,:;'\"!?()]+","",w.lower())
            if w!='':
                words.append(vocab[w])
        c,l=skipgrams(words,vocab_size,window_size=window_size)
        couples.extend(c)
        labels.extend(l)
    return vocab,couples,labels


def create_vocabulary(vocabulary, sentences):
    vocabulary["<unk>"]=0
    for sentence in sentences:
        for word in sentence.strip().split():
            word=re.sub("[.,:;'\"!?()]+","",word.lower())
            if word not in vocabulary:
                vocabulary[word]=len(vocabulary)


window_size = 3
vector_dim = 100
epochs = 1000


vocab,couples,labels=process_data(sys.argv[1],window_size)


vocab_size=len(vocab)


word_target, word_context = zip(*couples)


input_target = Input((1,))
input_context = Input((1,))

embedding = Embedding(vocab_size, vector_dim,
    input_length=1)
target = embedding(input_target)
target = Reshape((vector_dim, 1))(target)
```

이 함수는 입력 데이터셋(즉, 텍스트 말뭉치)을 처리하고 콘텍스트 데이터 및 이에 해당하는 레이블(유효한 콘텍스트거나 유효하지 않은 콘텍스트임을 나타내는 레이블)을 생성한다.

우리는 생성된 쌍을 목표 단어(유효한 콘텍스트 단어이거나 유효하지 않은 콘텍스트 단어를 예측하는 단어)와 콘텍스트 단어로 나눈다.

목표 단어들과 콘텍스트 단어들은 모두 1차원 입력 계층들로 구성된다.

우리의 임베딩은 크기가 1인 입력을 받아들이고 총 vocab_size에 해당하는 그 밖의 단어들(vector_dim 크기의 벡터들)에 대응시킨다. 우리는 두 입력 단어(목표 단어와 콘텍스트 단어)를 동일한 임베딩(매장체)에 임베딩하여(묻어) 원하는 벡터 길이로 재구성한다.

```
context = embedding(input_context)
context = Reshape((vector_dim, 1))(context)

dot_product = merge([target, context], mode='dot',
    dot_axes=1)
dot_product = Reshape((1,))(dot_product)
output = Dense(1, activation='sigmoid')(dot_product)
model = Model(input=[input_target, input_context], output=output)
model.compile(loss='binary_crossentropy', optimizer='adam',metrics=['acc'])

print model.summary()

epochs=int(sys.argv[2])

model.fit_generator(generator(word_target, word_context,labels,100),
    steps_per_epoch=100, epochs=epochs)

save_embedding("embedding.txt",
    embedding.get_weights()[0], vocab)
```

목표 벡터와 콘텍스트 벡터의 접곱은 최종 분류(지정된 목표 단어에 대해 유효한 콘텍스트 단어인지 여부)를 기준으로 하는 중간 표현이다.

제너레이터는 1,000에포크 동안 목표 단어, 콘텍스트 단어 및 레이블(각 배치에 100개의 사례 포함)을 무작위로 추출해 형성한 배치들을 제공한다. 모든 에포크는 100번에 걸친 최적화 단계를 수행한다.

공유된 임베딩으로부터 단어별 가중값들을 추출한다. 이러한 가중값들은 입력 단어들에 대한 Word2Vec 임베딩을 구성한다.

1,000회에 걸친 학습 에포크 동안 배치당 100개의 샘플로 사전 훈련 옐프 데이터를 사용해 Word2Vec을 구현한 코드를 실행하면 이전 접근 방식보다 더 흥미로운 결과가 생성된다. 다음은, 산출된 임베딩 파일로부터 일부 입력 단어를 골라 list_vectors.py를 실행해 계산해 낸 최근접 이웃들이다.

- waitress → cashier
- seasonal → peach, fruit
- indian → naan
- café → crema
- baba → ganoush
- bone → marrow

그러나 진정으로 의미 있고 설득력 있는 결과를 얻으려면 훨씬 더 많은 데이터를 사용해 모델을 더 많이 반복해서 훈련해야 한다.

여러분은 우리가 단어 임베딩을 즉석에서 생성하기 위해 사용한 분류 작업을 통해 실제로 더 강력한 임베딩의 이점을 얻을 수 있을지 여부가 궁금할 것이다. 단어 간의 관계라는 측면에서 볼 때 작은 데이터셋을 사용해서는 해석하기 용이한 임베딩을 도출할 수 없었다. 다행스럽게도 다른 사람이 미리 컴파일해 둔 모델을 배포받아 분류기에 적재할 수 있다. 이러한 모델을 사용하여 옐프의 식당 이용 후기에 대한 레이블 지정 작업을 강화해 보자.

시나리오 : 사전 훈련 임베딩

여러분이 정서 레이블링 같은 특정 작업에 맞게 임베딩을 훈련해 사용하는 대신에 우리는 다른(더 나은) 훈련용 데이터를 기반으로 사전 훈련 Word2Vec 모델을 사용하기를 바란다고 해보자. 바라건대 그렇게 해서 특정 작업 결과가 향상될 수 있을지도 모른다. 이런 일을 어떻게 해나갈 수 있을까?
　다음 그림을 통해 접근 방식을 알 수 있다.

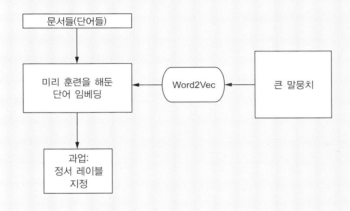

정서 레이블 지정 작업에 사전 훈련 단어 임베딩 사용하기. 우리는 외부 데이터를 사용해 대규모 Word2Vec 모델을 도출해 낸 다음에, 해당 모델을 사용하여 다른 데이터에 들어있는 단어에 대한 단어 임베딩을 생성한다. 다운스트림 태스크라는 점을 보여주는, 아래쪽으로만 향하고 있는 화살표에 주목하자. 이런 식의 구성 환경에서 상용 Word2Vec 모델을 훈련할 수는 없다.

우리는 이런 생각을 두 단계에 걸쳐 검증해 볼 것이다.

1. 우리가 방금 Word2Vec 구현으로 산출해 낸 임베딩으로 원본 임베딩을 바꾼다.
2. 스탠퍼드 대학교에서 60억 단어를 사용해 편집해 둔(40만 단어로 된 어휘집을 사용), 매우 큰 상용 Word2Vec 모델을 사용하고 어떻게 진행되는지 확인한다.

케라스 설명서에는 사전 훈련된 기존 임베딩들을 `Embedding` 계층으로 적재하는 좋은 예가 나와있다. 이 접근 방식을 사용하고 먼저 Word2Vec 임베딩을 정서 분류기에 적재한다. 우리는 그저 저장되어 있는 임베딩 줄들을 한 줄씩 하나의 사전 속으로 읽어 들여 단어들을 벡터들에 매핑한다. 그런 다음에 우리는

(어휘집 안에 있는 단어 개수, 임베딩 벡터 크기)

크기로 된 행렬을 만들고 해당 행렬을 어휘집을 이루고 있는 모든 단어 인덱스(단어의 정수 값을 의미)에 대한 벡터로 채운다.

| 목록 3.9 | 분류 과업용으로 쓰기 위해 기존 임베딩들을 적재하기

```python
def load_embedding(f, vocab, embedding_dimension):
    embedding_index = {}
    f = open(f)
    n=0
    for line in f:
        values = line.split()
        word = values[0]
        if word in vocab: # 현재 어휘집 안에 들어있는 단어들만 저장한다.
            coefs = np.asarray(values[1:], dtype='float32')
            if n: # 머리글 행을 건너뛰기
                embedding_index[word] = coefs
            n+=1
    f.close()

    embedding_matrix = np.zeros((len(vocab) + 1, embedding_dimension))
    for word, i in vocab.items():
        embedding_vector = embedding_index.get(word)
        if embedding_vector is not None:
            embedding_matrix[i] = embedding_vector
    return embedding_matrix
```

우리는 사전 훈련 임베딩을 적재한 후에는 다시 훈련하지 않는다. 왜냐하면 이런 훈련 과정이 이미 외부에서 임베딩을 생성할 때 진행되었기 때문이다.

| 목록 3.10 | 사전 훈련 모델 하나를 사용해 임베딩 하나를 초기화하기

```python
embedding = Embedding(len(vocab) + 1,
                      embedding_dimension,
                      weights=[embedding_matrix],
                      input_length=max_len,
                      trainable=False)
```

하지만 trainable 파라미터를 True로 설정하는 편이 더 나을 수 있다. 이렇게 하면 사전 훈련 모델로 `Embedding`을 **초기화**한 다음에 당면하게 된 특정 작업에 맞게 세부조정을 할수 있다.

이번에 나오는 코드는 파일에서 임베딩을 가져와서 모델에 적재하는 부분을 제외하면 목록 3.3에 나온 코드와 같다.

| 목록 3.11 | 분류 과업용으로 쓰기 위해 기존 임베딩들을 사용하기

```
embedding_matrix=load_embedding(sys.argv[3],vocab,
    embedding_dimension)                              파일에서 임베딩을 적재
embedding = Embedding(len(vocab) + 1,                 한다(명령줄에 지정됨).
                      embedding_dimension,
                      weights=[embedding_matrix],
                      input_length=max_len,           임베딩 파일의 가중값으로 임베
                      trainable=False)                딩의 가중값을 초기화한다.
```

이 코드를 실행하면서 Word2Vec 구현을 사용해 생성되고 저장된 임베딩을 공급하다 보면우리는 불쾌할 정도로 놀라게 되는데, 이는 시험용 데이터를 사용해 잰 정확도가 62%로크게 떨어져 버리기 때문이다. 왜 이렇게 된 것일까? 가장 그럴듯한 설명을 대자면, 우리의 첫 번째 분류기로 생성한 임베딩은 우리의 분류 과업에 맞춰져 있었고, 확실히 우리가작은 데이터 샘플에서 유도함으로써 빈약해진 Word2Vec 모델을 대체했다는 점이다.

그러니 훨씬 더 강력한 모델을 사용해 보자. 우리는 2014년 영문 위키피디아 버전을 기반으로 40만 단어의 100차원 단어 임베딩들로 구성된 모델을 적재할 것이다. 이 임베딩들은 통계적 단어 동시 출현을 기반으로 하는 단어 임베딩 전술인 GloVe 방식으로 생성되었다. 이번에는 대용량 zip 파일(GloVe 벡터 파일은 820메가바이트 이상)을 처리하는 데 특화된 다른 적재 함수를 사용할 것이다.

| 목록 3.12 | 미리 훈련되고 압축된 임베딩 하나를 적재하기

```
def load_embedding_zipped(f, vocab, embedding_dimension):
    embedding_index = {}
    with zipfile.ZipFile(f) as z:
        with z.open("glove.6B.100d.txt") as f:
            n=0
            for line in f:
                if n:
                    values = line.split()
                    word = values[0]
```

```
            if word in vocab:
                coefs = np.asarray(values[1:], dtype='float32')
                embedding_index[word] = coefs
        n+=1
z.close()
embedding_matrix = np.zeros((len(vocab) + 1, embedding_dimension))
for word, i in vocab.items():
    embedding_vector = embedding_index.get(word)
    if embedding_vector is not None:
        embedding_matrix[i] = embedding_vector
return embedding_matrix
```

우리는 모델로 들여올 대상을 훈련용 데이터와 시험용 데이터에 있는 단어로 제한한다.
T-SNE로 모델의 한 조각을 간단히 검사해 보면 단어 군집화 결과가 해석할 수 있는 형태
로 표시된다(그림 3.9). 단어 벡터는 T-SNE의 차원 축소 알고리즘을 통해 2차원 공간으로

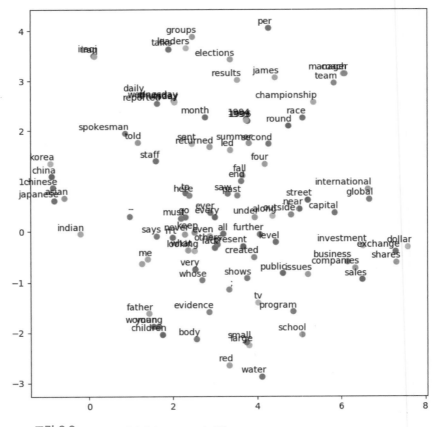

그림 3.9   GloVe 임베딩의 T-SNE 가시화

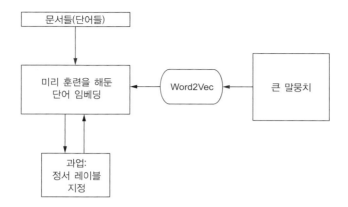

그림 3.10 정서 레이블링 작업을 위한 사전 훈련 단어 임베딩 재훈련

투영된다.

T-SNE는 다양한 GloVe 벡터를 2개의 좌표가 있는 점으로 2차원 공간에 점 형태로 표시한다. x축과 y축의 눈금이 T-SNE에 의해 자동으로 결정되었으므로(x축은 −1에서 8까지, y축은 −3에서 4까지 범위) 따로 신경 쓰지 않아도 된다. "championship", "race", "round" 또는 "international" 및 "global"과 같은 단어들이 서로 얼마나 가깝게 배치되는지 주목하자. 이 단어들은 서로 동의어에 가깝기 때문에 의미가 있다.

그리고 "small"과 "large"같이 반의어에 가까운 단어들이 어떻게 함께 묶이는지도 주목하자. 이는 GloVe(및 Word2Vec)와 같은 동의어 벡터 기반 모델이 기본적으로 **분포 유사도**를 기반으로 한다는 점을 보여준다. 두 단어는 해당 단어가 훈련용 데이터에서 더 많은 콘텍스트를 공유하는 경우 더 유사한 벡터 표현을 얻게 된다. 이 결과가 Word2Vec 모델보다 조금 더 낮기는 하지만 결국 GloVe 모델도 잘 작동하지 않는 것으로 나타났다. 이 GloVe 기반 모델은 66%의 정확도를 제공한다.

`Embedding`의 `trainable` 파라미터를 `True`로 설정하여 사전 훈련 임베딩을 재훈련하면 어떻게 되는가? 그림 3.10은 우리가 정서를 표현하는 과업의 일부로 사전 훈련 단어 임베딩을 어떻게 다시 훈련하는지 보여준다.

우리의 Word2Vec 임베딩과 GloVe 모델 모두 시험용 데이터에서 72% 범위의 정확도를 생성하며, 이는 첫 번째 분류기가 생성한 원래 결과(73.6%)에 가깝다. [이러한 정확도는 코드를 연속으로 몇 번 실행하여 얻은 것이다. 코드 시작 부분에 `numpy.random.seed(1234)` 문을 추가하면 일관된 결과가 재현된다.]

여기서 얻을 수 있는 게 많지 않다는 점이 확실해 보인다. 일반적인 외부 Word2Vec 모델은 우리가 수행하는 과업에 어떤 이점도 제공하지 않는다. 이는 훨씬 더 광범위한 위키피디아 도메인에 비해 상당히 특정한 도메인에서 GloVe 모델 구축에 쓴 데이터를 가져왔기 때문일 수 있다. 그럼에도 불구하고 이 작은 실험에서 얻을 수 있는 교훈은 특정 과업에 최적화된 과업별 임베딩이 특정 상황에서 사전 훈련 단어 임베딩보다 우수할 수 있다는 점이다. 다행스럽게도 우리가 구현한 패턴을 사용하면 외부 단어 임베딩의 장단점을 시험해 보기가 무척 쉽다.

연습

특정 과업에 특화된 임베딩과 사전 훈련 외부 임베딩 간의 차이점을 좀 더 검증해 보자. http://vectors.nlpl.eu/repository와 https://github.com/3Top/word2vec-api#where-to-get-a-pretrained-models 같은 단어 임베딩 저장소를 방문해 보자.

3.3 문서를 벡터로 : Doc2Vec

임베딩을 단어 수준에서만 할 수 있는 것은 아니다. 문장이나 단락 또는 전체 문서처럼, 더 큰 언어 단위를 임베딩(벡터화)할 수 있다. (여기서 우리는 문장이든 단락이든 전체 문서든 간에 모두 문서라고 부를 것이다.) 왜 큰 언어 단위를 임베딩하려는 것일까? 몇 가지 유용한 응용 분야로는 질문과 답변의 정합성^{match}을 따지는 일이나 문서를 검색하는 일(입력한 문서와 유사한 문서를 찾는 일)을 들 수 있다. 문서를 벡터로 나타내면 단어 간의 의미론적 유사도와 마찬가지로 파생된 벡터 공간에서 유사성을 알아낼 수 있다.

단락 벡터를 다룬 Le 및 Mikolov(2014)의 원본 논문에서는 Word2Vec을 우아하게 확장해 문서 벡터를 다룰 것을 제안하였다. 그들의 접근 방식은 Doc2Vec으로 알려져 있다(그림 3.11).

아이디어는 단순하다. 먼저 모든 문서에 파일 이름이나 정수와 같은 고유 식별자를 할

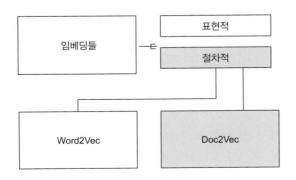

그림 **3.11** Doc2Vec 알고리즘 : Word2Vec을 사용해 문서(단락이나 단락보다 더 큰 글 덩어리)를 벡터로 나타내는 방법인데, 또 다른 형태의 절차적 (학습된) 임베딩이라고 할 수 있다.

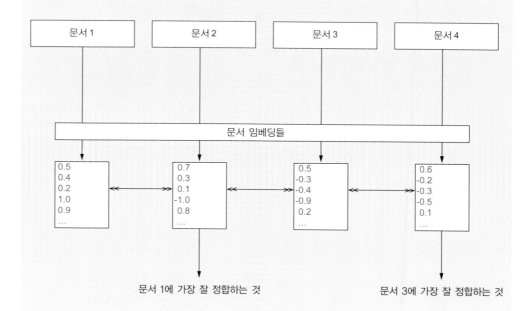

시나리오 : 문서 유사도

음식(예 : 생선)에 대해 불평하는 식당 이용 후기 같은 특정 문서가 주어진 경우에 여러분은 유사한 불만(예 : 해산물에 대한)이 있는 이용 후기를 찾고자 한다. 문서 임베딩을 사용하여 유사도를 설정할 수 있는가?

문서 임베딩을 기반으로 한 문서 유사도. 문서를 벡터로 표현하게 되면 근접 관계를 이용해 문서를 서로 가까운 것끼리 묶을 수 있다(코사인 유사도같이). 이러한 벡터가 내용(단어)에 의해 결정되는 문서 수준의 주제 정보를 인코딩하는 경우 유사한 의미(주제)를 공유하는 문서는 벡터 공간에서 서로 가까워야 한다.

당한다. 그런 다음 이러한 문서 식별자를 단어 기반 임베딩과 함께 별도의 임베딩에 문서의 내용과 더불어 함께 묻자는 것이다. 그림 3.12에 이 과정이 나온다[원래 그림은 Le 및 Mikolov(2014) 참조].

우리는 문서를 이루고 있는 단어들 위로 미끄러지듯이 움직일 수 있는 창을 만들고 미리 지정해 둔 크기(예 : 3)에 맞는 단어 단위 엔그램들을 생성하며 이 엔그램들을 이루고 있는 모든 단어에 대해서는 별도의 임베딩을 사용한다. 우리는 각 엔그램과 각 문서 식별자가 이룰 수 있는 모든 조합에 대해 예측하려고 하는 목표를 생성한다. 이러한 목표는 현재 엔그램 범위를 넘어서게 되는 첫 번째 단어로 구성된다. 문서 식별자는 훈련 중에 많은 엔그램과 연결된다(그러나 중요한 것은 텍스트의 엔그램만 해당한다는 점이다). 식별자들

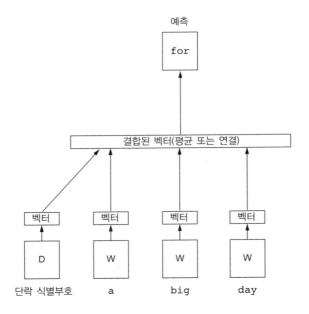

예측

for

결합된 벡터(평균 또는 연결)

벡터   벡터   벡터   벡터

D   W   W   W

단락 식별부호   a   big   day

그림 3.12 Doc2Vec[Le 및 Mikolov(2014) 참조]. 단락(또는 문서) 식별자는 별도의 행렬(D)에 임베딩되며, 별도의 단어 임베딩 행렬(W)과 조합하여 사용된다. 모든 단락 식별자는 해당 단락(또는 문서)을 이루고 있는 단어들과 함께 훈련이 된 벡터이다. 이러한 콘텍스트를 스누핑(snooping : 기웃거리며 살펴보기)하는 식으로, 단락 벡터는 전체 문서나 단락으로부터 정보를 흡수한다.

은 다음 단어를 예측하기 위해 국부적[local]인 엔그램에서 누락된 정보를 인코딩하는 일종의 기억을 형성한다. 식별자들은 각 벡터를 어떤 임의의 단어 하나인 것처럼 받아들인다. 이 벡터는 문서를 이루고 있는 단어 또는 단락을 이루고 있는 단어와 함께 훈련된다. 일단 훈련이 되면 문서 식별자는 모든 시퀀스에 대한 다음 단어를 예측하기 위해 누락된 정보의 집계를 설명하는 벡터와 연결된다. 이 누락된 정보는 문서의 주제[topic]에 대한 근사치이다.

예를 들어, 다음과 같이 127번 문서가 주어졌다고 가정해 보자.

127 My first visit to Hiro was a delight!

그리고 우리는 엔그램의 단어 개수를 의미하는 n을 임의로 3으로 설정한 다음에 엔그램을 생성한다(따라서 우리는 **트라이그램**을 생성하게 된다).

- my first visit
- first visit to
- visit to Hiro
- to Hiro was
- Hiro was a
- was a delight

각 트라이그램의 목표 단어는 다음과 같다.

- to
- Hiro
- was
- a

따라서 "my first visit" 트라이그램의 경우, "to"가 문서 127에서 이 트라이그램의 오른쪽에 있는 첫 번째 단어이기 때문에 목표 단어는 "to"가 되는 것이다.

마지막 엔그램인 "was a delight"의 경우 "end of sentence"라는 식의 의사 토큰을 생성하도록 지정할 수 있다(우리 코드에서는 이런 의사 코드를 따로 지정하지 않는다).

> **연습**
>
> 몇 개의 짧은 문장을 가지고 트라이그램을 생성하고 목표 단어를 예측하는 연습을 해보자.

우리의 데이터는 이전에 사용한 적이 있던 데이터로, 옐프의 식당 이용 후기 데이터셋이다. 이 데이터셋을 이루고 있는 각 줄은 식당 이용에 관한 진술을 포함하는 문장으로 구성되어 있다.

```
Took an hour to get our food only 4 tables in restaurant my food was Luke
➡ warm, Our server was running around like he was totally overwhelmed.
There is not a deal good enough that would drag me into that establishment
➡ again.
Hard to judge whether these sides were good because we were grossed out by
➡ the melted styrofoam and didn't want to eat it for fear of getting sick.
On a positive note, our server was very attentive and provided great service.
Frozen pucks of disgust, with some of the worst people behind the register.
The only thing I did like was the prime rib and dessert section.
```

먼저 데이터(한 줄에 하나의 문서가 있는 파일로 구성됨)를 문서 식별자, 단어 단위 엔그램의 콘텍스트 배열 및 목표 단어에 대한 정수 값 배열로 변환하는 함수를 정의해 보자.

| 목록 3.13 | Doc2Vec에 쓸 데이터를 처리하기

```
def process_data(textFile,window_size):
    docs = getLines(textFile)
    vocab = dict()
    create_vocabulary(vocab, docs)
    docid=0
    contexts=[]
    docids=[]
    targets=[]

    f=open("docs.legend","w")
    for s in docs:
        f.write("%d %s\n"%(docid,s))
        docids.append(docid)
        ngs=list(ngrams(s.split(), window_size))
        for i in range(len(ngs)-1):
            cs=[docid]
            ng=ngs[i]
            for w in ng:
                w=re.sub("[.,:;'\"!?()]+","",w.lower())
                cs.append(vocab[w])
            contexts.append(cs)
            target_word=re.sub("[.,:;'\"!?()]+","",ngs[i+1][0].lower())
            targets.append(vocab[target_word])
        docid+=1
    f.close()
    return np.array(contexts),np.array(docids),np.array(targets),vocab
```

이 함수는 sklearn의 ngrams 함수를 사용하여 단어 단위 엔그램들을 생성한다. 여기서 n 은 파라미터 값인 window_size로 지정한다. 데이터 파일을 구성하고 있는 모든 줄에 대해 고유한 문서 식별자가 오름차순으로 생성된다. 문서 식별자와 모든 엔그램을 이루고 있는 단어들의 숫자 표현(정수)을 담고 있는 콘텍스트 배열이 구성된다. 이 함수는 또한 문서 식별자(정수)와 원래 문서 내용(우리의 경우에 각 문서는 한 줄로 된 텍스트 파일임)의 조합으로 구성된 범례 파일을 생성한다. 결과를 해석하기 위해 우리는 나중에 범례 파일을 사용할 것이다. 그림 3.13에는 이런 처리 과정의 핵심 내용이 표시되어 있다.

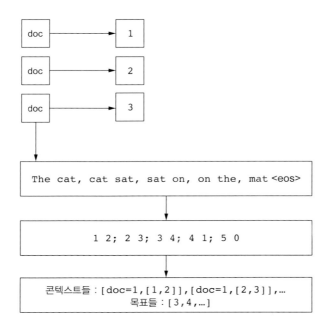

그림 3.13 Doc2Vec 방식 문서 처리. 단어 콘텍스트들은 이제 의사 단어(pseudo-words)인 문서 식별자(또는 단락 식별자)에 연결된다. 이러한 식별자는 콘텍스트 전체에서 반복되며 일반 단어 벡터로 학습된다. 이 과정에서 결합하는 다양한 단어의 콘텍스트 정보를 흡수하고 이후 전체 문서의 속성 또는 단락의 속성(주제)을 인코딩한다.

다음으로 우리는 이러한 배열을 배포하여 무작위 선택에 기반을 두고 훈련용 데이터 배치들을 생성하는 **제너레이터 함수**를 정의한다.

| 목록 3.14 | **Doc2Vec에 쓸 훈련용 배치들을 생성하기**

```
def generator(contexts, targets, batch_size):
    w1 = np.zeros((batch_size, 1))
    w2 = np.zeros((batch_size, 1))
    w3 = np.zeros((batch_size, 1))
    docid = np.zeros((batch_size, 1))
    batch_targets = np.zeros((batch_size,1))

    while True:
        for i in range(batch_size):
            index= random.randint(0,len(targets)-1)
            batch_targets[i] = targets[index]
            docid[i]=contexts[index][0]
            w1[i] = contexts[index][1]
            w2[i] = contexts[index][2]
            w3[i] = contexts[index][3]
        yield [w1,w2,w3,docid], [batch_targets]
```

이 함수는 훈련 중에 호출되며 collect_data에 의해 생성된 콘텍스트의 단어, 해당 문서 식별자 및 목표 단어를 포함하는 2D 배열[크기 (batch size, 1) 포함]로 구성된 무작위 배치를 생성한다.

이 모든 것이 준비되면 모델을 살펴보자.

| 목록 3.15 | Doc2Vec을 위한 모델 정의

```
input_w1 = Input((1,))
input_w2 = Input((1,))
input_w3 = Input((1,))
input_docid=Input((1,))

# 임베딩들
embedding = Embedding(vocab_size, vector_dim, input_length=1,
   name='embedding')

vector_dim_doc=vector_dim
embedding_doc=Embedding(len(docids)+1,vector_dim_doc)

docid=embedding_doc(input_docid)
docid = Reshape((vector_dim_doc,1))(docid)

w1 = embedding(input_w1)
w1 = Reshape((vector_dim, 1))(w1)

w2 = embedding(input_w2)
w2 = Reshape((vector_dim, 1))(w2)

w3 = embedding(input_w3)
w3 = Reshape((vector_dim, 1))(w3)

context_docid=concatenate([w1,w2,w3,docid])
context_docid=Flatten()(context_docid)
output = Dense(vocab_size,activation='softmax')(context_docid)
model = Model(input=[input_w1, input_w2, input_w3, input_docid],
   output=output)
model.compile(loss='sparse_categorical_crossentropy',
   optimizer='adam',metrics=['acc'])

print model.summary()

epochs=int(sys.argv[2])

model.fit_generator(generator(contexts,targets,100),
   steps_per_epoch=100, epochs=epochs)
```

모델에 입력할 내용은 4개인데 이 중 3개는 단어이고 1개는 문서 식별자다. 모델을 구동하는 다음 단어 예측 작업의 대상은 process_data 함수로 계산된다. 단어와 문서 식별자는 모두 동일한 임베딩을 공유하며, 출력은 하나의 콘텍스트 벡터로 연결되어 결합된다.

이 벡터 표현들을 연결한 내용이 평탄화^{flatten}되어 Dense라는 출력 계층으로 공급된다. 목표 단어(데이터에서 트라이그램을 따르는 단어)의 수치를 예측하는 방법에 주목하자. 케라스의 sparse_categorical_crossentropy를 사용하는 손실 함수는 이러한 유형의 출력을 제공한다. 우리가 사용하는 generator 함수는 훈련하는 중에 콘텍스트들과 해당 목표 단어들의 신선하고 무작위적인 샘플을 모델에 제공한다. 다음 단어를 예측하는 목적에 맞게 단어 임베딩들을 훈련하는 동안 문서 식별자 임베딩도 함께 훈련된다.

옐프 데이터를 사용해 이 시스템을 훈련하면 여러 가지 흥미로운 결과가 표시된다. 다음은 젠심을 사용해 최근접 이웃 검색을 실행함으로써 생성된 정합 항목 중 일부이다[우리의 데이터 처리 함수에서 생성된 범례 파일을 사용하여 최근접 이웃들(문서 식별자들)로부터 텍스트를 추론한다]. (정서 극성을 고려하지 않는다면) 이 텍스트들의 내용은 무척 비슷하다.

```
In the summer, you can dine in a charming outdoor patio - so very delightful.
I liked the patio and the service was outstanding.

Will never, ever go back.
Won't ever go here again.

The nachos are a MUST HAVE!
It sure does beat the nachos at the movies but I would expect a little bit
➡ more coming from a restaurant

The Greek dressing was very creamy and flavorful.
My side Greek salad with the Greek dressing was so tasty, and the pita and
➡ hummus was very refreshing.

This place is two thumbs up....way up.
2 Thumbs Up!!


Service was slow and not attentive
Waitress was a little slow in service.
```

다음 목록은 전체 코드를 보여준다.

| 목록 3.16 | Doc2Vec

```
from keras.models import Model
from keras.layers import Input, Dense, Reshape, merge, concatenate,
➥ average, Flatten
from keras.layers.embeddings import Embedding
from keras.preprocessing import sequence
import numpy as np
import sys
import random
import re
from keras.utils import to_categorical
from nltk.util import ngrams
import codecs


def save_embedding(outputFile, weights, nb_docs):
    with codecs.open(outputFile, "w", "utf-8") as f:
        f.write(str(nb_docs) + " " + str(weights.shape[1]) + "\n")
         for index in range(nb_docs):
            f.write("doc_"+str(index) + " ")
            for i in xrange(len(weights[index])):
                f.write(str(weights[index][i]) + " ")
                f.write("\n")


def getLines(f):
    lines = [line.rstrip() for line in open(f)]
    return lines


def create_vocabulary(vocabulary, docs):
        vocabulary["<unk>"]=0
    for doc in docs:
        for word in doc.strip().split():
                        word=re.sub("[.,:;'\"!?()]+","",word.lower())
                        if word not in vocabulary:
                    vocabulary[word]=len(vocabulary)


def generator(contexts, targets, batch_size):
    w1 = np.zeros((batch_size, 1))
    w2 = np.zeros((batch_size, 1))
    w3 = np.zeros((batch_size, 1))
    docid = np.zeros((batch_size, 1))
    batch_targets = np.zeros((batch_size,1))
```

```
    while True:
        for i in range(batch_size):
            index= random.randint(0,len(targets)-1)
            batch_targets[i] = targets[index]
            docid[i]=contexts[index][0]
            w1[i] = contexts[index][1]
            w2[i] = contexts[index][2]
            w3[i] = contexts[index][3]
        yield [w1,w2,w3,docid], [batch_targets]


def process_data(textFile,window_size):
    docs = getLines(textFile)
    vocab = dict()
    create_vocabulary(vocab, docs)
    docid=0
    contexts=[]
    docids=[]
    targets=[]

    f=open("docs.legenda","w")
    for s in docs:
        f.write("%d %s\n"%(docid,s))
        docids.append(docid)
        ngs=list(ngrams(s.split(), window_size))
        for i in range(len(ngs)-1):
            cs=[docid]
            ng=ngs[i]
            for w in ng:
                w=re.sub("[.,:;'\"!?()]+","",w.lower())
                cs.append(vocab[w])
            contexts.append(cs)
            target_word=re.sub("[.,:;'\"!?()]+","",ngs[i+1][0].lower())
            targets.append(vocab[target_word])
        docid+=1
    f.close()
    return np.array(contexts),np.array(docids),np.array(targets),vocab


window_size = 3
vector_dim = 100
epochs = 1000

contexts,docids,targets,vocab=collect_data(sys.argv[1],3)
vocab_size=len(vocab)

input_w1 = Input((1,))
input_w2 = Input((1,))
```

```
input_w3 = Input((1,))
input_docid=Input((1,))

embedding = Embedding(vocab_size, vector_dim, input_length=1,
    name='embedding')

vector_dim_doc=vector_dim
embedding_doc=Embedding(len(docids)+1,vector_dim_doc)

docid=embedding_doc(input_docid)
docid = Reshape((vector_dim_doc,1))(docid)

w1 = embedding(input_w1)
w1 = Reshape((vector_dim, 1))(w1)

w2 = embedding(input_w2)
w2 = Reshape((vector_dim, 1))(w2)

w3 = embedding(input_w3)
w3 = Reshape((vector_dim, 1))(w3)

context_docid=concatenate([w1,w2,w3,docid])
context_docid=Flatten()(context_docid)
output = Dense(vocab_size,activation='softmax')(context_docid)
model = Model(input=[input_w1, input_w2, input_w3, input_docid],
    output=output)
model.compile(loss='sparse_categorical_crossentropy', optimizer='adam',
    metrics=['acc'])

print model.summary()

epochs=int(sys.argv[2])

model.fit_generator(generator(contexts,targets,100), steps_per_epoch=100,
    epochs=epochs)

save_embeddings("embedding_doc2vec.txt", embedding_doc.get_weights()[0],
    len(docids))

exit(0)
```

우리는 이번 장에서 꽤 많은 일을 해봤다. 무작위 단어 임베딩들부터 다루기 시작한 다음에 특정 NLP 과업[NLP task](이번 경우에는 식당 이용 후기에 정서 레이블을 지정하는 과업)을 학습하는 동안에 즉석에서 제작해서 쓰는 임베딩들을 다뤘다. 이러한 임베딩들을 Word2Vec이나 GloVe 같은 특수 목적용 임베딩과 대조하면서 Word2Vec 및 Doc2Vec에 대해서도 자세히 살펴보았다. 흥미롭게도, LSTM의 내부 표현이 단어 임베딩에도 사용되었다. 특히 양방향 LSTM[biLSTM]은 콘텍스트 단어 정보(단어 시퀀스에서 앞뒤로 보기)를 개별 단어의 벡터 표현으로 압축하는 데 사용되었다[Peters(2018) 참조].

이제 이러한 표현 문제에서 언어 분석 문제, 즉 텍스트 유사도 문제라고 부르는 다음 장의 주제로 넘어가 보자. 9장에서는 임베딩의 또 다른 요소인 **위치 인코딩**에 대해 설명한다. 위치 인코딩은 단어와 같은 입력 요소의 원래 위치를 추적하는 데 도움이 된다.

참고 이번 장에서 작성된 코드는 부분적으로 케라스 깃허브 예제 리포지터리(저장소)와 해당 예제의 오픈 소스 파생물에서 영감을 받았다.

요약

- 임베딩 자체는 정서 분류기 훈련과 같은 목표에 대한 최적화 중에 최적화될 수 있다.
- 사전 훈련 임베딩이 항상 유익한 것은 아니다.
- 때로는 당면한 NLP 과업에 특화된(그리고 최적화된) 즉석 제작 임베딩을 사용하는 편이 더 좋다.
- 임베딩 알고리즘의 두 가지 예는 Word2Vec 및 Doc2Vec이다.

2

깊은 NLP

제2부에서는 딥러닝 기법을 활용해 텍스트 유사도(4장)를 평가하는 데 초점을 맞춘다. 응용 프로그램은 저작권 귀속("이것을 어떤 저작자가 작성했을까?") 내용 및 저작권 입증("이 저작자가 이것을 작성했을까?")과 관련이 있다. 5장에서는 메모리가 장착된 모델을 사용하여 질의응답 시스템에 흔히 출현하는 긴 시퀀스를 처리하는 일을 다루어 보겠다. 6장에서는 이러한 메모리 모델을 그 밖의 NLP 작업에 적용해 보겠다.

텍스트 유사도

이번 장에서 다루는 내용

- 딥러닝 방식으로 저자 분석용 데이터를 표현하기
- 저작권 귀속에 분류 기준을 적용하기
- 저작권 귀속에 대한 MLP 및 CNN의 장점을 이해하기
- 샴 인공신경망siamese network으로 저작권을 입증하기

자연어처리NLP에서 가장 일반적인 응용 사례 중 하나는 두 글(즉, 텍스트)이 비슷한지 여부를 확인하는 것이다. 일반적인 응용 프로그램은 다음과 같다.

- **문서 검색** — 질의한 결과에 대한 유사도 결정
- **주제 레이블 지정** — 레이블이 지정된 텍스트 집합과의 유사도를 기반으로 레이블이 지정되지 않은 텍스트에 주제를 할당
- **저자 분석** — 해당 저자에게 귀속된 텍스트를 기반으로 텍스트가 특정 저자에 의해 작성되었는지 여부를 결정

저자 분석의 관점에서 텍스트 유사도라는 주제에 접근해 볼 것이다. 저자 분석에는 두 가지 주요 주제가 있다.

- **저작권 귀속**^{authorship attribution} — 많은 저자 중 한 명에게 글을 할당하는 문제
- **저작권 입증**^{authorship verification} — 출처를 알 수 없는 특정 글이 다른 글의 알려진 저자에 의해 작성되었는지 여부를 결정하는 문제

이번 장에서는 몇 가지 실제 시나리오를 살펴보고 문서의 저자를 평가하는 기술을 조사한다.

4.1 문제

일반적인 시나리오부터 살펴보자. 많은 저자 후보 중 누가 특정 문서를 작성했을까?

시나리오 : 저작권 분석 - 누가 이 문서를 작성했을까?

여러분이 글의 표절 여부를 알아내야 하는 일을 맡았다고 가정해 보자. 어쩌면 여러분은 출판사에 소속되어 출판사로 들어오는 원고를 심사하고 있을지도 모른다. 여러분은 어떤 원고가 불법복제 저작물인지를 알고 싶어 한다. 글을 훑어보면서 문체, 단어 선택 등과 같은 문자 기반의 특징에 초점을 맞춘다. 그런데 이런 작업은 곧 실용적이지 못한 게 된다. 다행스럽게도 능력을 인정받는 저자가 작성한 글이 포함된 데이터셋을 여러분의 회사가 소유하고 있었다. 어떤 저자가 제출한 글이 실제로는 다른 저자에 의해 작성되었던 것인지 여부를 자동으로 감지하는 시스템을 만들어 보자.

우리는 이 시나리오를 두 부분으로 분해해 볼 것이다.

부분 시나리오 : 저작권 귀속

여러분은 저자 중 누가 익명으로 된 특정 문서를 작성했는지 확인하려고 한다. 여기에는 저자별 문제가 드러나 있고 저자 이름이 명시되어 있는 문서를 사용해 저자별 프로필을 만드는 작업이 수반된다. 이름이 명시되지 않은 문서에 대해서도 동일한 작업을 수행하고 저자 프로필 중 하나와 문서 프로필이 서로 잘 정합하면 이를 통해 우리는 문서를 작성한 저자가 누구인지를 알 수 있다.

부분 시나리오 : 저작권 입증

여러분은 저자의 이름이 명시되어 있는 문서를 받았지만 이 저자가 해당 문서를 작성했는지가 의심스럽다. 그러므로 저자가 이와 같은 특정 글을 작성했는지 여부를 결정하는 시스템을 만든다.

우리의 데이터를 먼저 살펴보자.

4.2 데이터

두 가지 저자 분석 유형을 처리하기 위해 우리는 디지털 텍스트 포렌식용으로 널리 알려진 학술용 PAN 네트워크의 퍼블릭 도메인 데이터를 사용할 것이다(그림 4.1 참조). 이 네트워크에서는 과학적 경쟁 과제(NLP를 특정 분야에 응용하는 데 필요한 최첨단 기술을 발전시키는 것을 목표로 함)를 조직함으로써 텍스트 분석을 촉진한다. 사용할 데이터를 https://pan.webis.de/data.html에서 찾을 수 있다. 구체적으로, 우리는 저작권 귀속과 입증 모두에 PAN12 데이터셋을 사용할 것이다. 이 데이터셋에는 훈련용 데이터셋과 시험용 데이터셋이 압축되어 들어있다.

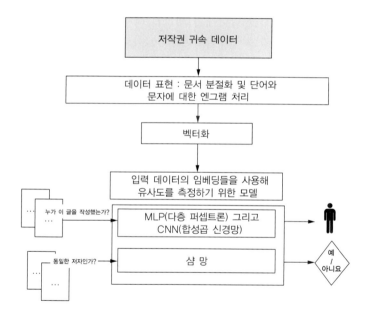

그림 4.1 저작권 데이터 : PAN의 퍼블릭 도메인 데이터를 사용. 데이터를 분할하고 단어 및 문자 단위 엔그램을 추출한다. 벡터화를 한 후에 두 가지 접근법을 적용해 유사도를 감지한다.

4.2.1 저작권 귀속 데이터와 입증 데이터

저작권 귀속 데이터의 압축을 풀면 시험용 데이터에 대한 실측값$^{ground\ truth}$(관측값^{observations} 또는 실젯값^{reals}과 같은 의미 – 옮긴이) 파일을 포함하여 74개의 훈련용 문서와 78개의 시험용 문서가 들어있는 별도의 폴더가 생성된다. 실측값 파일에는 레이블이 지정되지 않은 테스트 문서에 대한 실제 저자 레이블이 포함되어 있다.

```
file 12Atest01 = B #(저자=B)
file 12Atest02 = A #(기타)
file 12Atest03 = A
file 12Atest04 = C
file 12Atest05 = C
file 12Atest06 = B


....
```

학습 문서의 경우 실측 저자 레이블은 파일 이름의 일부이다.

```
12CtrainC1.txt
12CtrainC2.txt
```

이 두 문서는 한 저자인 C를 나타낸다. 훈련용 데이터에는 14명의 저자가 있다.

각 문서에는 한 명의 특정 저자를 나타내는 텍스트 스니펫(글 조각─옮긴이)이 포함되어 있으며, 우리의 과업은 시험용 문서에 레이블을 지정하는 일인데, 그러자면 이 레이블에 해당하는 적절한 저자 이름을 알아내야 한다. 우리가 하는 저작권 실험(저작권 귀속 실험과 저작권 입증 실험 모두)에서 우리는 PAN의 훈련용 데이터만 사용해 이것을 훈련용 부분과 시험용 부분으로 분할한다. 저작권 입증을 위해 우리는 동일한 저자나 두 명의 저자에 속하는 문서 쌍을 생성하고 두 문서가 동일한 저자에 속하는지 예측하는 인공신경망을 훈련한다. 데이터가 준비되면 과업을 해결해 나가보자. 우리는 단어 기반 특징들, 문자 단위 엔그램 특징들 및 언어 특징들(표현 특징들), Word2Vec 표현들(작동 벡터) 등에 관한 데이터의 벡터 표현을 만드는 일부터 착수할 것이다.

4.3 데이터 표현

저작권 분석을 위해 텍스트를 표현하는 방법은 크게 보면 두 가지로 나뉜다. 두 가지 접근 방식 모두 저자를 알 수 없는 새 텍스트를 저자 레이블이 지정된 문서와 비교하기 위해 저자에 대한 텍스트 프로필을 도출해 내는 것을 목표로 한다. 상상할 수 있듯이 문체라는 것은 저자가 선택해서 사용한 어휘들과 저자가 단어를 조합해 다루는 동안에 드러나는 문체 파라미터들에 의해 결정된다. 또한 품사, 일반 오타, 약어 및 기타 특성과 같은 문법 범주 선택과 같은 미묘한 파라미터가 작용한다. 요약하면 다음과 같은 것들이 모여 문체를 이루는 것이다.

- 단어 선택
- 단어 순서 및 기타 문법 선택
- 오타 및 약어와 같은 저수준 특성

품사 및 기타 문체 표지^{stylistic markers} 같은 언어 특징도 사용할 수 있다. 예를 들어, 다음 문장처럼 형용사와 부사가 사용되는 경우에 특정 정서를 알 수 있는데, 이는 저자별로 다를 수 있다.

I am totally crazy about this cool phone

우리는 이런 정보를 서로 다른 벡터 유형(예 : 원핫 벡터 또는 수치 벡터)으로 표현할 수 있으며, 이후에 인공신경망 내의 임베딩에 사용할 수 있다(그림 4.2 참조).

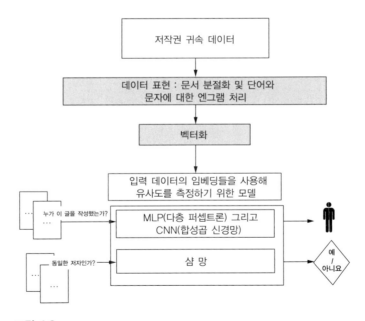

그림 4.2 전처리가 끝난 후에 데이터를 벡터들로 전환한다.

이번 장에서 우리는 우리가 다룰 언어적 특징을 단어들과 부분 단어(문자 단위 엔그램)의 임베딩으로 제한하고 그 밖의 언어적 특징은 다루지 않을 것이다.

그림 4.3에는 우리가 생각하고 있는 내용이 나온다. 필요한 데이터 전처리 도구를 구체화해 보자.

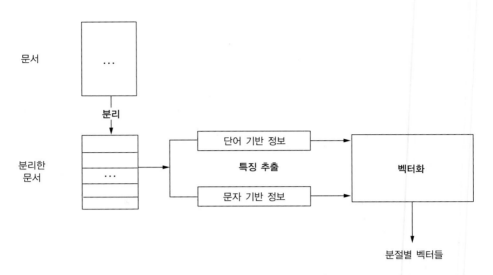

그림 4.3 저자 분석을 위해 문서 분절들(document segments)을 벡터로 변환한다. 문서를 분절로 나누고 나면 단어 기반 정보 추출이나 문자 기반 정보 추출 작업이 뒤따르며 이어서 벡터화를 하게 된다.

4.3.1 문서를 분절로 나누기

우선, 문서를 여러 단어가 들어있는 고정 크기 블록으로 잘라 각 문서에 대해 하나의 벡터를 생성하게 하는 데 의미가 있는 게 아니라, 각 블록을 벡터로 표현하는 데 의미가 있다는 점을 고려하자. 단일한 벡터로 저자의 문체 프로필을 표현할 수는 없다. 예를 들어 Doc2Vec 기반 300차원 벡터는 기본 문서의 내용을 전역적(즉, 의미론적) 방식으로 나타낼 수 있지만 단어 순서나 기타 개인 문체 표지는 나타내지 않는다.

다음은 지정된 블록 크기(여기서 블록 크기란 블록당 여러분이 원하는 단어 개수를 말함)를 기준으로 문서를 분절화하는 방법이다.

| 목록 4.1 |　 단어를 기반으로 문서를 분절화하기

```python
def segmentDocumentWords(filename, nb_words_per_segment):
    wordsDict={}
    words=[]
    with open(filename, "r") as f:
        for line in f:
            tokens=line.rstrip().split(" ")      한 줄을 토큰들로
                                                  분할한다.
            for token in tokens:
                if token!='':
                    words.append(token)          토큰 하나를 배열에
                                                  추가한다.
                    wordsDict[token]=1           해당 토큰을 딕셔너리에 저장한다.
```

```
f.close()
segments=[words[i:i+nb_words_per_segment] for i in xrange(
    0,len(words),nb_words_per_segment)]
return segments, len(wordsDict)
```

단어 배열을 nb_words_per_segment
길이의 분절어로 분할한다.

후속 처리를 위해 딕셔너리의 크기와 딕
셔너리에 담긴 분절어들을 반환한다.

1개 분절[segment]의 크기가 20단어인 데이터셋의 12AtrainA1.txt 파일에서 이 함수를 호출하면 단어 기반 분절 목록이 생성되며 그중 첫 번째는 다음과 같다.

```
['Victor', 'Dolor', 'went', 'to', 'the', 'diner', 'because', 'two',
 'months', 'ago', 'a', 'man', 'killed', 'five', 'people', 'there.',
 'The', 'man', 'was', 'Hugo']
```

4.3.2 단어 수준 정보

단일 단어(즉, 유니그램)를 기반으로 하는 문서 표현은 지금까지는 저자를 결정하는 데만 사용되고 있다. 어휘 선택[lexical choice]은 중요한 문체 특성일 수 있지만 단어들의 조합이 훨씬 더 중요해 보인다. 그러나 우리는 공정하게 유니그램 기반(단어 기반) 벡터도 시도해 볼 것이다. 이러한 벡터(해싱 기법을 사용한 단어 가방 표현을 말하며 현재 문서 분절에 적용됨)를 생성하기 위해 2장에서 다룬 적이 있던 케라스 프러시저를 살펴보자. 해싱 기법은 벡터 입력 데이터를 해싱하고 해싱된 값을 결과 벡터의 인덱스로 사용하여 지정된 길이의 벡터를 생성한다는 점을 기억하자. 이를 통해 벡터의 길이를 정확하게 제어할 수 있다.

먼저 데이터에서 레이블 사전을 추출해 보자. 훈련용 데이터가 12AtrainB.txt와 같은 이름으로 된 파일에 들어있다는 점을 기억하자. 이 파일 이름 중에서 B라는 글자는 특정 저자를 다른 저자와 구분하는 식별자이며 한 글자로 되어있다. 우리는 모든 레이블을 담기 위해 딕셔너리 형식을 사용할 것이다. 식별자의 ASCII 값에서 65(A의 ASCII 값)를 빼서 모든 저자 식별자를 숫자로 변환할 것이다. 이렇게 하면 A 글자는 0이라는 숫자로 변환되고, B 글자는 1이라는 숫자로 변환된다. 나머지 문자도 이런 식으로 변환할 수 있다. 데이터에 레이블이 누락되어 있었는지를 우리가 알 수 없으므로 이러한 값을 딕셔너리에 저장하는데, 딕셔너리는 뺄셈해서 나온 모든 결과를 유일한 인덱스 번호에 대응시켜 준다. 이 작업을 다음에 나오는 **createLabelDict**라는 프러시저가 담당하며, 이 프러시저는 레이블에 대한 훈련용 데이터와 시험용 데이터를 모두 검사한다.

| 목록 4.2 | 레이블 딕셔너리를 생성하기

```
def createLabelDict(pathTraining, pathTest):
    filesTraining = [join(pathTraining,filename) for filename in
    ➥ listdir(pathTraining) if isfile(join(pathTraining, filename))]
    filesTest = [join(pathTest,filename) for filename in listdir(pathTest)
    ➥ if isfile(join(pathTest, filename))]
    files=filesTraining+filesTest

    labelDict={}

    for file in files:
        match=re.match("^.*\/?12[A-Z][a-z]+([A-Z]+).+",file)
        if match:
            label=ord(match.group(1))-65
        else:
            print('Skipping filename:%s'%(file))
            continue
        if label not in labelDict:
            labelDict[label]=len(labelDict)
    return labelDict
```

파일 이름에서 정규식을 사용하여 저자 레이블을 추출한다.

문자열 레이블을 숫자로 변환한다.

레이블을 딕셔너리에 저장한다.

딕셔너리를 반환한다.

다음으로 우리는 문서를 벡터화하는 프러시저를 1개 정의한다. 이 프러시저는 분절 처리를 한 문서에 대한 단어 기반 벡터를 생성한다.

| 목록 4.3 | 단어 가방을 사용하여 문서를 벡터화하기

```
def vectorizeDocumentsBOW(path, labelDict, nb_words_per_segment):
    files = [filename for filename in listdir(path) if isfile(
    ➥ join(path, filename))]
    segments=[]
    labels=[]
    globalDict={}

    for file in files:
        match=re.match("^.*12[A-Z][a-z]+([A-Z]+).+",file)
        if match:
            label=ord(match.group(1))-65
        else:
            print('Skipping filename:%s'%(file))
            continue
```

다양한 문서에서 수집한 어휘를 저장하기 위해 전역 딕셔너리를 정의한다.

문자 형식인 저자 식별자들을 숫자로 변환한다. 이 숫자들은 우리가 예측하려는 수치 레이블이 된다.

```
(segmented_document,wordDict)=segmentDocumentWords(join(path,file),
➥  nb_words_per_segment)
```

현재 문서를 nb_words_
per_segment 길이의
분절로 분리하고, 문서의
어휘를 획득한다.

```
globalDict=mergeDictionaries(globalDict,wordDict)
```

문서 기반 어휘를 전역 어휘와 병합
한다(함수에 대해서는 목록 4.4 참조).

```
        segments.extend(segmented_document)
```

방금 만든 분절들
을 저장한다.

```
        for segment in segmented_document:
            labels.append(label)

    vocab_len=len(globalDict)
```

어휘 크기는 전역 딕셔
너리로부터 계산된다.

```
    labels=[labelDict[x] for x in labels]
    nb_classes=len(labelDict)

    X=[]
    y=[]

    for segment in segments:
        segment=' '.join(segment)
        X.append(pad_sequences([hashing_trick(
➥          segment, round(vocab_len*1.3))],
➥          nb_words_per_segment)[0])
```

분절 크기에 해당하고 해시된 벡터를
생성하기 위해 해싱 기법이 적용된다.

```
    y=np_utils.to_categorical(labels, nb_classes)

    return np.array(X), y, vocab_len
```

나중에 사용할 수 있도록
어휘 길이를 선택하자.

다음은 2개의 딕셔너리를 병합하기 위한 도우미 함수이다.

| 목록 4.4 |　딕셔너리들을 병합하기

```
def mergeDictionaries(d1, d2):
    d = d1.copy()
    d.update(d2)
    return d
```

마찬가지로 단어 단위 엔그램($n>1$) 벡터를 생성하는 프러시저를 조금만 변경해서 목록 4.3에 나오는 것 중 거의 모든 단어를 복사한다. nltk가 제공하는 함수인 ngrams()를 사용하여 문장을 지정된 크기의 단어 단위 엔그램(예 : 바이그램bigram의 경우에는 2개 또는 트라이그램의 경우에는 3개)으로 잘라낸다. 우리는 먼저 단어 단위 엔그램을 기반으로 문서를 분할한다.

| 목록 4.5 | 단어 단위 엔그램을 사용해 문서를 분절화하기

```
from nltk.util import ngrams

def segmentDocumentNgrams(filename, nb_words_per_segment, ngram_size):
    wordsDict={}
    words=[]
    with open(filename, "r") as f:
        for line in f:
            ngrams_list=ngrams(line.rstrip(),ngram_size)
            for ngram in ngram_list:
                joined='_'.join(ngram)
                words.append(joined)
                wordsDict[joined]=1
        f.close()
    segments=[words[i:i+nb_words_per_segment] for i in xrange(0,len(words),
        nb_words_per_segment)]
    return segments, wordsDict
```

현재 줄로부터 단어 단위 엔그램을 생성한다.

엔그램(즉, 단어들로 이뤄진 리스트들)을 다시 문자열로 변환한다.

모든 엔그램을 딕셔너리에 저장한다.

모든 엔그램을 1개 리스트에 저장한다.

차후 처리를 위해 분절들과 딕셔너리를 반환한다.

입력 행에서 파생된 엔그램 목록을 nb_words_per_segment 크기의 분절로 분할한다.

그런 다음에 단어 단위 엔그램에 대한 벡터화 절차는 단어들을 분리하는 데 쓴 프러시저(목록 4.3)와 아주 똑같지만 두 가지 작은 차이가 있는데, segmentDocumentWords() 대신 segmentDocumentNgrams()를 사용하고 추가 ngram_size 파라미터를 지정한다는 점이다.

| 목록 4.6 | 문자 단위 엔그램을 사용해 문서를 벡터화하기

```
def vectorizeDocumentsNgrams(path, ngram_size, labelDict,
    nb_words_per_segment):
    files = [filename for filename in listdir(path) if isfile(
        join(path, filename))]
    segments=[]
    labels=[]
    globalDict={}

    for file in files:
        match=re.match("^.*12[A-Z][a-z]+([A-Z]+).+",file)
        if match:
            label=ord(match.group(1))-65
        else:
            print('Skipping filename:%s'%(file))
            continue
```

```
(segmented_document,wordDict)=segmentDocumentNgrams(join(path,file),
➡ nb_words_per_segment, ngram_size)

globalDict=mergeDictionaries(globalDict,wordDict)

segments.extend(segmented_document)
for segment in segmented_document:
        labels.append(label)

vocab_len=len(globalDict)

labels=[labelDict[x] for x in labels]
nb_classes=len(labelDict)

X=[]
y=[]

for segment in segments:
 segment=' '.join(segment)
 X.append(pad_sequences([hashing_trick(segment, round(vocab_len*1.5))],
➡ nb_words_per_segment)[0])

y=np_utils.to_categorical(labels, nb_classes)

return np.array(X),y, int(vocab_len*1.5)+1
```

합성곱 신경망[CNN]은 입력된 내용에 필터를 적용하고, 이러한 필터는 일반적으로 한 번에 2개 이상의 정보를 처리한다는 점을 다시 기억해 내보자. 평범한 단어들을 CNN에 입력하면 데이터에 특화되고 가중된 단어 단위 엔그램이 추출된다. 단어 단위 엔그램을 직접 생성하여 명시적으로 데이터를 전처리하면 CNN은 이러한 엔그램으로부터 고차 엔그램(즉, 엔그램의 엔그램)을 감지해 낼 수 있다. CNN은 엔그램을 정렬된 엔그램 리스트로 효과적으로 결합(필터링)할 수 있는데, CNN은 자신이 받게 된 항목의 선형 시퀀스로부터 흥미로운 패치들[patches]을 검출하며, 이러한 항목이 단어인지 단어 단위 엔그램인지는 상관하지 않는다. 다음 예를 생각해 보자.

John+went, went+to, to+the, the+dinner => [*John+went, went+to*], [*to+the, the+dinner*]

CNN은 그룹화된 단어 바이그램들을 흥미롭고 유익한 패치들로 검출해 낸다. 또는 평범한 단어들을 공급받는다면 이때 CNN은 다음과 같은 흥미로운 패치를 알아낼 수 있다.

John+went   went+to

우리는 이런 방법이 어떻게 작동하는지, 어떤 이점을 갖는지를 실험을 통해 살펴볼 것이다.

4.3.3 부분어 수준 정보

흥미롭게도, [Stamatatos(2009)와 같은] 다양한 저자 분석 연구 결과를 통해 문자 단위 엔그램 같은 **부분어**^{sub-word} **정보** 속에도 저자가 누구인지를 드러내는 정보가 포함된다는 점이 밝혀졌다. 문자 가방^{bag-of-characters}의 엔그램 표현은 단어 기반 엔그램 제너레이터와 거의 동일하게 계산될 수 있는데, 문자열을 단어가 아닌 문자로 나누는 파이썬 내장 함수인 `list()`를 사용한다는 점만 다르다. 다음 예시 코드,

```
list("Victor went to the diner")
```

는 다음과 같은 것을 산출한다.

```
['V', 'i', 'c', 't', 'o', 'r', ' ', 'D', 'o', 'l', 'o', 'r', ' ', 'w',
 'e', 'n', 't', ' ', 't', 'o', ' ', 't', 'h', 'e', ' ', 'd', 'i',
 'n', 'e', 'r']
```

다음 목록에 나오는 리스트 컴프리헨션은 `list()`가 산출해 낸 내용을 바탕으로 문자 트라이그램들을 만든다.

| 목록 4.7 | 문자 단위 트라이그램을 생성하기

```
[''.join(ngram) for ngram in ngrams(list("Victor Dolor went to the diner"),3)]
```

결과는 다음과 같다.

```
['Vic', 'ict', 'cto', 'tor', 'or ', 'r D', ' Do', 'Dol', 'olo', 'lor',
 'or ', 'r w', ' we', 'wen', 'ent', 'nt ', 't t', ' to', 'to ', 'o t',
 ' th', 'the', 'he ', 'e d', ' di', 'din', 'ine', 'ner']
```

다음은 문자 단위 엔그램을 기반으로 문서를 분할하는 절차이다. `ngram_size` 파라미터에 적합한 값은 3(즉, 트라이그램이라는 의미)이지만 실험에 따라서 정확한 선택지가 달라진다(이렇게 선택한 값은 `nb_words_per_segment` 파라미터에도 적용됨).

| 목록 4.8 |　문자 단위 엔그램을 기반으로 문서를 분절화하기

```
def segmentDocumentCharNgrams(filename, nb_words_per_segment, ngram_size):
    wordsDict={}
    words=[]
    with open(filename, "r") as f:
        for line in f:
            line=line.rstrip().replace(' ','#')
            char_ngrams_list=ngrams(list(line),ngram_size)
            for char_ngram in char_ngrams_list:
                joined=''.join(char_ngram)
                words.append(joined)
                wordsDict[joined]=1
    f.close()
    segments=[words[i:i+nb_words_per_segment] for i in xrange(0,len(words),
    nb_words_per_segment)]
    return segments, wordsDict
```

우리가 만나게 될 단어들을 담을 딕셔너리를 1개 정의한다(이 경우 ngram_size 크기인 문자 단위 엔그램).

현재 텍스트 줄에서 문자 단위 엔그램을 생성한다.

단어 전환을 추적하기 위해 모든 공간을 분리 기호인 #으로 대체한다.

모든 엔그램을 딕셔너리에 저장한다.

나중에 분절들을 생성하기 위해 모든 엔그램을 리스트 1개 안에 수집해 둔다.

길이가 nb_words_per_segment인 수집된 단어에서 분절들을 만든다.

분절들과 딕셔너리를 반환해 후속 처리를 할 수 있게 한다.

문자 단위 엔그램을 벡터화하는 프러시저는 단어들을 분리하는 데 쓴 프러시저(목록 4.3)와 동일하지만 segmentDocumentWords() 대신 segmentDocumentCharNgrams()를 사용하고 ngram_size 파라미터를 지정한다는 점이 다르다.

| 목록 4.9 |　문자 단위 엔그램을 기반으로 문서를 벡터화하기

```
def vectorizeDocumentsCharNgrams(path, ngram_size, labelDict,
    nb_words_per_segment):
    files = [filename for filename in listdir(path) if isfile(
    join(path, filename))]
    segments=[]
    labels=[]
    globalDict={}

    for file in files:
        match=re.match("^.*12[A-Z][a-z]+([A-Z]+).+",file)
        if match:
            label=ord(match.group(1))-65
        else:
            print('Skipping filename:%s'%(file))
            continue

        (segmented_document,wordDict)=segmentDocumentCharNgrams(
```

```
      ➥ join(path,file),nb_words_per_segment, ngram_size)

   globalDict=mergeDictionaries(globalDict,wordDict)

   segments.extend(segmented_document)
   for segment in segmented_document:
          labels.append(label)

   vocab_len=len(globalDict)

   labels=[labelDict[x] for x in labels]
   nb_classes=len(labelDict)

   X=[]
   y=[]

   for segment in segments:
       segment=' '.join(segment)
   X.append(pad_sequences([hashing_trick(segment, round(vocab_len*1.5))],
      ➥ nb_words_per_segment)[0])

   y=np_utils.to_categorical(labels, nb_classes)

   return np.array(X),y, (vocab_len*1.5)+1
```

주요 데이터 전처리 루틴의 개요를 정리하면서 이번 논의를 마무리하겠다.

루틴 설명	참조
단어를 기반으로 문서를 분절화하기	목록 4.1
레이블 딕셔너리를 생성하기	목록 4.2
단어 가방을 사용하여 문서를 벡터화하기	목록 4.3
딕셔너리들을 병합하기	목록 4.4
단어 단위 엔그램을 사용해 문서를 분절화하기	목록 4.5
문자 단위 엔그램을 사용해 문서를 벡터화하기	목록 4.6
문자 단위 트라이그램을 생성하기	목록 4.7
문자 단위 엔그램을 기반으로 문서를 분절화하기	목록 4.8
문자 단위 엔그램을 기반으로 문서를 벡터화하기	목록 4.9

4.4　유사도 측정을 위한 모델

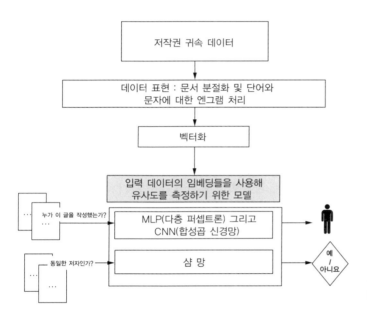

이번 단원에서 우리는 텍스트 유사도와 관련해 분류 기반 관점을 개발했다. 우리는 저작권 귀속 문제를 다루기 위한 다층 퍼셉트론[MLP]과 합성곱 신경망[CNN]을 살펴보았고 저작권 입증 문제를 처리하기 위한 샴 망(그림 4.4)도 살펴보았다.

그림 4.4　유사도 측정 모델 개발 : MLP 및 CNN 대 샴 망

4.4.1　저작권 귀속

저작권 귀속에 대한 시나리오로 돌아가 보자.

시나리오 : 저작권 귀속

여러분은 익명으로 되어있는 특정 문서를 어떤 저자가 작성했는지 확인하려고 한다. 이렇게 하려면 저자 이름이 지정되어 있는 문서로부터 저자의 문체를 추출해 저자 프로필을 만드는 작업을 해야 한다. 저자의 이름이 지정되지 않은 문서에 대해서도 동일한 작업을 수행하고 저자 프로필 중 하나와 문서 프로필이 서로 잘 일치하면 누가 문서를 작성했는지 알 수 있다.

우리는 이를 다중 클래스 문제로 해석하여 저작권 귀속 작업에 대한 심층 MLP와 CNN을 훈련하기 시작했다(그림 4.5). 두 모델은 PAN 데이터에서 단어 유니그램, 단어 단위 엔그

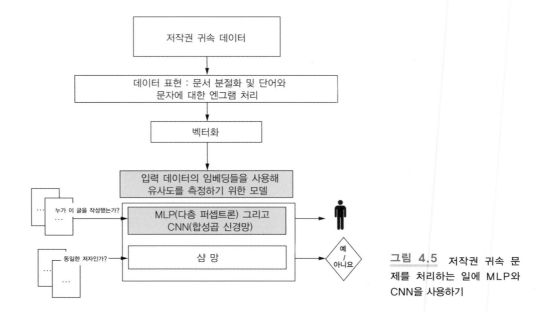

그림 4.5 저작권 귀속 문제를 처리하는 일에 MLP와 CNN을 사용하기

램 및 문자 단위 엔그램의 세 가지 유형의 데이터 표현에 대해 평가된다.

다층 퍼셉트론

저작권 귀속에 대한 다중 클래스 접근 방식에서 우리는 A 과업에 대한 PAN 데이터셋의 저자에 대한 분류기를 훈련한다. 모든 저자가 각기 한 가지 클래스를 구성하게 되어 클래스 개수가 저자만큼 많게 되므로 우리는 이 문제를 정규 분류 문제로 여겨 다룬다. 우리는 시험용으로 쓸 모든 문서에 대해 각 문서별로 단 한 명의 저자에게 할당한다.

우리는 데이터를 처리하는 일부터 한다. PAN이 제공하는 훈련용 데이터만 사용하되 이 훈련용 데이터를 다시 훈련용 66%와 시험용 33% 비율에 맞춰 분할한다. 따라서 우리에게는 훈련용 데이터와 시험용 데이터를 기반으로 하는 레이블 사전이 필요하지 않으므로 우리는 createLabelDict()를 변형한 createLabelDictOneFile()을 사용한다.

| 목록 4.10 | **단일 파일로 된 레이블 사전을 생성하기**

```
def createLabelDictOneFile(path):
    files = [join(path,filename) for filename in listdir(path) if
    isfile(join(path, filename))]
    labelDict={}

    for file in files:
        match=re.match("^.*\/?12[A-Z][a-z]+([A-Z]+).+",file)
```

정규식을 사용하여 파일 이름 속에서 저자를 나타내는 레이블을 추출한다.

```
        if match:
            label=ord(match.group(1))-65
        else:
            print('Skipping filename:%s'%(file))
            continue
        if label not in labelDict:
            labelDict[label]=len(labelDict)
    return labelDict
```

문자열 형식으로 된 레이블을 수치 형식으로 변환한다.

레이블을 딕셔너리에 저장한다.

딕셔너리를 반환한다.

그러면 다음과 같이 데이터가 처리된다.

```
train="/data/pan12-authorship-attribution-training-corpus-2012-03-28/"

labelDict=createLabelDictOneFile(train)

input_dim = 500

X, y, vocab_len = vectorizeDocumentsBOW(train,labelDict,input_dim)

X_train, X_test, y_train, y_test = train_test_split(X, y, test_size=0.33,
 random_state=42)

nb_classes = len(labelDict)
```

목록 4.11에는 우리의 모델이 나타나 있는데, 보다시피 아주 간단하다. 500단어를 담는 블록의 단어 인덱스들을 300차원 벡터로 표현하는 독점적[proprietary] Embedding 계층이 있다. 이 Embedding 계층이 Dense 계층으로 연결되고 Dense 계층은 Dropout 계층으로 처리 결과를 공급한다. Dropout 계층은 과적합을 방지하기 위해 입력된 내용(이 경우 300차원)을 처리하는 뉴런을 무작위로 선택해 비활성화한다. 0.3이라는 값은 뉴런 중에 무작위 선택 대상이 될 뉴런의 비율을 제어하기 위한 파라미터이다. 그런 다음 500×300 크기로 된 계층을 평탄화하고 nb_classes로 지정된 크기의 차원(데이터셋의 저자 수)이 있는 Dense 출력 계층으로 처리 결과가 공급된다.

| 목록 4.11 | 저작권 귀속을 위한 MLP

```
model = Sequential()
model.add(Embedding(vocab_len, 300, input_length=input_dim))
model.add(Dense(300, activation='relu'))
model.add(Dropout(0.3))
model.add(Flatten())
```

```
model.add(Dense(nb_classes, activation='sigmoid'))

model.compile(loss='categorical_crossentropy', optimizer='adam',
➡ metrics=['acc'])

print model.summary()

nb_epochs=10

model.fit(X_train, y_train, epochs=nb_epochs, shuffle=True,batch_size=64,
➡ validation_split=0.3, verbose=2)
loss, accuracy = model.evaluate(X_test, y_test, verbose=0)

print('Accuracy: %f' % (accuracy*100))
```

PAN 데이터의 단일 단어 기반 표현에서 이 MLP를 실행하면 약 65%의 정확도가 달성된다. 이것은 단어 조합을 기꺼이 무시해 버리는 단일 단어 기반 접근 방식에서 예상된다.

이보다 더 나은 성과를 낼 수는 없을까? 먼저 부분어 정보를 살펴보자. 다음 코드로 X, y(즉, 벡터와 이에 대한 레이블)를 생성하여 동일한 모델을 5문자 단위 엔그램에 적용한다.

```
X, y, vocab_len = vectorizeDocumentsCharNgrams(train,5,labelDict,input_dim)
```

불행히도 성능은 55%대 점수로 크게 떨어진다(우리가 실행하였을 때는 54.17%). 확실히 우리는 이 단어 기반 접근 방식에서 귀중한 어휘 정보를 많이 잃고 있다.

우리가 바이그램 같은 엔그램 시퀀스로 문서를 재구성하는 명시적 단어 단위 엔그램 접근 방식을 적용한다고 가정해 보자.

Victor_Dolor, Dolor_went, went_to, to_the, ⋯

이렇게 하기 위해 `segmentDocumentNgrams()`를 사용하면 또 다른 종류의 문제가 생기는데, 고유한 엔그램들은 유니그램보다 훨씬 더 적게 반복되므로 어휘집의 크기가 폭발하듯이 훨씬 더 커진다. 우리 데이터를 분할하는 작업의 경우에 유니그램 단어로 이뤄진 어휘집의 크기는 27만 8000이고 5개 단어 단위 엔그램들로 이뤄진 어휘집의 크기는 66만 이상이 된다. 이것은 임베딩의 크기에 불쾌한 영향을 미치며, 이렇게 되면 단어 인덱스의 크기를 3배로 늘려야 한다. 유니그램 방식으로 접근해 지니게 된 우리 모델을 요약하면 다음과 같다.

Layer (type)	Output Shape	Param #
embedding_1 (Embedding)	(None, 500, 100)	27801500
dense_1 (Dense)	(None, 500, 100)	10100
dropout_1 (Dropout)	(None, 500, 100)	0
dense_2 (Dense)	(None, 500, 50)	5050
flatten_1 (Flatten)	(None, 25000)	0
dense_3 (Dense)	(None, 14)	350014

```
Total params: 28,166,664
Trainable params: 28,166,664
Non-trainable params: 0
```

이를 5그램 방식으로 접근해 지니게 된 모델과 비교해 본다면 우리는 2800만 개의 파라미터에서 6600만 개 이상의 파라미터로 증가한 것을 관찰할 수 있다.

Layer (type)	Output Shape	Param #
embedding_1 (Embedding)	(None, 500, 100)	66251800
dense_1 (Dense)	(None, 500, 100)	10100
dropout_1 (Dropout)	(None, 500, 100)	0
dense_2 (Dense)	(None, 500, 50)	5050
flatten_1 (Flatten)	(None, 25000)	0
dense_3 (Dense)	(None, 14)	350014

```
Total params: 66,616,964
Trainable params: 66,616,964
Non-trainable params: 0
```

10그램(10단어 시퀀스)으로 전환하면 어떤 일이 발생하는지 살펴보자.

Layer (type)	Output Shape	Param #
embedding_1 (Embedding)	(None, 500, 100)	1261507700
dense_1 (Dense)	(None, 500, 100)	10100
dropout_1 (Dropout)	(None, 500, 100)	0

```
dense_2 (Dense)                    (None, 500, 50)           5050
flatten_1 (Flatten)                (None, 25000)             0
dense_3 (Dense)                    (None, 14)                350014
=================================================================
Total params: 1,261,872,864
Trainable params: 1,261,872,864
Non-trainable params: 0
```

파라미터 공간은 눈부시게도 12억 개나 되는 파라미터가 되는 방향으로 탈선하고 만다. 이것은 분명히 유익한 접근 방식이 아니다. 더 긴 엔그램을 생성하면 반복이 적기 때문에 어휘집을 구성하는 항목 수가 극적으로 증가한다. 이것은 26개 글자에서 단어로 향해 가는 것과 같은데, 문서 안에 든 모든 단어를 각기 알파벳 문자로 분리하면 26개의 서로 다른 문자로 귀결이 될 테고, 여러분이 이 문자들만을 사용해 어휘집을 만들게 된다면 어휘집의 항목 개수는 26개뿐이게 된다. 반면에 단어들을 문자 수준 바이그램으로 쪼개면 이론적으로 데이터에 26×26개의 서로 다른 바이그램이 있는 셈이 되어 어휘집이 훨씬 더 커진다. 이런 원리가 단어 수준으로 쪼개는 경우에도 적용된다는 점이 관찰된다.

이런 식으로 파라미터를 확장하지 않고도 단어 단위 엔그램이나 문자 단위 엔그램의 시퀀스를 고려할 수 있는 CNN 모델을 활용한다면 어떨까?

텍스트 처리용 CNN

CNN은 저작권 귀속에 자주 적용되었다. 문서 전체에 흩어져 있는 많은 특징으로 저작권이 표현되고 CNN이 이러한 특징을 잘 포착한다는 단순한 동기 때문이었다. 2장에서 우리는 CNN으로 처리할 데이터에 필터링을 적용했다는 점을 상기하자. 텍스트 처리 분야에서 이러한 필터들은 단어 조합을 처리하는 데 쓰인다. 이전에 다룬 MLP 모델과 최대한 유사한 모델을 만들고 이전과 같이 500단어의 분절어 크기에 대해 단어 유니그램에 적용해 보는 식으로 두 모델을 비교해 보자. 우리는 크기가 30단어이고 32개 필터가 있는 Convolution1D 계층을 Dense 계층 뒤에 추가로 끼워 넣을 것이다. 30과 32라는 숫자를 여기서는 임의로 지정했지만, 실제 응용 프로그램을 최적화할 때는 이 숫자들을 신중하게 조율할 수 있다(그리고 신중하게 조율해야만 한다).

> **연습**
> 필터 개수와 필터 크기를 다양하게 바꿔 가며 실험해 보자. 이 책에 나온 결과보다 더 개선할 수 있는가?

다음 목록에는 모델이 나온다(다시 말하지만 데이터를 전처리하는 방법은 MLP 모델에서 썼던 방법과 똑같다).

| 목록 4.12 | 저작권 귀속을 위한 CNN

```
model = Sequential()
model.add(Embedding(vocab_size, 300, input_length=input_dim))
model.add(Dense(300, activation='relu'))
model.add(Convolution1D(32, 30, padding="same"))
model.add(Flatten())
model.add(Dense(nb_classes, activation='softmax'))

model.compile(loss='categorical_crossentropy', optimizer='adam',
➡ metrics=['acc'])

print model.summary()

model.fit(X_train, y_train, epochs=nb_epochs, shuffle=True,batch_size=16,
➡ validation_split=0.3, verbose=2)
```

이 모델을 실행하면 80%대의 정확도 결과(우리가 실행하였을 때는 87.1%)가 생성되며 이는 MLP 모델을 사용한 경우보다 훨씬 낫다. 명백하고 이해할 만한 현상이겠지만 단순히 단어들을 제시하는 경우보다 단어들을 시퀀스 형태로 제시했을 때 저자와 텍스트 유사도에 대해 더 많은 정보를 드러낸다. 마찬가지로 문자 단위 엔그램 시퀀스(이전에 사용했던 5그램)에서 모델을 실행해도 단순한 단어들을 사용해 접근하는 경우보다 더 나은 결과를 생성하기는 하지만 여전히 단어 기반 시퀀스를 사용하는 경우보다는 더 낮은 편이다(우리가 실행하였을 때는 74.7%). 이번 경우에 CNN은 문자 수준 5그램으로 된 조합들을 지목한다는 점에 유념하자.

  이 작은 실험에서 얻을 수 있는 것은 첫째, 어휘 정보만으로는 텍스트 유사도를 확립하기에 충분하지 않다는 점이다. 문체는 단어 조합들이라는 관점에서 볼 때 어휘적으로나 형식적으로 표현된다. CNN은 시퀀스 정보(단어의 순서에 관한 정보—옮긴이)를 자연스럽게 강조할 수 있는 도구인데, 시퀀스 정보에는 어휘 정보도 포함되므로, 실제 실험에서도 단순한 MLP보다 지속적으로 뛰어난 성능을 보였다. 부분어 정보(즉, 문자 단위 엔그램으로 표현되는 정보)는 납득할 만한 기준선을 형성했다. 특징을 표현하는 방식을 채택하는 일(MLP의 경우 단어 단위 엔그램이라는 표현 방식을 채택했음)이 모델 복잡성 및 리소스 요구와 직접적인 관련이 있음을 확인했다. 암시적으로 더 적은 자원으로 유사한 표현을 사용하는 대안(예 : 단어 시퀀스를 CNN으로 처리하기)과 이러한 선택지가 서로 균형을 이룰 수 있다. 일반적으로 파라미터가 적은 모델이 더 복잡한 모델보다 선호된다(이는 오컴의 면도날 문제와 같은 것이다). 그러나 대안이 지닌 장점을 정확히 알려면 직접 실험해 보아야 한다.

4.4.2 저작권 입증

이번에는 LSTM 기반 샴 망(그림 4.6)을 사용하여 저자 유사도를 결정하는 방법을 구현하는 데 초점을 맞춰보자. 저작권 입증에 대한 시나리오를 다시 떠올려 보자.

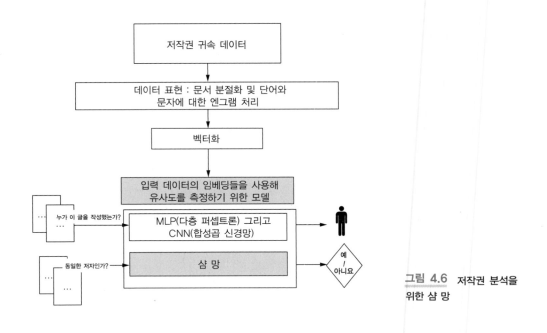

그림 4.6 저작권 분석을 위한 샴 망

> **시나리오 : 저작권 입증**
>
> 여러분은 저자의 이름이 적힌 문서를 받았지만 이 저자가 해당 문서를 작성했는지 의심스럽다. 저자가 이 특정 글을 작성했는지 여부를 결정하는 시스템을 만들어 보자.

샴 망은 두 자료 출처 간의 유사도를 확인하도록 특별히 설계되었기 때문에 두 자료 간의 유사도를 판단하기 위한 자연스러운 선택이다. 샴 망이 어떻게 작동하고 저작권 입증에 어떤 효과를 내는지 알아보자.

샴 망 : 쌍둥이 인공신경망

샴 망은 자매 역할을 맡는 부분적 인공신경망(보통 2개)과 중재자 역할을 맡는 인공신경망 1개가 어우러진 인공신경망이다. 2개의 자매 인공신경망의 가중값들은 서로 같다. 자매 같은 2개의 인공신경망은 유사도에 대해 레이블이 지정된 입력 쌍에 적용되는데, 이때 쌍을 이룬 두 가지 입력 내용이 (일부 유사도의 정의에 따라) 유사한지 여부를 나타내는 이진 클래스(0 또는 1)가 사용된다. 자매 인공신경망의 잠재적인 표현들(일반적으로 두 신경망의 최종 은닉 계층의 가중 활성치들)을 중재자가 사용하게 되는데, 중재자는 이 두 가지 표현 간의 거리(**대조 손실**contrastive loss이라고 함)를 계산하고, 전체 인공신경망은 두 입력값에 대해 측정한 거리가 글 간의 유사성을 나타내는지 여부를 결정하기 위해 어떤 한 가지 임곗값을 학습한다. 두 인공신경망은 가중값들을 공유하는 방식으로 서로 규제한다.

그림 4.7에는 일반적인 샴 인공신경망이 나온다. 유사한(동일한 저자라는 의미) 또는 유사하지 않은(관련 없는 저자라는 의미) 2개의 글에 대해 훈련해야 하는 인공신경망용 데이터를 준비하기 위해 데이터셋의 벡터화된 문서에서 미리 지정된 크기의 임의 샘플을 가져온다. 따라서 우리는 이미 문서를 원핫 클래스 레이블이 붙은 벡터로 변환한 단계부터 시작한다[우리는 vectorizeDocumentsBOW()의 출력을 사용하고 있다].

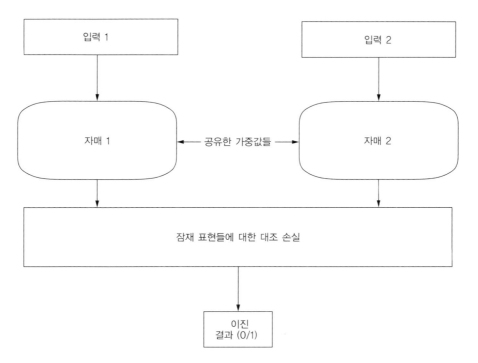

그림 4.7 샴 망. 자매 같은 2개의 인공신경망이 가중값들을 공유하면서 서로 규제한다.

```
...
labelDict=createLabelDictOneFile(train)

input_dim = 500

X, y, vocab_size=vectorizeDocumentsBOW(train,labelDict,input_dim)
```

그런 후에 우리는 `vetorizeDocumentsBOW()`가 출력한 내용—`X`(벡터) 및 `y`(저자에 해당하는 레이블)—으로부터 문서 쌍을 무작위로 샘플링하고, 쌍을 이루고 있는 두 샘플이 동일한 저자에 속하면 쌍에 1이라는 레이블을 지정하고, 그렇지 않으면 0으로 레이블을 지정하는 **데이터 분할기**^{data splitter}를 만든다. 우리가 만들 데이터 분할기의 이름은 `splitData()`인데, 이에 대한 코드는 다음과 같다.

| **| 목록 4.13 | 저작권 입증을 위한 데이터 분할기** |

```
def splitData(X,y, max_samples_per_author=10):
    X,y=shuffle(X,y,random_state=42)
    AuthorsX={}

    for (x,y) in zip(X,y):                         저자별로 작성된 문서를 모아 딕셔
        y=np.where(y==1)[0][0]                      너리 안의 리스트로 저장한다.
        if y in AuthorsX:
            AuthorsX[y].append(x)
        else:
            AuthorsX[y]=[x]

    X_left=[]
    X_right=[]
    y_lr=[]

    Done={}
    for author in AuthorsX:
        nb_texts=len(AuthorsX[author])
        nb_samples=min(nb_texts, max_samples_per_author)
        left_docs=np.array(AuthorsX[author])
        random_indexes=np.random.choice(left_docs.shape[0], nb_samples,
    ➡ replace=False)
        left_sample=np.array(AuthorsX[author])[random_indexes]
        for other_author in AuthorsX:              여기에서 샘플링이 시작된다. 우리는
            if (other_author,author) in Done:       두 명의 저자(동일할 수 있음)를 이끌
                pass                                어 내고 두 저자로부터 무작위로 문서
            Done[(author,other_author)]=1           를 샘플링한다.
```

```
        right_docs=np.array(AuthorsX[other_author])

        nb_samples_other=min(len(AuthorsX[other_author]),
    ➡  max_samples_per_author)
        random_indexes_other=np.random.choice(right_docs.shape[0],
    ➡  nb_samples_other, replace=False)
        right_sample=right_docs[random_indexes_other]

        for (l,r) in zip(left_sample,right_sample):
                X_left.append(l)
                X_right.append(r)
                if author==other_author:
                        y_lr.append(1.0)
                else:
                        y_lr.append(0.0)
    return np.array(X_left),np.array(X_right),np.array(y_lr)
```

도출해 낸 샘플들에 레이블을 지정한다. 만약 두 명의 저자가 같은 경우 레이블 1을 생성한다. 그렇지 않으면 레이블은 0이다.

레이블이 지정된 데이터를 2개의 입력 배열(X_left, X_right)과 하나의 연결된 레이블 배열로 반환한다.

인공신경망에게 유사도라는 것을 가르치려면 거리 함수가 필요하다. 우리는 여기에서 우리가 좋아하는 거의 모든 거리 함수를 사용할 수 있지만, [0,1] 구간 안에 있는 값을 생성할 것이므로 음의 차분 합계를 지수화하는 게 좋은 선택지가 된다.

```
def exp_neg_manhattan_distance(x, y):
        return K.exp(-K.sum(K.abs(x-y), axis=1, keepdims=True))
```

이 함수는 두 숫자 벡터 간의 차분을 측정한다(이 경우, 비교하는 두 문서의 잠재 공간 임베딩). 차분값이 0에 가까울수록 1에 가까운 값이 생성된다.

```
exp(-0.001)=0.999
```

두 값이 큰 차이를 보인다면 0에 가까운 값이 생성된다.

```
exp(-100)=3.720075976020836e-44
```

유사한 문서 쌍은 1로 레이블을 지정하고 다른 쌍은 0으로 지정하기 때문에 이것이 바로 우리가 원하는 것이다.

요약하면 데이터를 처리하는 코드는 다음과 같다.

```
train=...
```

```
labelDict=createLabelDict(train)

input_dim = 500 # 단어 덩어리 크기

X, y, vocab_size=vectorizeDocumentsBOW(train,labelDict,input_dim)

nb_classes = len(labelDict)

X_train, X_test, y_train, y_test = train_test_split(X, y, test_size=0.33,
➥ random_state=42)

X_train_left, X_train_right, y_train_lr=splitData(X_train,y_train,20)
X_test_left, X_test_right, y_test_lr=splitData(X_test,y_test,20)
```

이번에는 인공신경망을 한번 살펴보자. 자매 같은 2개의 인공신경망에 대해 우리가 바라는 아키텍처를 적용할 수 있지만 이번 경우에 우리는 간단한 LSTM 아키텍처를 선택해 사용할 것이다. 그림 4.8에 이 구조가 나와있다.

| 목록 4.14 | 저작권 입증을 위한 샴 인공신경망

```
left_input = Input(shape=(input_dim,), dtype='int32')
right_input = Input(shape=(input_dim,), dtype='int32')

embedding = Embedding(vocab_size, 300, input_length=input_dim)
encoded_left = embedding(left_input)
encoded_right = embedding(right_input)
```
◁ 2개의 자매 인공신경망은 동일한 임베딩을 공유하므로 동일한 가중값들을 공유하게 된다.

```
nb_units=10
```
◁ LSTM 계층을 구성하는 단위 뉴런들의 개수를 정의한다.

```
lstm = LSTM(nb_units)
left_output = lstm(encoded_left)
right_output = lstm(encoded_right)
```
◁ 두 인공신경망은 또한 인코더로 사용되는 동일한 LSTM 계층을 공유한다. 이는 입력을 유사한 잠재적 표현으로 인코딩한다.

```
model_distance = Lambda(function=lambda x: exp_neg_manhattan_distance(
➥ x[0], x[1]),output_shape=lambda x: (x[0][0], 1))(
➥ [left_output, right_output])

model = Model([left_input, right_input], [model_distance])

model.compile(loss='mean_squared_error', optimizer='adam',
➥ metrics=['accuracy'])
```

모델은 두 가지 입력 내용을 받아 해당 입력 내용의 잠재적 표현 사이의 거리에 대응시킨다(mapping). 모델은 우리의 실측값(ground truth)에 의해 제약을 받게 되는데, 여기서 실측값이란 두 가지 입력 사항이 동일한 저자로부터 온 것인지 여부를 나타내는 이진 레이블을 말한다.

케라스의 lambda 계층을 사용하여 함수를 임의의 계층에 적용하고 출력을 다음 계층으로 보낼 수 있다. 이 경우 해당 함수는 exp_neg_manhattan_distance( )이다.

```
model.fit([X_train_left, X_train_right], y_train_lr, batch_size=64,
    nb_epoch=nb_epochs,
                            validation_split=0.3, verbose=2)
model.evaluate([X_test_left, X_test_right], y_test_lr)

loss, accuracy = model.evaluate([X_test_left, X_test_right], y_test_lr,
    verbose=0)
print('Accuracy: %f' % (accuracy*100))
```

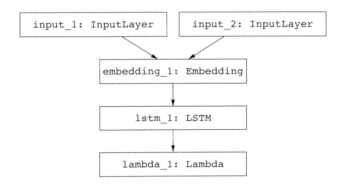

그림 **4.8** 샴 망의 아키 텍처. 각 모델은 임베딩을 공유하는 2개의 입력 사항 을 결합한다.

이 샴 망은 저자당 20개의 문서 분절 샘플(각각 500개의 단어로 구성됨)을 기반으로 한 훈련용 데이터를 사용해 이전과 유사한 훈련용/시험용 분할 조건에서 실행될 때 86%대(우리가 실행하였을 때는 86.86%)라는 정확도를 달성한다. 따라서 샴 망은 500단어 분절 쌍으로 구성된 데이터의 33%에 해당하는 사례 중에 14% 미만에서 오류를 보인다(두 분절이 동일한 저자에서 나온 경우 1로 레이블이 지정되고 그렇지 않은 경우 0으로 레이블이 지정됨).

연습

2개의 망을 사용하는 대신 여러 인공신경망을 접합해 볼 수도 있을 테고, 동일한 데이터를 이루고 있는 다수의 특징 표현들을 결합하는 일 또한 흥미롭다. 예를 들어 단어 가방 특징들에 대해 작동하는 자매 같은 2개의 인공신경망이나 문자 단위 엔그램에 대해 작동하는 자매 같은 2개의 인공신경망 등을 만들어 볼 수 있을 테고, 이 2개를 묶어 하나의 샴 망이 되게 할 수 있을 것이다. 여러분은 단어 가방 및 문자 단위 엔그램 특징들에 대해 이러한 식으로 샴 망을 설계해 구현할 수 있는가?

다음 장에서는 순차적인 NLP 과업을 살펴보고 메모리를 사용하는 일에 대해서도 살펴보자.

요약

- 텍스트 유사도를 활용하는 사례 중에는 저작권 귀속 및 저작권 입증이 포함된다.
- 표현 방법을 선택하는 일이 모델 복잡성에 큰 영향을 미칠 수 있다. 일부 모델은 자기 조직화 특성(MLP에 대비해 CNN이 보이는 것 같은 특성)을 보이기 때문에 이러한 부담 중 일부를 덜 수 있게 한다.
- 어휘 정보만으로는 텍스트 유사도를 정확히 알아내기 어렵다. 문체가 단어 조합이라는 관점에서 볼 때 어휘적으로 표현될 수도 있고 형식적으로 표현될 수도 있기 때문이다.
- CNN은 순차적 정보를 강조하는 데 좋다. 저작권 귀속 실험에서 CNN이 단순한 MLP보다 더 좋은 성과를 냈다.
- 저작권 입증 시에 텍스트 유사도를 산출하는 일에 샴 망을 사용할 수 있다.

순차적 NLP

5

이번 장에서 다루는 내용

- 메모리를 사용하여 순차적 NLP 과업을 분석하기
- RNN, LSTM 인공신경망 및 종단 간 기억망end-to-end memory networks이 기억을 처리하는 방법을 이해하기
- 이러한 기술을 공유 작업에 적용하기 : 질의응답

이번 장의 중심 과업은 질의응답인데, 질의응답이라는 것은 질문에 대해 여러 사실에 근거하여 답변하는 일을 말한다. 이 과업을 수행하는 일에는 메모리를 사용하는 일도 포함되는데, 왜냐하면 사실fact을 메모리에 저장하고 나서 질문에 대한 응답을 할 때는 과거 정보를 다시 참조해야 하기 때문이다. 이 과업을 해결하기 위해 다양한 순차 처리용 모델을 어떻게 차곡차곡 쌓을 수 있을까?

우리는 질의응답이라는 맥락 속에서 RNN 같은 **평면적 기억**flat memory 접근 방식과 LSTM 같은 **반응적 기억**responsive memory 접근 방식의 차이를 시연하고 질의응답용 기억망의 이점을 평가할 것이다. 6장에서는 종단 간 인공신경망을 여러 가지 서로 다른 순차적 NLP 과업에 적용할 것이다.

5.1 기억과 언어

언어는 순차적이고 문맥을 고려해야 하는 현상이며, 종종 언어 현상이 벌어지면 그 현상을 기억 속에 담아두어야 하고, 나중에 가서 기억을 끄집어내어 분석하는 데 사용할 수 있게 장기 의존성을 처리할 수 있어야 한다. 예를 들면 품사 부착, 구문 분석, 정서 분석, 주제 분석, 의미역 레이블 지정 등이 있다. 예를 들어, 다음과 같은 혼란스러운 문장, 즉 **복잡하게 꼬인 문장**garden path sentences(문법 문제는 없지만 모호하게 해석될 여지가 있는 문장—옮긴이)(https://en.wikipedia.org/wiki/Garden-path_sentence를 참조) 속에서 man이라는 낱말에 정확한 품사(명사가 아닌 동사)를 부여하려면 콘텍스트(여기서 콘텍스트란 man이라는 낱말의 왼쪽에 나오는 낱말들과 오른쪽에 나오는 낱말들 전체를 의미)를 잘 활용해야 한다.

The old man the boat

기억력을 많이 요구하는 또 다른 과업은 **질의응답**으로, 이는 이전에 있었던 어떤 질문에 대해 일련의 사실에 근거하여 답하는 일을 말한다.

5.1.1 문제 : 질의응답

질의응답에는 질문에 적절한 답변(예를 들면 사실적인 진술문 같은 것들)을 내는 일이 포함된다(그림 5.1). 머신러닝이라는 맥락에 비추어 볼 때, 이것은 질문과 답변을 연관시키도록 기계를 가르치는 것을 의미한다. 특히 질문에 답하는 것과 관련이 있을 수도 있고 없을 수도 있는 여러 개의 독립적인 정보를 사용할 수 있는 경우, 이 과업은 기억에 의존하게 되는데, 이는 정보를 기억할 수 있어야 하고[직역하면 '기억(또는 기억장치) 속에 보관할 수 있어야 하고'—옮긴이] 기억했던 정보를 회상할 수 있어야 한다는[직역하면 '기억(기억장치) 속에 저장된 정보로 되돌아갈 수 있어야 한다는'—옮긴이] 말이다.

다음은 그러한 경우의 예이다.

```
1 Mary moved to the bathroom.
2 John went to the hallway.
3 Where is Mary? bathroom
```

'문장 3'의 질문에 대한 답은 '사실 1'에 달려있다. '사실 1'과 '사실 2'를 합쳐서 어떤 한 가

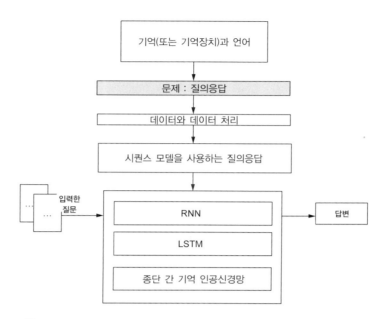

그림 5.1 **배경 : 사실에 입각한 질의응답. 질의응답을 위한 세 가지 유형의 시퀀스 모델을 조사할 것이다. RNN, LSTM 및 종단 간 기억망.**

지 **스토리**[story]라고 부르거나 어떤 한 가지 **콘텍스트**[context][1]라고 한다. '사실 2'는 질문에 대한 답변과 관련이 없다. 이러한 관계를 학습하는 머신러닝 모델은 두 가지 사실을 모두 저장할 능력이 있어야 하는데, 이는 두 사실을 접하게 될지라도 어떤 질문을 받게 될지를 알 수 없기 때문이다.

우리는 질의응답을 이번 장의 중심 주제로 삼고 여러 가지 순차적이면서도 기억[memory](또는 기억장치, 즉 메모리)에 기반을 둔 접근 방식으로 이를 다룰 것이다.

- RNN 및 LSTM 인공신경망
- 종단 간 기억망

시나리오를 통해 문제를 해결해 보자.

---

[1] 이 책에서는 context(콘텍스트)라는 단어를 여러 가지 의미로 사용하고 있다. 첫째는 '중심 단어와 함께 출현하는 주변 단어'라는 의미로 쓰며 이럴 때 '콘텍스트'로 번역해 표기했다. 둘째는 '중심 화제나 질문에 도움이 되는 관련 사실이나 정보(또는 이런 사실이나 정보를 담고 있는 문장)'라는 의미로 쓰며, 바로 여기서 이런 의미로 쓰이고 있다. 이 두 가지 의미 모두 우리말로는 '문맥'에 해당하겠지만 우리가 흔히 쓰는 낱말과 구분해 의미를 더 잘 드러내기 위해서 '콘텍스트'로 표기했다. 셋째는 '맥락'이라는 의미 그대로 쓰인 경우이다. 예를 들면 "머신러닝이라는 맥락에서…"와 같은 어구 속에 쓰이는 경우다. 이럴 때는 '맥락'으로 번역했다. – 옮긴이

> **시나리오 : 질문에 답하는 챗봇**
>
> 여러분은 챗봇에 쓸 언어 이해 모듈을 다루고 있다. 챗봇은 채팅 창을 통해 건네는 역사적 사실에 대한 질문에 답할 수 있어야 한다. 질문에 답하기 위해 이전 정보를 다시 참조할 수 있어야 한다. 특히, 모든 질문에 대한 답변을 할 때는 과거에 발생한 사건에 관해 정확히 하나의 진술로 답할 수 있어야 한다. 여러분에게는 수작업으로 주석을 단 질문들과 이 질문들을 지지하는 사실들을 연결하여 구성한 대형 데이터셋, 그리고 기억한 내용을 여러분이 추론할 수 있게 해주는 후보 아키텍처 모음이 있다. 이런 상황에서 여러분은 RNN, LSTM 및 종단 간 기억망을 사용하여 이 챗봇 모듈을 어떻게 구현할 수 있는가?

이 문제를 요약하자면, 문장들로 이뤄진 시퀀스 1개와 이러한 문장 시퀀스 중에 한 문장(딱 한 문장)을 골라 대답할 수 있는 질문이 주어졌다고 했을 때, 질문에 대답하는 데 필요한 정보를 어떻게 검색할 수 있는가 하는 문제인 것이다. 확실히 우리는 어떤 문장의 어떤 부분에 답이 들어있는지를 전혀 모른다. 따라서 우리는 이러한 문장들(즉, **스토리**)에 들어있는 모든 정보를 저장해 두었다가 질문이 드러날 때 해당 정보를 회상할 수 있어야 한다. 우리 질문에 대한 답을 담고 있는 문장을 1개로 제한한다는 것은 우리가 **다중 사실 질의응답**multi-fact Question-Answering 방식으로 처리하려는 게 아니라 **단일 사실 질의응답**single-fact Question-Answering 방식으로 문제를 처리하겠다는 점을 의미한다. 우리가 다루려고 하는 접근 방식은 다중 사실 질의응답에도 적용되지만, 이번 장에서는 이 주제를 다루지 않을 것이다.

5.2 데이터 및 데이터 처리

우리는 bAbI 데이터셋(https://research.facebook.com/downloads/babi)이라고 하는, 메타(페이스북의 새로운 회사명 – 옮긴이)가 만든 데이터를 사용할 것이다(그림 5.2). 이 데이터셋은 질문에 연결된 일련의 사실로 구성된다. 하나 이상의 사실이 질문에 대한 답을 보유하고 있다. 데이터셋은 일련의 질의응답 과업들로 구성되며 종종 답변이 들어있는 사실과 질문이 멀리 떨어져서 연결되어 있기도 한데, 이는 일반적으로 관련 없는 사실들이 질문과 답변 사이에 많이 끼어든다는 의미다.

다음은 몇 가지 일반적인 데이터이다. 사실들로 구성된 목록(번호가 매겨진 문장) 다음에는 질문 한 가지, 해당 질문에 대한 답변(단지 한 단어) 한 가지, 답변이 포함된 문장의 식별자로 구성된 내용이 나온다.

```
1 Mary moved to the bathroom.
2 John went to the hallway.
```

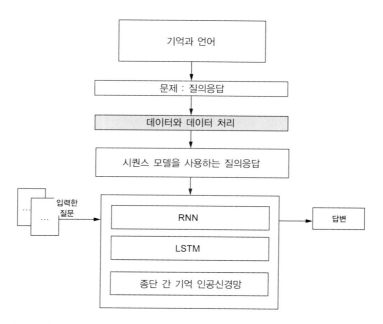

그림 5.2 데이터 처리하기

```
3 Where is Mary? bathroom 1
4 Daniel went back to the hallway.
5 Sandra moved to the garden.
6 Where is Daniel? hallway 4
7 John moved to the office.
8 Sandra journeyed to the bathroom.
9 Where is Daniel? hallway 4
10 Mary moved to the hallway.
11 Daniel travelled to the office.
12 Where is Daniel? office 11
13 John went back to the garden.
14 John moved to the bedroom.
15 Where is Sandra? bathroom 8
```

첫 번째 경우(3번 줄)에서 질문에 대한 답을 보유하고 있는 문장은 1번 문장이다. 이와 같은 시퀀스를 bAbI에서는 **스토리**라고 이름 붙였다. 질문과 답변을 유지하는 문장 사이의 모든 개입 맥락을 명확하게 저장하려고 하면 모델의 기억 용량이 커지게 된다. 우리는 두 가지 조건에 맞춰 모델의 성능을 조사할 것이다.

- 질문과 이를 뒷받침하는 사실만 사용한다

- 스토리를 구성하는 모든 사실과 관련성이 없는 사실을 사용하여 특정 질문에 답한다

첫 번째 조건은 제한된 방식으로 질문-답변 간의 정합성을 평가하는 데 사용할 수 있으며, 두 번째 조건은 훨씬 더 많은 기억 저장 공간을 요구하는 관련 없는 많은 데이터 더미에서 답을 선택하는 문제를 풀 수 있게 한다. 우리 모델이 이러한 조건에 얼마나 잘 들어맞는가? 먼저 bAbI 데이터를 모델에 맞게 준비하고 스토리, 질문 및 답변을 벡터 표현으로 바꾸는 프러시저를 개발해 보자.

우리는 스토리를 정렬된 벡터 리스트로 변환하고 여러 사실 중 하나에서 질문과 단어 사이의 관계를 학습하도록 인공신경망을 훈련할 것이다. 이는 우리가 (아마도 장거리) 의존성을 모델링하고 있음을 의미한다. 이 프러시저의 실제 딥러닝 부분은 다양한 모델에 대해 논의하는 다음 단원에서 설명한다. 여기서는 예를 들어 http://mng.bz/QvRw에 있는 표준 케라스 bAbI 예제에 따라 벡터화 부분에 관심을 모을 것이다. 그림 5.3을 참조하자.

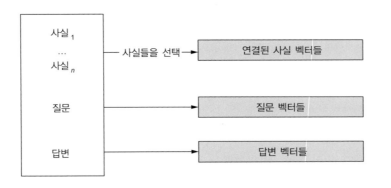

그림 5.3 데이터 준비 : 스토리, 질문, 답변의 벡터화. 사실들을 사용해 연결된 사실 벡터를 만들고 나서 질문과 답변을 벡터화한다.

우리는 벡터들이 들어있는 리스트를 3개 만들어야 하는데, 그 이유가 곧 드러난다.

1. 모든 사실을 벡터 형태로 담고 있는 리스트 1개
2. 벡터화된 질문들로 구성된 리스트 1개
3. 레이블들로 구성된 리스트 : 질문에 대한 답변에 해당하는 단어를 참조하는 단어 인덱스

우리는 모든 사실을 하나의 긴 벡터로 묶을 것이다. 이 벡터들은 질문들(또한 벡터들) 및 레이블들(단어에 대한 포인터 : 답변은 단 한 단어로 구성됨)에 연결된다. 사실-질문 쌍에서 관련 없는("잡음이나 마찬가지인") 사실을 제거하거나 유지할 수 있는 스위치를 통합할

것이다. 관련성이 없는 사실들을 유지하면 훨씬 더 많은 (그리고 관련 없는) 데이터로 인해 모델이 스트레스를 받게 되겠지만, 이로 인해 얼마나 많은 문제가 발생하는지를 살펴보는 일도 흥미로울 것이다.

우선 bAbI에 들어있는 스토리들을 벡터로 변환하는 절차가 필요하다. 이런 과정 중에서 첫 번째 단계는 **토크나이저**(단어를 숫자 인덱스로 변환하는 일을 담당하는 일종의 조회 ˡᵒᵒᵏᵘᵖ 설비)를 만드는 일인데, 이 토크나이저라는 개념이 이제는 여러분에게도 친숙해져 있어야 한다(2장 참조). 이 토크나이저는 어휘집에 적합하게 되며, 우리는 모든 단어를 훈련용 데이터와 시험용 데이터에서 사용한다.

| 목록 5.1 | 스토리들을 토큰화하기

```
def create_tokenizer(trainingdata, testdata):
    f=open(trainingdata, "r")
    text=[]

    for line in f:
        m=re.match("^\d+\s([^\.]+)[\.].*",line.rstrip())
        if m:
            text.append(m.group(1))
        else:
            m=re.match("^\d+\s([^\?]+)[\?]\s\t([^\t]+)",
                line.rstrip())
            if m:
                text.append(m.group(1)+' '+m.group(2))
    f.close()

    f=open(testdata, "r")
    for line in f:
        m=re.match("^\d+\s([^\.]+)[\.].*",line.rstrip())
        if m:
            text.append(m.group(1))
        else:
            m=re.match("^\d+\s([^\?]+)[\?].*",line.rstrip())
            if m:
                text.append(m.group(1))
    f.close()

    vocabulary=set([word for word in text])
    max_words = len(vocabulary)
    tokenizer = Tokenizer(
➡   num_words=max_words, char_level=False, split=' ')
```

훈련용 데이터 파일을 연 후, 사실을 1개 읽는다. 여기서 사실이란 숫자로 시작되고 마침표로 끝나는 한 줄로 되어있다. 이 사실 안에 든 글을 끄집어낸다.

마찬가지로 질문을 1개 읽어 그 안에 든 글을 끄집어낸다.

시험용 데이터 파일에서 사실을 1개 읽어 그 안에 든 글을 저장한다.

시험용 데이터 파일에서 질문을 1개 읽어 그 안에 든 글을 저장한다.

수집된 글들로부터 어휘집을 1개 만든다. 여기서 어휘집이란 단어들로 이뤄진 집합을 말한다.

토크나이저를 정의한다. 케라스를 사용한다면, keras.preprocessing. text에서 Tokenizer 클래스를 제공하고 있다.

```
tokenizer.fit_on_texts(text)
return tokenizer, max_words
```
◁ 어휘집을 활용해 토크나이저를 적합
하게 한다. 적합이 된 토크나이저는
단어를 고유한 숫자로 변환한다.

우리는 생성된 토크나이저를 사용하여 bAbI에 수록되어 있는 스토리를 처리할 수 있다. 우리는 모든 사실 목록(개입, 관련성이 없는 사실 또는 질문에 대한 답변을 포함하는 사실만 포함)을 하나의 큰 벡터로 나타낸다. 따라서 우리는 기본적으로 사실들을 담고 있는 리스트를 전부 하나의 큰 문자열로 연결하고 해당 문자열을 토큰화한다(숫자 벡터로 변환). 이것은 다소 조잡한 데이터 표현이지만, 곧 보게 되듯이, 평균적으로 잘 작동한다. 그림 5.4에서는 여기서 무슨 일이 일어나고 있는지 좀 더 자세히 설명한다.

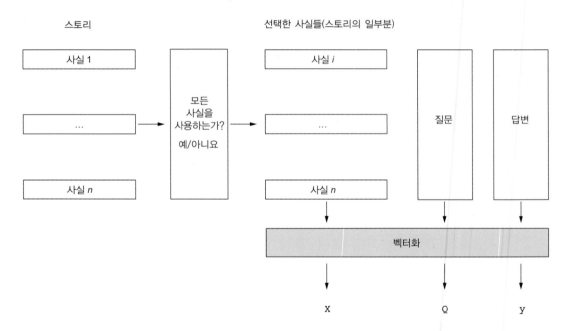

그림 5.4 스토리를 상세하게 벡터화한다. 부울 파라미터는 전체 스토리를 사용할지("모든 사실을 사용하는가?") 또는 질문에 대한 답변을 포함하는 하나의 사실만 사용할지를 나타낸다. 이 그림은 이를 여러 사실이 질문에 대한 답을 보유할 수 있는 상황으로 일반화하지만 우리의 경우에는 항상 하나의 사실일 뿐이다. 질문에 답하기 위한 관련 사실이 결정된 후에 사실, 질문, 답변을 벡터화하고 전체 훈련용 데이터셋과 시험용 데이터셋(사실의 경우 X, 질문의 경우 Q, 답변의 경우 y)에 대해 지정된 출력 변수에 결과를 추가한다.

| 목록 5.2 | 스토리들을 처리하기

```
def process_stories(filename,tokenizer,max_story_len,max_query_len,
```

```
→ vocab_size,use_context=False):
    f=open(filename,"r")
    X=[]
    Q=[]
    y=[]
    n_questions=0
```

use_context 플래그는 질문에 답하기 위해 모든 사실(즉, 전체 스토리)을 사용할지(True) 또는 질문에 대한 답변을 보유하는 사실(우리의 경우 단일 사실)만 사용할지를 나타내는 부울 플래그(즉, True나 False로만 나타내는 값)이다.

사실을 읽는다.

```
    for line in f:
        m=re.match("^(\d+)\s(.+)\.",line.rstrip())
        if m:
            if int(m.group(1))==1:
                story={}
            story[int(m.group(1))]=m.group(2)
        else:
            m=re.match("^\d+\s(.+)\?\s\t([^\t]+)\t(.+)",
                line.rstrip())
            if m:
                question=m.group(1)
                answer=m.group(2)
                answer_ids=[int(x) for x in m.group(3).split(" ")]
                if use_context==False:
                    facts=' '.join([story[id] for id in answer_ids])
                    vectorized_fact=vectorize(facts,tokenizer)
                else:
                    vectorized_fact=vectorize(' '.join(story.values()),
                    → tokenizer)
                vectorized_question=
                    vectorize(question,tokenizer)
                vectorized_answer=
                    vectorize(answer,tokenizer)

                X.append(vectorized_fact)

                Q.append(vectorized_question)

                answer=np.zeros(vocab_size)
                answer[vectorized_answer[0]]=1
                y.append(answer)
    f.close()

    X=pad_sequences(X,maxlen=max_story_len)
    Q=pad_sequences(Q,maxlen=max_query_len)

    return np.array(X),np.array(Q),np.array(y)
```

사실 번호가 1이면 새 스토리를 시작한다(1개의 딕셔너리로 구현됨).

사실을 담은 글을 사실 번호와 정합하는 인덱스에 저장한다.

질문을 읽는다. 질문이 스토리를 끝낸다는 점에 유의하자. 질문은 답과 답을 담고 있는 사실을 나타내는 숫자를 나열한다.

질문에 대한 답을 보유하고 있는 사실은 1개 배열로 수집된다.

추가 콘텍스트를 사용할 필요가 없는 경우라면 답변을 보유하고 있는 사실만 벡터화한다.

그렇지 않으면 모든 사실(전체 스토리)을 수집하고 벡터화한다.

질문을 벡터화한다.

답변을 벡터화한다.

벡터화된 사실을 X에 추가한다.

벡터화된 질문을 Q에 추가한다.

응답 벡터를 생성한다 : 크기가 vocab_size이고 1비트가 켜진 원핫 벡터이다. 원핫 벡터를 y에 추가한다.

X와 Q를 균일한 길이로 채운다.

X, Q, y를 반환한다.

문자열을 벡터화하기 위해 우리는 다음 함수를 구현한다.

| 목록 5.3 | 벡터화

```
def vectorize(s, tokenizer):
    vector=tokenizer.texts_to_sequences([s])
    return vector[0]
```

이 함수는 각 단어에 고유한 정수를 할당하여 문자열에 대한 숫자 배열을 생성한다.

```
Mary moved to the bathroom => [8, 19, 1, 2, 10]
```

process_stories() 함수는 벡터화된 사실의 배열, 벡터화된 질문의 배열 및 답변 단어를 나타내는 원핫 벡터의 배열로 구성된 삼중항triple을 생성한다. 따라서 다음 스토리인

```
Mary moved to the bathroom
John went to the hallway
Where is Mary? bathroom
```

에 대해서 이 process_stories() 함수는 다음 내용을 산출한다.

```
[8, 19, 1, 2, 10, 6, 5, 1, 2, 12] (Mary moved to the bathroom
John went to the hallway)

[3, 4, 8] (Where is Mary)

[0. 0. 0. 0. 0. 0. 0. 0. 0. 0. 1. 0. 0. 0. 0. 0. 0. 0. 0. 0. 0. 0. 0. 0.
 0. 0. 0. 0. 0. 0. 0. 0. 0. 0. 0. 0. 0. 0. 0. 0. 0. 0. 0. 0. 0. 0. 0. 0.
 0. 0. 0. 0. 0. 0. 0. 0. 0. 0. 0. 0. 0. 0. 0. 0. 0. 0. 0. 0. 0. 0. 0. 0.
 0. 0. 0. 0. 0. 0. 0. 0. 0. 0. 0. 0. 0. 0. 0. 0. 0. 0. 0. 0. 0. 0. 0. 0.
 0. 0. 0. 0. 0. 0. 0. 0. 0. 0. 0. 0. 0. 0. 0. 0. 0. 0. 0. 0. 0. 0. 0. 0.
 0. 0. 0. 0. 0. 0. 0. 0. 0. 0. 0. 0. 0. 0. 0. 0. 0. 0. 0. 0. 0. 0. 0. 0.
 0. 0. 0. 0.] (bathroom)
```

이 세 배열이 어떻게 일대일로 대응하는지 확인하자. X[i], Q[i] 및 y[i]는 해당 답변 레이블과 함께 인덱스 *i*의 특정 질문에 대한 사실을 나타낸다.

우리는 우리의 bAbI 스토리를 시퀀스 모델sequential model(순차적 모델)에 공급할 수 있는 것으로 바꾸는 일을 마쳤다. 계속 나아가 보자.

5.3 시퀀스 모델을 사용한 질의응답

딥러닝은 시퀀스를 처리하기 위한 많은 순차적 처리 기제를 제공한다. 우리는 이전 장에서 이 중에 몇 가지를 살펴보았다. LSTM과 RNN을 2장과 3장에서 논의했었다. 질의응답을 처리하기 위해 이러한 모델을 어떻게 배포할 수 있는가? 케라스 데모 리포지터리(이전에는 https://github.com/keras-team/keras/blob/master/examples/babi_rnn.py에서 사용 가능했었음)의 구현 아이디어에 모델을 기반으로 RNN을 사용하는 접근 방식부터 시작하겠다. 2022년부터 이 코드는 RNN으로 bAbI를 처리하기 위해 제거된 것으로 보인다(그림 5.5 참조).

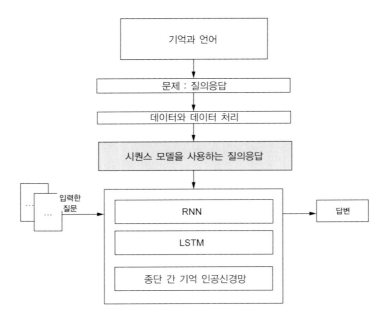

그림 5.5 질의응답을 위한 시퀀스 모델들

5.3.1 질의응답을 위한 RNN

우리는 2개의 RNN으로 분기 모델을 구현할 것이다. 이 2개의 RNN은 사실(즉, 스토리)과 질문을 처리한다. 이 두 RNN의 출력은 연결에 의해 병합되고 확률로 구성된 답변 어휘 크기의 스칼라를 생성하는 Dense 계층을 통해 전송된다. 모델은 1비트가 켜진(원핫 처리된) 응답 벡터로 초깃값이 정해지므로 출력 계층의 가장 높은 확률은 가장 가능성 있는 비트를 반영하여 어휘집에서 고유한 응답 단어를 나타낸다. 모델은 그림 5.6에 묘사되어 있다.

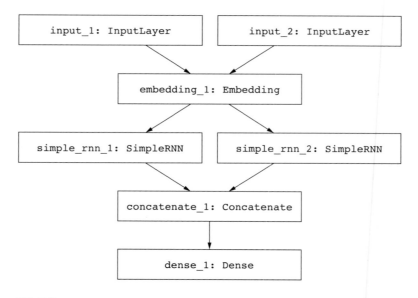

그림 5.6   질의응답을 위한 순환 신경망들. 2개의 RNN이 결합된다. 하나는 사실 분석용이고 다른 하나는 질문 분석용이다.

분기 모델의 이면에 있는 아이디어는 우리가 두 가지 시간 프로세스를 결합한다는 것이다. 하나는 스토리 분석을 위한 것이고 다른 하나는 질문을 분석하기 위한 것이다. 질문은 bAbI 과업에서 균일하게 짧은 시퀀스이다(단지 세 단어로 구성됨). 스토리는 상당히 길 수 있는데, 이번 과업에서는 최대 58단어만큼 길다. 우리는 단일 임베딩을 사용하여 스토리와 질문을 모두 포함할 것이다. 별도의 임베딩으로 실험할 수도 있다. (이렇게 하면 모델의 파라미터 수가 증가하지만 그렇게 해도 큰 이점이 없다.)

> **연습**
>
> 여기에 몇 가지 다른 선택지가 있다. 스토리와 질문을 하나의 벡터에 연결하고 단일 RNN을 사용할 수도 있다. 단일 RNN으로 실험하고 그 결과를 분기한 RNN 결과들과 비교하자.

| 목록 5.4 | 모델을 하나 만들고 데이터를 준비하기

토크나이저를 훈련용 데이터와 시험용 데이터에 적합하게 한다.

```
def create_model(trainingData, testData, context=False):
    tokenizer,vocab_size, max_story_len, max_query_len=create_tokenizer(
        trainingData,testData)
```

훈련용 데이터를 사용해 스토리들을 처리한다. use_context 파
라미터는 우리가 고려하는 관련성이 없는 사실의 양을 지정한다.

```
X_tr,Q_tr,y_tr=process_stories(trainingData,tokenizer,max_story_len,
    max_query_len,vocab_size,use_context=context)
```

마찬가지로
시험용 데이
터 스토리를
처리한다.

```
X_te,Q_te,y_te=process_stories(testData,tokenizer,max_story_len,
    max_query_len,vocab_size,use_context=context)
```

```
embedding=layers.Embedding(vocab_size,100)
```

스토리에 대한
입력 계층을
정의한다.

토크나이저에서 나오는 단어 인
덱스에 대해 100차원 벡터를 생
성하는 임베딩을 정의한다. 스토
리와 질문을 인코딩하는 데 동일
한 임베딩을 사용한다.

```
story = layers.Input(shape=(max_story_len,),
    dtype='int32')
```

입력된 스
토리를 임
베딩한다.

```
encoded_story = embedding(story)
encoded_story = SimpleRNN(30)(encoded_story)
```

임베딩이 된 스토리는
SimpleRNN 계층으로 전달
되며 출력의 차원은 30이다.

```
question = layers.Input(shape=(max_query_len,),
    dtype='int32')
```

질문에 대
한 입력 계
층이 정의
된다.

```
encoded_question = embedding(question)
encoded_question = SimpleRNN(30)(encoded_question)
```

이전에 정의해 둔 임베딩을
사용해 질문을 임베딩한다.

인코딩된 질문은 출력 차원
이 30인 SimpleRNN 계층
으로 전달된다.

```
merged = layers.concatenate([encoded_story,
    encoded_question])
preds = layers.Dense(vocab_size, activation=
    'softmax')(merged)
```

두 SimpleRNN 계층의 출력은
연결을 통해 결합된다.

```
model = Model([story, question], preds)
model.compile(optimizer='adam',
                loss='categorical_crossentropy',
                metrics=['accuracy'])
```

모델을 컴파일하고
모델과 처리된 데이
터를 반환한다.

```
return X_tr,Q_tr,y_tr,X_te,Q_te,y_te,model
```

Dense 구조로 출력 계층을 정의한다. 이 계층은 vocab_size의 출력 차원을 갖
는다. softmax 활성화를 통해 확률 텐서를 생성한다. 해당 벡터에서 가장 가능
성 있는 구성 요소는 출력(답변) 단어에 대해 '켜진' 비트를 반영한다.

케라스가 제공하는 프러시저인 **model.summary()**로 모델을 요약해 보자.

Layer (type)	Output Shape	Param #	Connected to
input_1 (InputLayer)	(None, 58)	0	
input_2 (InputLayer)	(None, 3)	0	
embedding_1 (Embedding)	multiple	14800	input_1[0][0]
			input_2[0][0]
simple_rnn_1 (SimpleRNN)	(None, 30)	3930	embedding_1[0][0]

simple_rnn_2 (SimpleRNN)	(None, 30)	3930	embedding_1[1][0]
concatenate_1 (Concatenate)	(None, 60)	0	simple_rnn_1[0][0]
			simple_rnn_2[0][0]
dense_1 (Dense)	(None, 148)	9028	concatenate_1[0][0]

```
==============================================================================
Total params: 31,688
Trainable params: 31,688
Non-trainable params: 0
```

다음 목록에 나오는 코드로는 모델을 훈련한 다음에 시험용 데이터를 사용해 모델을 평가한다.

| 목록 5.5 | **모델을 훈련하고 평가하기**

```
def run_evaluate(trainingData, testData, context=False):

    X_tr,Q_tr,y_tr,X_te,Q_te,y_te,model=create_model(
    ➥ trainingData,testData,context)

    print('Training')
    model.fit([X_tr, Q_tr], y_tr,
            batch_size=32,
            epochs=10,
            verbose=1,
            validation_split=0.1)

    print('Evaluation')
    loss, acc = model.evaluate([X_te,Q_te], y_te,
                            batch_size=32)
    print('Test loss / test accuracy = {:.4f} / {:.4f}'.format(loss, acc))
```

압축 해제된 bAbI 폴더에 있는 다음 데이터에 대해 모델을 실행한다(이번 장의 데이터 폴더에서 압축된 데이터를 찾을 수 있음). 이 데이터는 1만 개의 훈련 항목과 1,000개의 시험 항목으로 구성된다.

- 훈련용 데이터 : /tasks_1-20_v1-2/en-10k/qa1_single-supporting-fact_train.txt
- 시험용 데이터 : /tasks_1-20_v1-2/en-10k/qa1_single-supporting-fact_test.txt

관련성이 없는 콘텍스트 문장들을 사용하거나 폐기하기 위한 이진 스위치가 있음을 상기하자. 또한 관련성이 없는 문장은 답에 **기여하지 않는 문장**이라는 점을 기억하자. 우리 과업에서 사용하는 모든 스토리 속에 그러한 문장은 단 하나뿐이다. 이 스위치를 사용하면 모델의 기억 성능을 (조잡하게나마) 추정할 수 있는데, 이 스위치로 관련성이 없는 데이터 중 특정 분량을 처리할 수 있을까? 저장된 관련성이 없는 데이터 중 특정 분량을 처리하는 함수로 모델의 성능을 띄우기 위해 더 세분화된 분석 방식으로 전환하기 전에 먼저 이를 조사해 보자.

우리는 관련성이 없는 콘텍스트에 개입하지 않고 모델을 훈련하는 일부터 해볼 것이다. 이 방식은 완벽하게 작동한다. RNN은 단순하지만 오류 없이 단일 사실 벡터, 질문 벡터 및 단일 단어 답변 인덱스의 연관성을 학습한다. 모델은 언어 구조를 모른다는 점에 주목하자. 2개의 숫자 벡터(단어 인덱스들을 유지하는 벡터)를 답변 단어를 나타내는 원핫 벡터와 연결하는 방법을 학습한다. 훈련 및 평가를 진행하면서 나오는 시스템 로그는 다음과 같다.

```
Train on 9000 samples, validate on 1000 samples
Epoch 1/10
9000/9000 [==============================] - 0s - loss: 0.9990
➡ - acc: 0.8367 - val_loss: 0.0493 - val_acc: 1.0000
Epoch 2/10
9000/9000 [==============================] - 0s - loss: 0.0236
➡ - acc: 1.0000 - val_loss: 0.0118 - val_acc: 1.0000
Epoch 3/10
9000/9000 [==============================] - 0s - loss: 0.0082
➡ - acc: 1.0000 - val_loss: 0.0057 - val_acc: 1.0000
Epoch 4/10
9000/9000 [==============================] - 0s - loss: 0.0044
➡ - acc: 1.0000 - val_loss: 0.0034 - val_acc: 1.0000
Epoch 5/10
9000/9000 [==============================] - 0s - loss: 0.0028
➡ - acc: 1.0000 - val_loss: 0.0023 - val_acc: 1.0000
Epoch 6/10
9000/9000 [==============================] - 0s - loss: 0.0020
➡ - acc: 1.0000 - val_loss: 0.0017 - val_acc: 1.0000
Epoch 7/10
9000/9000 [==============================] - 0s - loss: 0.0014
➡ - acc: 1.0000 - val_loss: 0.0012 - val_acc: 1.0000
Epoch 8/10
9000/9000 [==============================] - 0s - loss: 0.0011
➡ - acc: 1.0000 - val_loss: 9.5678e-04 - val_acc: 1.0000
Epoch 9/10
9000/9000 [==============================] - 0s - loss: 8.5059e-04
➡ - acc: 1.0000 - val_loss: 7.5578e-04 - val_acc: 1.0000
```

```
Epoch 10/10
9000/9000 [==============================] - 0s - loss: 6.7765e-04
 ⇒ - acc: 1.0000 - val_loss: 6.0739e-04 - val_acc: 1.0000
Evaluation
  32/1000 [.............................]
   ⇒ - ETA: 0sTest loss / test accuracy = 0.0006 / 1.0000
```

보다시피 두 번째 반복 과정에서는 완벽한 훈련 정확도와 유보해 두었던 유효성 검사 데이터 기반의 검증 점수를 얻고 있다. 시험용 데이터의 최종 정확도 점수는 100%이다.

우리가 중간에 자리 잡고 있는 사실들도 고려하면 어떻게 되는지 보자. 이제 모델에 훨씬 더 많은 스트레스가 가해진다. 예를 들어 훈련용 데이터에는 다음과 같은 패턴이 포함되어 있다.

```
1 Mary moved to the bathroom.
2 John went to the hallway.
3 Where is Mary? bathroom 1
4 Daniel went back to the hallway.
5 Sandra moved to the garden.
6 Where is Daniel? hallway 4
7 John moved to the office.
8 Sandra journeyed to the bathroom.
9 Where is Daniel? hallway 4
10 Mary moved to the hallway.
11 Daniel travelled to the office.
12 Where is Daniel? office 11
13 John went back to the garden.
14 John moved to the bedroom.
15 Where is Sandra? bathroom 8
```

15번 줄에서 "Where is Sandra?(산드라는 어디에 있는가?)"라는 질문에 대한 일곱 가지 사실을 더 일찍 찾을 수 있다는 점을 목격할 수 있다. 이것은 우리가 고려하기에는 너무 많은 콘텍스트다. 우리가 얻는 것은 다음과 같다.

```
시험 손실 / 시험 정확도 = 1.2145 / 0.5100
```

이 51%라는 정확도는 성능 면에서 볼 때 아주 크게 낮춰진 점수다. 우리의 RNN에는 분명히 이 정도의 데이터를 저장할 수 있는 장비가 없다.

이진 스위치 형태로 된 **콘텍스트 없음**[no context] 또는 **모든 콘텍스트**[all context]를 사용하는 대신 모델에 콘텍스트를 점진적으로 추가하는 프러시저를 구현해 보자.

| 목록 5.6 | 증분적인 콘텍스트

```
def process_stories_n_context(
    filename,tokenizer,vocab_size,use_context=0):
    f=open(filename,"r")
    X=[]
    Q=[]
    y=[]
    max_story_len=0
    max_query_len=0

    for line in f:
        m=re.match("^(\d+)\s(.+)\.",line.rstrip())
        if m:
            if int(m.group(1))==1:
                story={}
            story[int(m.group(1))]=m.group(2)
        else:
            m=re.match("^\d+\s(.+)\?\s\t([^\t]+)\t(.+)",
                line.rstrip())
        if m:
            question=m.group(1)
            answer=m.group(2)
            answer_ids=[int(x) for x in m.group(3).split(" ")]
            facts=' '.join([story[id] for id in answer_ids])
            all_facts=' '.join([story[id] for id in story])
            facts_v=vectorize(facts,tokenizer)
            all_facts_v=vectorize(all_facts,tokenizer)

            if use_context==0:
                vectorized_fact=facts_v
            elif use_context==-1:
                vectorized_fact=all_facts_v
            else:
                x=min(use_context, len(story))
                facts=' '.join([story[id] for id in answer_ids])+' '
                n=0
                for id in story:
                    if n<x and id not in answer_ids:
                        facts+=story[id]+' '
                        n+=1
                vectorized_fact=vectorize(facts,tokenizer)
            l=len(vectorized_fact)
            if l>max_story_len:
                max_story_len=l
            vectorized_question=vectorize(question,
```

관련성이 없는 사실들 중 우리가 허용할 수 있는 분량을 지정하는 use_context 플래그를 전달한다(이 페이지에 나오는 마지막 주석을 참고하자).

우리는 사실을 접한다. 사실 식별자가 1이면 새 스토리(파이썬 딕셔너리 형식으로 인코딩됨)를 연다. 이 딕셔너리는 사실 식별자를 이에 동반되는 글에 대응시킨다.

우리는 질문을 접한다. 질문은 우리 과업에서 한 가지 스토리의 끝을 나타낸다. 우리는 지금까지 모은 스토리를 벡터화한다.

콘텍스트를 전혀 사용하지 않는 경우에는 0으로 표현하고, 모든 콘텍스트를 사용하는 경우에는 −1로 표현하고, 지정된 수만큼 (관련성이 없는) 사실을 사용하는 경우에는 정수로 표현하는 스위치를 사용하자. 이러한 사실들이 답변을 담고 있는 사실에 추가되기 때문에 콘텍스트 창에서 답변을 담고 있는 사실을 왼쪽으로 효과적으로 밀어낸다.

```
질문을 벡터화              tokenizer)
한다.             l=len(vectorized_question)
                 if l>max_query_len:
                     max_query_len=l

                 vectorized_answer=vectorize(answer,
                     tokenizer)


                 X.append(vectorized_fact)
                 Q.append(vectorized_question)
                 answer=np.zeros(vocab_size)
                 answer[vectorized_answer[0]]=1
                 y.append(answer)
         f.close()

         return np.array(X),np.array(Q),np.array(y), max_story_len, max_query_len
```

답변을 벡터화한다(이렇게 하면 하나의 숫자, 1개의 단어 인덱스가 있는 배열이 생성된다).

벡터화된 스토리, 질문, 답변을 누적하고 나서 계속 진행한다.

우리가 테스트하는 관련성이 없는 사실의 수와 이러한 사실이 다루는 단어 수 사이의 대응 관계는 다음과 같다.

- 콘텍스트의 크기 = 1개 사실 : 스토리 길이 = 최대 12개 단어
- 콘텍스트의 크기 = 2개 사실 : 스토리 길이 = 최대 18개 단어
- 콘텍스트의 크기 = 4개 사실 : 스토리 길이 = 최대 30개 단어
- 콘텍스트의 크기 = 6개 사실 : 스토리 길이 = 최대 41개 단어
- 콘텍스트의 크기 = 8개 사실 : 스토리 길이 = 최대 52개 단어
- 모든 사실 : 스토리 길이 = 최대 58개 단어

use_context 파라미터가 부울 형식(True 또는 False)에서 숫자 형식으로 바뀌었다. 이 프러시저가 내놓는 결과는 이전 부울 값을 사용하던 프러시저보다 더 정확하다. 새로운 프러시저는 답변 사실을 리스트의 첫자리에 넣은 다음 여분의 관련성이 없는 사실들을 추가한다. 이렇게 하면 use_context가 증가할 때마다 답변과 질문 사이의 거리가 늘어난다. 이전 프러시저는 use_context=True인 경우에 스토리의 모든 사실을 하나의 문자열로 연결한다. 그러나 bAbI 데이터가 어떻게 구성되어 있는지에 따라 답변이 어떤 경우에는 질문에 더 가깝고 다른 경우에는 더 멀 수 있다. 이는 획득한 51% 정확도 점수가 낙관적임을 의미한다.

이제 모델을 만드는 프러시저가 다음 목록에 나온 것처럼 변경된다(차이점은 스토리들을 처리하는 부분이므로 우리는 해당 부분만 제시한다).

| **목록 5.7** | RNN 모델을 하나 만들기 : 새로운 스토리 처리

```
def create_model(trainingData, testData, context):

    tokenizer,vocab_size=create_tokenizer(trainingData,testData)

    X_tr,Q_tr,y_tr,max_story_len_tr, max_query_len_tr=
        process_stories_n_context(trainingData,tokenizer,vocab_size,
        use_context=context)
    X_te,Q_te,y_te, max_story_len_te, max_query_len_te=
        process_stories_n_context(testData,tokenizer,vocab_size,
        use_context=context)

    max_story_len=max(max_story_len_tr, max_story_len_te)
    max_query_len=max(max_query_len_tr, max_query_len_te)

    X_tr, Q_tr=pad_data(X_tr,Q_tr,max_story_len, max_query_len)
    X_te, Q_te=pad_data(X_te,Q_te,max_story_len, max_query_len)

    (...)
```

모델을 100회 반복 학습하고 시험용 데이터를 사용해 시험을 진행하면 다음 같은 결과를 얻는다.

- 콘텍스트의 크기 = 0, 시험 정확도 = 100%
- 콘텍스트의 크기 = 2개 사실 (스토리 길이 = 최대 18개 단어) : 시험 정확도 = 100%
- 콘텍스트의 크기 = 4개 사실 (스토리 길이 = 최대 30개 단어) : 시험 정확도 = 100%
- 콘텍스트의 크기 = 6개 사실 (스토리 길이 = 최대 41개 단어) : 시험 정확도 = 100%
- 콘텍스트의 크기 = 8개 사실 (스토리 길이 = 최대 52개 단어) : 시험 정확도 = 80.4%
- 모든 사실 (스토리 길이 = 최대 58개 단어) : 시험 정확도 = 51%

이러한 결과들로부터 우리는 RNN이 많은 정보를 저장하기에는 용량이 부족하다는 결론을 내릴 수 있다. 41개 단어 이후 성능이 크게 떨어지고 있기 때문이다. 2장에서 RNN이 모든 과거 정보를 맹목적으로 전달하기 때문에 부담스러울 정도로 기억할 것이 많아진다고 했던 점을 상기하자.

  LSTM이라면 어떨까? 과거(임시) 정보를 더 신중하게 게이팅[gating](관문을 통해 통과할 정보를 걸러내는 처리 – 옮긴이)을 하면 성능이 향상될까? 이 점을 알아보자.

5.3.2 질의응답을 위한 LSTM

LSTM은 **상태 비저장**stateless 및 **상태 저장**stateful 모드로 제공된다. 두 모드에서 LSTM은 레이블이 지정된 훈련 벡터 배치를 처리한다. LSTM은 입력 벡터를 통해 한 번에 한 단계씩 작동하며(한 번에 한 **특징**씩 처리하며) 각 단계에서 셀의 상태를 갱신한다. 상태 비저장 모드에서는 시퀀스가 처리된 후 역전파를 통해 주변 인공신경망 계층의 가중값들이 갱신되고 LSTM의 셀 상태가 다시 설정된다. 이는 LSTM이 새로운 시퀀스(벡터)를 사용해 게이팅 담당 가중값들(어떤 정보가 전달되고 어떤 정보가 잊히는지를 제어하는 다양한 가중값)을 다시 학습해야 한다는 점을 의미하는데, LSTM에서는 시간 개념이 하나의 시퀀스로 제한된다.

> **TIP**   케라스는 배치에 특정 순서가 있다고 가정하지 않는다. 배치가 레이블이 지정된 벡터로 구성된 경우 케라스는 모든 모델의 기본 설정에서 훈련용 데이터 배치를 맹목적으로 섞어버리므로(검증 데이터는 절대 섞이지 않음) 배치에 넣은 모든 시간 순서가 파괴된다. `model.fit()` 함수에서 `shuffle=False`를 설정하여 이 기본 설정을 재정의할 수 있다.

데이터를 LSTM 계층으로 가져오는 것과 관련된 몇 가지 문제를 빠르게 요약해 보자. LSTM은 다음과 같이 삼중항 데이터가 들어올 것으로 기대한다. 여기서 삼중항 데이터란 (샘플 개수, 시간 단계 수, 시간 단계당 특징 개수) 구조로 된 데이터를 말한다.

- **샘플 개수**—우리 데이터 속에 들어있는 샘플 개수를 말한다.
- **시간 단계 수**—LSTM에 공급되는 시퀀스의 길이를 말한다. LSTM에 문장을 공급하는 경우에 우리는 이것을 사용해 모든 (지정된 길이만큼 채워진) 문장 속 단어들을 단어별로 지정할 수 있다.
- **특징 개수**—시퀀스를 이루고 있는 모든 위치에 자리 잡은 각 개체의 차원을 말한다. 예를 들어 우리가 단어들을 벡터 형식으로 바꿔 임베딩하고 있다면 벡터의 차원이 이 특징 개수에 해당한다.

다행히 LSTM은 선행하는 입력 계층으로부터 이러한 파라미터들을 파악해 낼 수 있다. 좀 더 자세히 살펴보자.

10개의 특징으로 구성된 입력 데이터가 있다고 가정한다.

```
f~1~, f~2~, f~3~, f~4~, f~5~, f~6~, f~7~, f~8~, f~9~, f~10~
```

이 시퀀스에 대해 두 가지 특징을 볼 수 있고 좌우로 움직일 수 있는 창을 우리가 적용한다고 가정한다(각 시간 눈금마다 두 가지 특징이 있는 시간 시퀀스로 취급한다는 의미). 그러면 우리는 $10-2+1 = 9$개의 부분 시퀀스^{subsequence}를 얻게 된다.

```
[f~1~,f~2~]
[f~2~,f~3~]
[f~3~,f~4~]
[f~4~,f~5~]
[f~5~,f~6~]
[f~6~,f~7~]
[f~7~,f~8~]
[f~8~,f~9~]
[f~9~,f~10~]
```

첫 번째 계층이 LSTM인 간단한 모델은 다음과 같은데,

```
model=Sequential()
model.add(LSTM())
```

이 모델에서는 시간 눈금 개수와 특징 개수라는 항을 이용해 데이터를 지정해야 한다. 배치 크기[**model.fit( )** 함수로 설정]는 자동으로 추론된다.

```
model=Sequential()
model.add(LSTM(input_shape=(9,2)))
```

데이터가 처음에 다음과 같이 중첩된 배열,

```
X=array([[1,2],[2,3],[3,4],[4,5],[5,6],[6,7],[7,8],[8,9],[9,10]])
```

이고 그 모양^{shape}이

```
X.shape: (9,2)
```

라고 가정하면, 데이터를 필요한 (샘플 개수, 시간 단계 수, 특징 개수) 형식으로 다시 캐스팅하려면 다음에 보이는 것처럼 명시적인 **reshape( )** 메서드가 필요해지고,

```
X=X.reshape \ ((1,9,2))
```

이는 다음과 같은 결과를 이끌어 낸다.

```
X.shape: (1,9,2)
```

그러나 LSTM 계층 앞에 또 다른 입력 계층이 있다고 가정해 보자.

vocab_size에 해당하는 어휘 크기로 임베딩을 정의하여 정수로 표현되는 입력 단어에 대한 100차원 벡터를 생성한다.

```
embedding=layers.Embedding(vocab_size,100)
```

max_len 크기의 입력을 허용하는 입력 계층을 1개 정의한다.

```
input = layers.Input(shape=(max_len,), dtype='int32')
```

```
embedded_input= embedding(input)
```
입력 내용을 임베딩한다.

입력 내용을 LSTM 계층을 통해 전송하여 30차원으로 이뤄진 출력을 생성한다.

```
lstm_input = LSTM(30)(embedded_input)
```

30차원으로 된 출력 벡터를 생성하는 LSTM 계층은 (max_len, 100) 벡터 행렬로 구성된, 지정되지 않은 크기의 배치를 수신할 것이라고 추론하게 되는데, 이때 임베딩 계층은 100차원 벡터 공간에 총 vocab_size 크기로 된 벡터를 임베딩하고 입력 계층은 max_len 크기만큼의 입력을 허용한다. 따라서 우리의 LSTM 계층은 몇 가지 가정을 하게 되는데, 첫째로 우리가 데이터를 max_len 크기만큼의 창 조각들로 배열했으며, 둘째로 창을 이루는 각 셀에는 100차원 벡터가 포함되어 있고, 셋째로 이 시점에서 입력 모양을 추가로 규정하지 않아도 된다고 가정하는 것이다.

배치로 돌아가면 상태 저장 모드에서는 배치 전체의 벡터가 동기화되어 LSTM이 새 배치를 처리할 때 모든 벡터가 이전 배치에 해당하는 벡터에 대한 셀 상태로 진행된다. 여기서 **해당**corresponding한다는 것은 무엇을 의미할까? 이것은 상태 저장 모드에서 **시간적으로 연결된**temporally linked 벡터들을 배치 안에 담는다는 점을 의미한다. B_j 배치의 v_i 벡터는 B_{j+1} 배치의 v_{i+1} 벡터에 의해 이어지며, v_{i+1} 벡터는 v_i 벡터가 남긴 셀 상태를 집어낸다. 따라서 우리는 v_{i+1} 벡터는 v_i 벡터가 형성한 관찰 내용의 연속이라고 말할 수 있다. 이를 통해 반복 측정값 같은 시간적 패턴을 분석할 수 있으며 각 패턴은 전체 결정에 기여한다. 이 점을 예시를 통해 명확하게 해보자.

시나리오 : 상태 저장 모델들

여러 사람이 연속해서 작성한 트위터 내용이 한 가지 타임라인에 맞춰 정렬되어 있고, 이것을 검사해야 한다고 가정해 보자. 상태 저장 모드의 배치는 개별 사용자 트윗을 다음 배치의 타임라인에 들어있는 다음 트윗에 연결한다. 특정 주제에 대해 사용자별로 이러한 트위터 내용들에 정서 극성 점수(긍정 또는 부정)를 할당한다고 가정해 보자. 그러면 해당 사용자의 타임라인에 있는 이전 트윗에 대한 지식은 전체 트위터 내용이 담고 있는 전반적인 정서를 나타내는 점수에 기여하게 된다.

상태 저장 배치들은 질의응답에 대해 현재 사용하는 접근 방식에서는 어떤 역할을 하지 않는다. 우리는 길고 구조화되지 않은 벡터를 기반으로 답변을 참조하는 단어 인덱스를 예측하고 있다. 이 접근 방식에서는 사실들을 일일이 살펴보고 시간의 흐름에 맞춰 서로 다른 예측들을 수집하는 것이 이치에 맞지 않기 때문에, 우리는 사실별로 결과를 예측하지 않을 뿐만 아니라, 질문에 대한 답이 1개 사실에만 담겨있기 때문에 다른 모든 사실에는 유용한 정보가 없다고 본다.

연습

상태 저장 배치들이 질의응답과 관련이 있는 시나리오를 제시할 수 있는가?

우리의 LSTM 모델은 RNN 모델과 비슷하다. 스토리와 질문을 처리하는 2개의 LSTM 계층이 있으며 결과(출력 계층)는 연결에 의해 병합된다. 그림 5.7은 그 구조를 묘사하고 있다.

| 목록 5.8 | 모델을 하나 만들고 데이터를 준비하기

```
def create_model(trainingData, testData, context):

    tokenizer,vocab_size, max_story_len, max_query_len=create_tokenizer(
        trainingData,testData)

    X_tr,Q_tr,y_tr=process_stories_n_context(trainingData,tokenizer,
        max_story_len, max_query_len,vocab_size,
        use_context=context)
    X_te,Q_te,y_te=process_stories_n_context(testData,tokenizer,
        max_story_len, max_query_len,vocab_size,
        use_context=context)
```

토크나이저를 훈련용 데이터와 시험용 데이터에 적합하게 한다.

마찬가지로 시험용 데이터를 처리한다.

훈련용 데이터의 스토리를 처리한다. use_context 파라미터는 우리가 요인화하고 있는, 관련이 없는 사실 개수를 지정한다.

질문에 대한 입력 계층을 정의한다. 토크나이저에서 나오는 단어 인
덱스에 대해 100차원 벡터를 생성하는 임베딩을 1개 정의한다. 스토
리와 질문을 인코딩하는 일에 동일한 임베딩을 사용한다.

```
embedding=layers.Embedding(vocab_size,100)
```

스토리에 대
한 입력 계
층을 1개 정
의한다.

```
story = layers.Input(shape=(max_story_len,),
    dtype='int32')
```

입력 스토
리를 임베
딩한다.

```
encoded_story = embedding(story)
encoded_story = LSTM(30)(encoded_story)
```

임베딩된 스토리를 LSTM 계층으로
전달한다. 출력의 차원은 30이다.

질문들에 대
한 입력 계
층을 1개 정
의한다.

```
question = layers.Input(shape=(max_query_len,),
    dtype='int32')
encoded_question = embedding(question)
encoded_question = LSTM(30)(encoded_question)
```

앞에서 정의한 임베딩을 사
용하여 질문을 임베딩한다.

출력 차원이 30인 LSTM 계층
에 인코딩된 질문을 전달한다.

```
merged = layers.concatenate([encoded_story,
    encoded_question])
```

연결을 통해 두 LSTM 계
층의 출력을 결합한다.

Dense 구조로 출력 계층을 정의한다. 이 계층의 출력 차원은 vocab_size다. 이 출력
계층은 확률값들로 이뤄진 텐서를 생성한다(softmax 활성 함수를 통해). 해당 벡터에서
가장 가능성 있는 구성 요소는 출력(답변) 단어에 대해 켜져있는 비트를 반영한다.

```
preds = layers.Dense(vocab_size, activation='softmax')
    (merged)

model = Model([story, question], preds)
model.compile(optimizer='adam',
                loss='categorical_crossentropy',
                metrics=['accuracy'])
```

모델을 컴파일하고
모델과 처리된 데이
터를 반환한다.

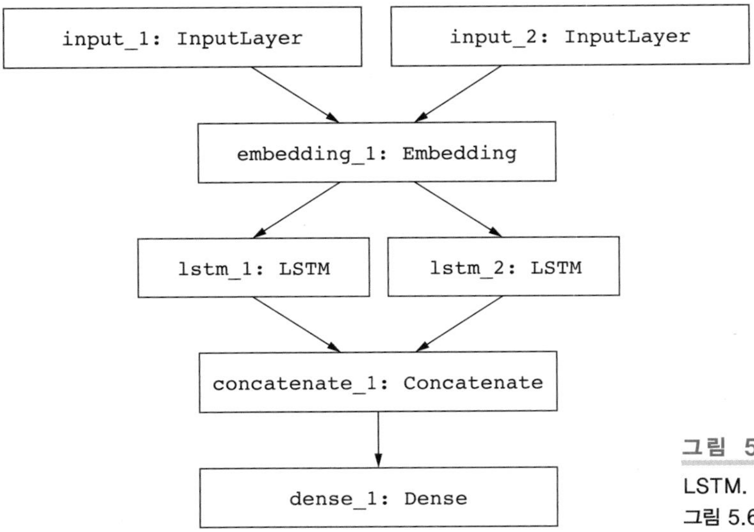

그림 5.7 질의응답을 위한
LSTM. 2개의 LSTM이 결합되어
그림 5.6의 RNN을 대체한다.

```
    model.summary()


    return X_tr,Q_tr,y_tr,X_te,Q_te,y_te,model
```

케라스가 제공하는 **model.summary()** 프러시저를 사용하면 모델을 요약해서 볼 수 있다.

Layer (type)	Output Shape	Param #	Connected to
input_1 (InputLayer)	(None, 58)	0	
input_2 (InputLayer)	(None, 3)	0	
embedding_1 (Embedding)	multiple	14800	input_1[0][0] input_2[0][0]
lstm_1 (LSTM)	(None, 30)	15720	embedding_1[0][0]
lstm_2 (LSTM)	(None, 30)	15720	embedding_1[1][0]
concatenate_1 (Concatenate)	(None, 60)	0	lstm_1[0][0] lstm_2[0][0]
dense_1 (Dense)	(None, 148)	9028	concatenate_1[0][0]

```
Total params: 55,268
Trainable params: 55,268
Non-trainable params: 0
```

우리는 RNN에 사용되는 것과 동일한 단일 벡터 접근 방식을 사용하여 상태 비저장 모드에서 데이터에 LSTM을 적용한다. 콘텍스트 크기(하나의 관련 사실에서 답변을 분리하는, 관련 없는 문장의 개수) 0, 2, 4, 6 및 8에 대한 100회 반복에 대해 모델을 훈련하면 시험용 데이터에서 균일한 100% 정확도가 나온다. 그러나 모든 콘텍스트에서 모델을 실행하면(최대 58개의 중간 단어로 이어짐) 낮은 점수인 48.5% 정확도가 나온다.

- 콘텍스트의 크기 = 0, 시험 정확도 = 100%
- 콘텍스트의 크기 = 2개 사실 (스토리 길이 = 최대 18개 단어) : 시험 정확도 = 100%
- 콘텍스트의 크기 = 4개 사실 (스토리 길이 = 최대 30개 단어) : 시험 정확도 = 100%
- 콘텍스트의 크기 = 6개 사실 (스토리 길이 = 최대 41개 단어) : 시험 정확도 = 100%
- 콘텍스트의 크기 = 8개 사실 (스토리 길이 = 최대 52개 단어) : 시험 정확도 = 100%
- 모든 사실 (스토리 길이 = 최대 58개 단어) : 시험 정확도 = 48.5%

LSTM은 RNN보다 경계를 조금 더 확장한다. 그러나 RNN과 마찬가지로 긴 시퀀스에서는 실패하여 정확도가 급격히 떨어진다.

우리는 LSTM이나 RNN 모두 질의응답을 위한 매우 긴 일련의 사실을 처리하는 데 적합한 도구가 아니라는 결론을 내릴 수 있다. LSTM은 적당히 긴 콘텍스트에서는 RNN보다 성능이 우수하지만 아주 긴 시퀀스를 처리하는 데는 알맞지 않다.

이번에는 종단 간 기억망을 한번 살펴보자.

5.3.3 질의응답을 위한 종단 간 기억망

종단 간 기억망은 반응적 기억^{responsive memory} 메커니즘을 구현한다. 질의응답 과업이라는 맥락에서 볼 때, 이러한 인공신경망은 사실과 질문이 결합된 벡터로부터 답변할 단어에 대한 인덱스를 예측하도록 인공신경망을 가르치는 것이 아니라, 제기된 질문과 관련된 일련의 사실(스토리)에 대한 **기억 반응**^{memory response}을 생성하고, 이 응답을 사용하여 사실 벡터를 가중한다.

이 가중 작업^{weighting}이 수행된 후에야 가중된 사실 벡터^{weighted fact vector}와 질문이 다시 결합되어 단어 인덱스를 예측하는 데 사용된다. 따라서 예측한 내용보다 오히려 질문에 의해 사실들이 가중된다고 말할 수 있다.

이런 단계가 평범해 보이겠지만 상당한 차이를 만들어 낸다. 먼저, 이번에는 질문과 사실 간의 정합성에 대한 명시적 정보가 예측에 사용된다는 면이 있다. 이전 접근 방식에서는 둘 사이의 정합성을 다루지 않고 사실과 질문을 함께 묶었을 뿐임을 기억하자.

이 정합성은 어떻게 이루어지며 왜 차이가 나는 것일까? 그림 5.8[Sukhbaatar 등(2015)에 기반함]을 살펴보자.

사실^{facts}(여기서는 **문장**^{sentences})은 A라는 임베딩(벡터를 묻는 수학적 공간 – 옮긴이)으로 임베딩된다(수학적 공간에 묻힌다. – 옮긴이). 질문인 Question은 B 임베딩을 사용해 임베딩된다. 동시에 사실은 별도의 임베딩인 C로 임베딩된다. 임베딩된 사실들로 구성된 메모리 뱅크의 **반응**^{response}은 먼저 A에 임베딩된 질문과 더불어 임베딩된 사실들의 점곱을 도출한 다음 softmax 계층이 점곱을 기반으로 확률을 생성하여 계산된다. 이들은 역전파를 통해 훈련 중에 조정될 수 있는 확률들(즉, 훈련 가능한 확률들)이다. 마지막으로 이 확률들은 가중합 연산을 사용하여 C 임베딩이 생성한 사실 임베딩과 결합된다. 이 연산에서는 C에서 생성된 사실 벡터에 가중값들(즉, 확률들)을 더한다. 이것은 이제 질문을 담고 있는 Question에 대한 답변과의 관련성에 따라 사실들이 가중 처리됨을 의미한다. 이 시점에서, 임베딩이 되어있던 질문은 가중합^{weighted sum}과의 연결을 통해 결합된다[다른 덧셈 단계가 사용되는 Sukhbaatar 등(2015)에서 약간 벗어남]. 조밀한 출력 계층으로 공급되는 최종 가중값 계층으로 결과가 전송되며, 조밀한 출력 계층이 답변의 단어 인덱스를 지정한다.

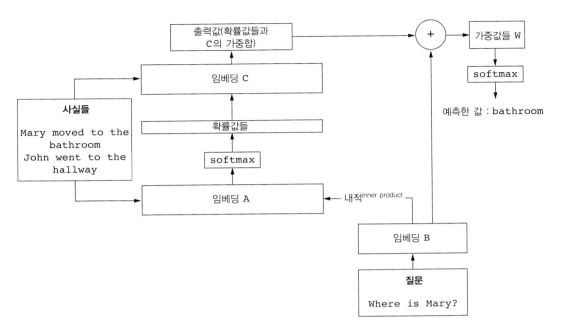

그림 5.8 종단 간 기억망[원본 그림은 Sukhbaatar 등(2015) 참조]. 사실과 질문은 벡터화되고, 사실과 질문의 정합(어떤한 가지 질문에 대답하기에 알맞은 관련 사실들을 찾는 일)은 예측된 답변을 포함하여 지도 학습 방식으로 처리되는 2단계 프로세스에서 학습된다.

우리는 코드에서 Sukhbaatar 등(2015)에 실려있던 원래 공식을 면밀히 검토해 채택함으로써 (이전에 언급한 적이 있던) 케라스의 데모 리포지터리(앞서 언급했듯이, 이 예시 코드 구현이 현재는 케라스 예시 폴더에서 제거되어 있음)의 구현을 대체로 따르지만, 한 가지 차이점은 Sukhbaatar 등(2015)에 담긴 내용과 같아서, 우리는 LSTM 대신 알고리즘의 마지막 단계에서 가중 행렬을 사용할 것이다(케라스 데모 폴더에 구현된 내용을 참조해 비교해 보자). 이런 식으로 처리하면 질의응답 작업에서 더 나은 성능을 산출할 수 있다는 점을 발견했다. 한 가지 명심해야 할 점은 원래 논문과 달리 이 구현은 스토리(사실)를 하나의 비정형 블록으로 취급한다는 점이다. 그러므로 우리는 이 접근법을 **블록 기반 기억망**block-based memory networks이라고 부를 수 있을 것이다.

우리는 이전에 나온 프러시저와 똑같은 프러시저를 사용해 데이터를 처리한다. 목록 5.9에는 모델을 생성하고 우리 데이터를 즉석에서 처리하는 방법이 나온다. 그림 5.9에 모델이 나타나 있다.

이전과 마찬가지로 우리는 우리의 사실 벡터 안에서 허용하는 '답이 아닌 사실들(일종의 정수)'의 개수를 콘텍스트 파라미터를 사용해 지정할 수 있다.

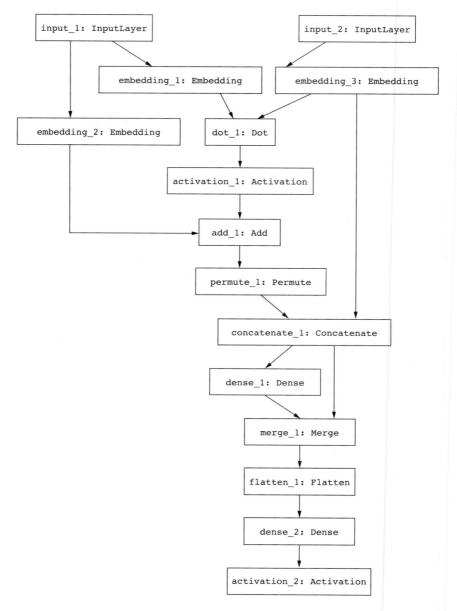

그림 5.9 질의응답에 대한 종단 간 기억망[케라스의 plot_model() 함수로 그려낸 그림]

| 목록 5.9 | **기억망 모델을 하나 만들기**

우리는 훈련용 데이터와 시험용 데이터를 활용해 토크나이
저를 만들고, 토크나이저의 어휘 길이를 다시 보고하는데,
이것을 나중에 가서 우리 임베딩들에서 활용할 것이다.

> 토크나이저를 사용하여 훈련용 데
> 이터와 시험용 데이터를 벡터화하
> 여 훈련용 스토리와 시험용 스토
> 리(사실로 구성된 시퀀스들) 그리
> 고 쿼리의 최대 길이를 보고한다.

```python
def create_model(trainingData, testData, context):

    tokenizer,vocab_size=create_tokenizer(trainingData,testData)

    X_tr,Q_tr,y_tr,max_story_len_tr, max_query_len_tr=
        process_stories_n_context(trainingData,tokenizer,vocab_size,
        use_context=context)
    X_te,Q_te,y_te, max_story_len_te, max_query_len_te=
        process_stories_n_context(testData,tokenizer,vocab_size,
        use_context=context)

    max_story_len=max(max_story_len_tr,
        max_story_len_te)
    max_query_len=max(max_query_len_tr, max_query_len_te)

    X_tr, Q_tr=pad_data(X_tr,Q_tr,max_story_len,
        max_query_len)
    X_te, Q_te=pad_data(X_te,Q_te,max_story_len, max_query_len)

    input = Input((max_story_len,))
    question = Input((max_query_len,))

    A=Embedding(input_dim=vocab_size,
                            output_dim=64)
    C=Embedding(input_dim=vocab_size,
                            output_dim=max_query_len)
    B=Embedding(input_dim=vocab_size,
                            output_dim=64,
                            input_length=max_query_len)

    input_A = A(input)
    input_C = C(input)
    question_B = B(question)

    input_question_match = dot([input_A, question_B],
        axes=(2, 2))
    Probs = Activation('softmax')(input_question_match)

    O = add([Probs, input_C])
    O = Permute((2, 1))(O)
```

> 최대 스토리 길이와 쿼리
> 길이를 결정한다.

> 훈련용 데이터와 시험용 데이
> 터를 일정한 길이로 채운다.

> 여기서 모델을 정의하기 시작한다. 2개
> 의 입력 계층을 지정한다. 하나는 스토
> 리용이고 다른 하나는 질문용이다.

> A, B, C라고 하는 세 가
> 지 임베딩을 정의한다.

> 임베딩을 통해 스토리(input_A, input_C) 및 쿼리 입력(input_B)
> 을 전송하고 단어 인덱스를 지정된 output_dim 차원으로 변환
> 한다. B는 A와 C보다 훨씬 낮은 차원의 출력을 가진다.

> (max_story_len, max_
> query_len) 차원을 사
> 용하여 점곱으로부터
> 확률 계층을 계산한다.

> input_C에 확률을 더하면 O가 된다.

> O를 치환하여 다음 연결 단계로 들어가 (max_
> query_len, max_story_len) 행렬로 바꾼다.

점곱을 통해 스토리(input_A)와 질문(question_B) 간의 정합성을 계산한다.
input_A에는 (max_story_len, 64) 차원이 있고 question_B에는 (max_query_
len, 64) 차원이 있다. 따라서 점곱은 (max_story_len, max_query_len) 차원
을 가지며 이 행렬의 모든 항목은 두 벡터(스칼라)의 점곱으로 구성된다.

O를 임베딩이 된 질문과 연결하여
최종 스토리–질문 쌍을 생성한다.

이 연결 결과를 기반으로 다음 가중값 계
층의 크기를 결정한다. 우리는 스토리–질
문 스칼라 값을 이루고 있는 모든 항목에
대해 하나의 가중값이 필요하다.

```
        final_match = concatenate([O, question_B])

        size=keras.backend.int_shape(final_match)[2]
        weights = Dense(size, activation='softmax')
             (final_match)
```

가중값 행렬은 softmax 활성 함수를 사용한다. 이는 가중값이 [0,1] 범위에
있음을 의미한다. 가중값 final_match 결과는 이 계층을 통해 전송된다.

```
        merged=merge([final_match, weights], mode='mul')
        answer=Flatten()(merged)
```

가중값에 final_match
값을 곱한다. 결과는 하
나의 벡터로 병합된다.

```
        answer = Dense(vocab_size)(answer)
        answer = Activation('softmax')(answer)

        model = Model([input_sequence, question], answer)
        model.compile(optimizer='rmsprop', loss='categorical_crossentropy',
                 metrics=['accuracy'])

        return X_tr,Q_tr,y_tr,X_te,Q_te,y_te,model
```

모델에 대한 입력 및
출력을 지정하고 모
델을 컴파일한다.

최종 Dense 계층은 vocab_size 크기의 벡터를
생성한다. 이 벡터는 레이블이 지정된 데이터로 모
델을 호출하면 응답 벡터로 인스턴스화된다.

이 모델을 케라스 함수인 model.summary()로 요약해 출력하면 이런 내용이 나온다.

Layer (type)	Output Shape	Param #	Connected to
input_1 (InputLayer)	(None, 12)	0	
input_2 (InputLayer)	(None, 3)	0	
embedding_1 (Embedding)	(None, 12, 64)	9472	input_1[0][0]
embedding_3 (Embedding)	(None, 3, 64)	9472	input_2[0][0]
dot_1 (Dot)	(None, 12, 3)	0	embedding_1[0][0] embedding_3[0][0]
activation_1 (Activation)	(None, 12, 3)	0	dot_1[0][0]
embedding_2 (Embedding)	(None, 12, 3)	444	input_1[0][0]
add_1 (Add)	(None, 12, 3)	0	activation_1[0][0] embedding_2[0][0]
permute_1 (Permute)	(None, 3, 12)	0	add_1[0][0]
concatenate_1 (Concatenate)	(None, 3, 76)	0	permute_1[0][0] embedding_3[0][0]
dense_1 (Dense)	(None, 3, 76)	5852	concatenate_1[0][0]

merge_1 (Merge)	(None, 3, 76)	0	concatenate_1[0][0]
			dense_1[0][0]
flatten_1 (Flatten)	(None, 228)	0	merge_1[0][0]
dense_2 (Dense)	(None, 148)	33892	flatten_1[0][0]
activation_2 (Activation)	(None, 148)	0	dense_2[0][0]

```
=================================================================
Total params: 59,132
Trainable params: 59,132
Non-trainable params: 0
```

모델을 처음으로 실행해 보면 0, 2, 4, 6이라는 콘텍스트 크기(개입, 관련성이 없는 사실의 수)에 대해 그림 5.10에 표시된 그래프가 생성된다. 이 그래프는 훈련 중에 케라스가 보고한 에포크당 훈련 정확도(최대 30에포크)를 나타낸다. 우리는 콘텍스트 크기가 훈련 성능에 미치는 분명한 영향을 목격할 수 있다. 콘텍스트가 짧을수록 좋다. 그러나 콘텍스트 값을 2와 4로 정하면 훈련 중에 빠르게 100% 정확도에 도달하는 것도 볼 수 있다.

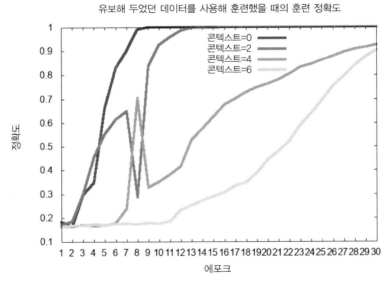

그림 5.10 종단 간 기억망의 콘텍스트 크기에 대해 유보해 두었던 데이터에 대한 훈련 성능(30에포크)

실제 시험용 데이터를 사용해 100에포크에 걸쳐 학습시켜서 콘텍스트 크기별로 얻은 정확도는 다음과 같다(항상 그렇듯이 이 수치는 모델을 실행할 때마다 변동될 수 있음).

- 콘텍스트의 크기 = 0, 시험 정확도 = 100%
- 콘텍스트의 크기 = 2개 사실 (스토리 길이 = 최대 18개 단어) : 시험 정확도 = 100%
- 콘텍스트의 크기 = 4개 사실 (스토리 길이 = 최대 30개 단어) : 시험 정확도 = 100%
- 콘텍스트의 크기 = 6개 사실 (스토리 길이 = 최대 41개 단어) : 시험 정확도 = 99.8%
- 콘텍스트의 크기 = 8개 사실 (스토리 길이 = 최대 52개 단어) : 시험 정확도 = 99%
- 모든 사실 (스토리 길이 = 최대 58개 단어) : 시험 정확도 = 67.7%

이 성과는 RNN을 사용하는 경우보다 훨씬 낫다. 콘텍스트 값이 최대 8인 경우 LSTM
을 사용했을 때 나온 것과 같은 결과가 나온다. 콘텍스트 값이 0인 경우에는 모든 모델이
100% 정확도에 도달하더라도 기억망은 콘텍스트 크기가 증가할 때 성능이 덜 급격하게
감소하고 모든 사실을 사용하는 상황에서 더 나은 점수에 도달한다. 완벽하지는 않지만
종단 간 기억망이 질의응답 작업에서 훨씬 더 잘 수행된다.

그림 5.11에는 우리 데이터를 사용하는 RNN, LSTM, 기억망 간의 차이를 집계한 그래
프가 표시된다. 콘텍스트가 길 때는 기억망이 더 나은 성능을 보여준다. 나열된 콘텍스트
크기는 관련성이 없는 사실들의 개수에 해당한다.

- 1개 관련성이 없는 사실 : 최대 콘텍스트 길이 = 12개 단어

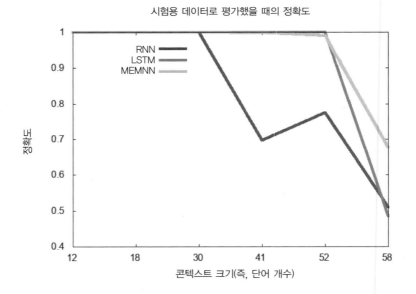

그림 5.11 RNN, LSTM 및 종단 간 기억망에 대한 시험 성능(100회에 걸친 훈련 에포크)

- 2개 관련성이 없는 사실 : 최대 콘텍스트 길이 = 18개 단어
- 4개 관련성이 없는 사실 : 최대 콘텍스트 길이 = 30개 단어
- 6개 관련성이 없는 사실 : 최대 콘텍스트 길이 = 41개 단어
- 8개 관련성이 없는 사실 : 최대 콘텍스트 길이 = 52개 단어
- 모든 사실 : 최대 콘텍스트 길이 = 58개 단어

기억망^{memory networks}은 NLP에 대한 흥미로운 관점을 제공한다. 최근 연구에 따르면 대부분의 NLP 문제가 질의응답 형식으로 변환될 수 있다. 기억망에 대한 적절한 질의응답 결과를 바탕으로, 우리는 다음 장에서 잘 알려진 일련의 다른 순차적 NLP 문제에 기억망을 적용하고 그것이 어떻게 해결되는지 살펴보겠다.

요약

- 기억 용량이 서로 다른 질의응답을 처리하기 위한 세 가지 접근 방식에는 RNN, LSTM 및 종단 간 기억망을 사용하는 것이 포함된다.
- 질의응답의 경우 RNN은 긴 데이터 시퀀스를 기억할 때 LSTM보다 성능이 떨어진다.
- 종단 간 기억망은 질문 표본들, 지지하는 사실들, 질문들에 대한 답변들을 메모리 뱅크에 기억해 두는 방식으로 작동한다.
- 질의응답 분야에서는 종단 간 기억망이 LSTM보다 더 뛰어난 성능을 보인다.

자연어처리를 위한 일화기억

6

이번 장에서 다루는 내용

- 순차적 NLP 문제에 강지도되는 종단 간 기억망 적용하기
- 준지도 훈련을 허용하는 다중 홉 기억망 구현하기
- 강지도 기억망 vs. 준지도 기억망

본질적으로 이번 장에서 우리는 NLP 문제를 질의응답 문제의 한 가지 사례로 다시 표현함으로써 일화기억$^{episodic\ memory}$의 활용 범위를 여러 NLP 문제들로 확장해 보려고 한다. 우리가 이번 장에서 사용할 데이터의 경우 강지도 기억망$^{strongly\ supervised\ memory\ networks}$은 아주 적은 노력으로 쉽게 기준선 이상의 결과를 생성한다. 준지도 기억망$^{semi-supervised\ memory\ netwoks}$은 경우에 따라 더 나은 정확도를 생성하지만 일관성이 없다.

6.1 순차적 NLP를 위한 기억망

여러분은 마지막으로 고양이를 쓰다듬어 준 때를 기억하는가? 오래된 일이 아니라면 그 상황을 상세히 기억해 낼 수 있을 것이다. 또한, 이전의 경험과 지식을 바탕으로 고양이를 쓰다듬는 일이 무엇을 의미하는지, 고양이가 무엇인지를 상식선에서 이해할 수 있을 것이다. 미국의 신경과학자인 래리 스콰이어$^{Larry\ Squire}$(1986)는 인간이 기술이나 행동 패턴을 저

장하는 **절차적 기억**procedural memory(자전거를 탈 때 사용하는 근육기억과 같은)과 반대로 **선언적 기억**declarative memory이라고 불리는 이질적인 유형의 기억 공간 속에 경험(개념, 사실, 사건)을 저장한다는 가설을 세웠다. 인지신경과학자인 엔델 털빙Endel Tulving(1989)에 따르면 절차적 기억은 **의미적**semantic 구성 요소와 **일화적**episodic 구성 요소로 구성된다. 의미기억은 고양이를 구성하는 요소에 대한 원형적 정보처럼 일반적이고 더 추상적인 개념 정보를 저장하는 데 사용된다. 일화기억은 마지막으로 고양이를 쓰다듬은 기억과 같은 개념과 관련된 특정 기억과 개인적인 경험(사실, 사건, 시각)을 저장한다. 그림 6.1을 참조하자.

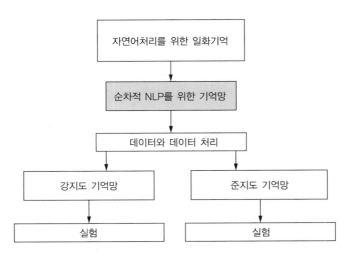

그림 6.1 스콰이어와 털빙의 기억 모형[Squire(1986)와 Tulving(1989) 이후]. 일화기억은 서술기억의 하위 구성 요소이며 장기기억에 속한다.

일화기억의 정확한 구성에 대해서는 많은 것이 불분명하지만[한 가지 예로, 뇌의 특정 위치에 국한되어 기억되는지 아니면 뇌의 곳곳에 분산되어 기억되는지가 불분명하다(Chen 등, 2017)], 일화기억의 일반적인 개념은 5장에 나온 기억망에서 구현해 본 기억 유형에 가장 가깝다. 우리는 **스토리**로 결합된 특정 사건(우리는 이를 **사실**facts이라고 불렀다)에 대한 설명으로 작업했다. 기억망의 질의응답 메커니즘은 일종의 기억한 내용에 대한 접근 기능, 즉 인출 기능을 구현한다. 기억망은 저장된 사실들에 관한 메모리 베이스의 주소를 지정하는 식으로 기억 속에 담긴 관련 사실을 요청하여 분석을 수행한다.

5장에 나오는 종단 간 기억망은 처리 작업을 수행하는 중에 지도 어텐션supervised attention을 적용한다. 훈련 중에 스토리, 질문 및 답변에 직면했을 때 기억망은 제기된 질문에 대한 답을 담고 있는 스토리 중 더 유익한 부분에 집중하는 방법을 학습한다. 이러한 유익한 부분들은 훈련용 데이터 중에서 규정되며, 이 과정은 다음과 같다.

1 Mary moved to the bathroom.

```
2 John went to the hallway.
3 Where is Mary?        bathroom        1
```

이 지도 학습 기제는 많은 NLP 문제에 대한 은유 역할을 할 수 있다. 대부분의 NLP는 일련의 소리나 글에서 맥락적인 정보를 선택하여 해석할 수 있는 수준으로 한 걸음 나아가기 위한 것이다.

이번 장에서는 질의응답 과업으로 표현되는 NLP 데이터에 우리가 만든 기억망을 적용해 볼 것이다(그림 6.2 참조). 5장의 접근법에 맞춰 우리가 구현하는 첫 번째 기술은 **강지도 학습 방식**을 기반으로 한다. 즉, 우리는 질문에 답변하는 데 기여하는 사실들을 우리 두 모델

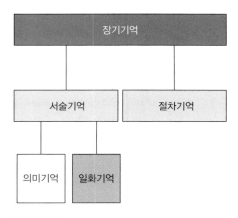

그림 6.2 순차적 NLP 작업에 기억망 사용하기

의 훈련용 데이터 속에 명시적으로 표현하고, 나아가 스토리들과 관련된 레이블들(즉, 결과물들)도 명시적으로 표현한다.

> **참고** 이 방식이 동적 기억망에서 취하는 접근 방식이므로(Kumar 등, 2016), 우리는 대안으로 어텐션 메커니즘^{attention mechanism}(주의 기제)을 사용하여 질문에 답하기 위해 인공신경망이 스스로 관련 사실을 결정하도록 할 수 있다. 이러한 **준지도** 인공신경망은 특정 정보를 확대하고 다른 관련 없는 정보는 사용하지 않는다. 이번 장에서도 준지도 모델을 적용할 것이다.

이 접근 방식의 첫 번째 특징을 제공하기 위해 품사 부착기^{POS tagger}를 질의응답 모듈로 인코딩한다고 가정한다. 품사 부착^{POS tagging} 시에 모호한 단어의 콘텍스트에 있는 단어의 품사는 어휘 속성과 함께 해당 단어의 품사를 결정한다. 예를 들어,

I took a random walk through the park

와 같은 문장에서 다음 단어들은 모호하다.

- Walk (명사 또는 동사)
- Park (명사 또는 동사)

a(어떤 품사인지 명확하다. '한정사'다)와 형용사 **random**의 존재를 감안할 때 **walk**라는 단어는 동사가 될 수 없다. 명사여야 한다. 유사하게, **park**라는 존재는 명사임을 명확히 한다. 이 스토리의 질의응답 표현은 다음과 같다.

```
1 pronoun verb determiner              "I took a"_
2 verb determiner adjective           "took a random"
3 determiner adjective noun_verb      "a random walk"
4 adjective noun_verb preposition     "random walk through"
5 pos noun_verb ? noun 3 4
6 noun preposition determiner         "walk through the"
7 preposition determiner noun_verb    "through the park"
8 determiner noun_verb                "the park"
9 pos noun_verb ? noun 7 8
```

순차적인 NLP 과업을 질의응답 과업으로 바꾸는 방법에 주목하자. 우리는 품사가 부착된 텍스트 위에 움직이는 창을 적용한다. 우리는 이 데이터에서 파생된 어휘를 기반으로 모호성을 다시 생성한다(이 예에서는 데이터에서 **walk** 및 **park**가 명사와 동사로 부착되었다고 가정함). 우리가 제기하는 질문은 이러한 모호성을 해소하여 명확하게 하자는 것이다. 이런 맥락에서 볼 때 명사인지 동사인지 모호한 경우에 지정해야 하는 품사는 무엇인가?

이러한 접근 방식을 사용하려면 사실들이 정확한 순서에 맞춰 나열되었는지를 확인해야 하는데, 이는 엄밀한 순서에 따라 과업을 처리해야 할 때는 정확한 순서가 중요하기 때문이다. 우리의 벡터화 프러시저(5장에 나왔던 프러시저가 다음 목록에 다시 나옴)는 케라스에 내장된 Tokenizer 프러시저 **texts_to_sequences**(https://keras.io/preprocessing/text/ 참조)를 사용하여 수행한다.

| **목록 6.1** | 벡터화

```
def vectorize(s, tokenizer):
    vector=tokenizer.texts_to_sequences([s])
    if vector[0]!='':
        return vector[0]
```

이 프러시저는 입력 내용에 원래 담겨있던 단어 시퀀스에 해당하는 정수의 순서 벡터를 다음과 같이 생성한다.

```
[1, 2, 3, 4, 1, 5, 6]
```

이는 원래 담겨있던 단어 시퀀스가 "the (1) cat (2) jumped (3) over (4) the (1) lazy (5) dog (6)" 꼴이었기 때문이다.

이제 임의의 NLP 데이터를 기억망에서 쓰는 **기본 형식**$^{\text{native format}}$, 즉 **말로 된 질의응답 내용**$^{\text{linguistic Question Answering}}$을 제공하는 질의응답 데이터로 변환하는 방법을 살펴보자.

6.2 데이터 그리고 데이터 처리

우리가 해보려고 하는 실험들에서 우리는 다음 데이터를 사용할 것이다.

- PP 부착(전치사구)을 위한 데이터
- 우리가 앞에서 사용한 적이 있는 네덜란드어 지소사 형성$^{\text{diminutive formation}}$ 데이터
- 스페인어 품사 부착 데이터

이 데이터를 기억망에 필요한 형식, 즉 사실과 질문으로 구성된 질의응

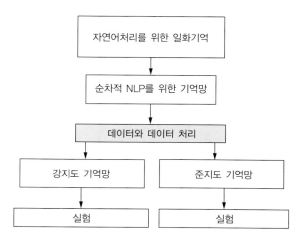

그림 6.3 언어적 질의응답을 위한 데이터 처리

답 과업으로 구성된 데이터를 사용해 어떻게 주무를 수 있는지 살펴보자(그림 6.3).

6.2.1 PP 부착 데이터

자연어에서, 전치사구(전치사 1개와 명사구 1개로 구성된 구)는 다른 단어의 **수식어**^{modifiers}로 사용되는데, 수식어라는 것은 다른 단어(일반적으로 명사나 동사)의 의미를 한정한다 (**규정한다**). 예를 들어,

He ate a pizza with anchovies

라는 문장 속에서 **with anchovies**라는 전치사구는 **ate**가 아닌 명사 **pizza**를 수식하는데, 이는 이 문장이 피자를 먹는 행위에 대해 말하는 문장이 아니라 피자 자체에 대해서 말하는 문

장이라는 뜻이다.

라트나파르키^{Ratnaparkhi} 등(1994)은 PP 부착과 관련해 잘 알려진 벤치마크 데이터셋을 제안했다. 다음은 5열 CSV 파일로 표시되는 이 데이터의 일반적인 항목이다.

```
eats, pizza, with, anchovies, N
```

(단일화된^{simplified}) 전치사구인 **with anchovies**는 명사인 **pizza**를 수식한다. 이 데이터의 엄격한 형식에 주목하자. 모든 항목은 변함없이 동사, 명사, 전치사, 명사와 함께 N(명사) 또는 V(동사) 레이블로 구성된다.

다음 예시,

```
dumped, sacks, into, bin, V
```

에서 **into bin**이라는 PP는 동사인 **dumped**를 수식한다.

또 다른 예로는

```
gives, authority, to, administration, V
```

를 들 수 있는데, 여기서 **to administration**은 명사인 **authority**가 아닌 **gives**를 수식한다.

이 데이터를 기억망에 필요한 질의응답 형식으로 변환해 보자. 첫째, 처음 2개의 '사실들'만 사용해야 한다. 네 가지 특징이 모두 결과 예측과 관련이 있는 것은 아니다. 사실은 '기억들'로 인코딩된다는 점을 상기하자. 우리는 더 풍부한 사실들을 얻기 위해 질문에 포함된 단어를 품사와 함께 제공할 수 있다. 또한 이 데이터의 첫 번째 단어는 항상 동사이고 두 번째 단어는 명사이다.

```
1 fetch V.
2 price N.
```

둘째, 우리의 질문에는 그러한 기억으로부터 반응을 불러일으키기 위한 정보가 포함되어야 한다. 이를 수행하는 한 가지 방법은 질문 속에 전치사구를 나열하는 것이다.

```
attach of profit ? N 1 2
```

이것은 "**of profit**이라는 전치사구에 어떤 품사를 부여해야 할까? 답 : 명사를 붙이면 되는

데, 이는 사실 1과 2에 근거한 것이다."라는 식으로 읽는다. 따라서 이 예제의 전체 스토리
는 다음과 같다.

```
1 fetch V.
2 price N.
3 attach of profit? N 1 2
```

이 대화를 수행하기 위한 함수는 다음과 같다.

| **목록 6.2 |**   PP 부착 데이터를 bAbI 서식으로 변환하기

```
def babify_pp(fname):
    inp=open(fname,"r")
    for line in inp:
        m=re.match("^(.+),([^,]+)$",line.rstrip())
        if m:
            features=m.group(1).split(",")
            label=m.group(2)
            n=1
            print "1 %s V." %(features[0])
            print "2 %s N." %(features[1])
            pp_str=features[2] +' ' + features[3]
            print "%d attach %s? \t%s\t%s" %
              (n,pp_str,label, ' '.join([str(x) for x in range(1,3)]))
    inp.close()
```

전치사(PP) 부착 데이터를 사용해 파일 열기

정규식을 사용해 일치 여부를 따지는 식으로 쉼표로 구분된 단어 시퀀스("fetch,price,of,profit" 같은 것)를 찾는다.

단어 문자열을 쉼표를 기준으로 별도의 단어로 나누고 레이블(전치사를 부착해야 하는 품사)을 할당한다.

처음 두 단어를 품사와 함께 사실로 인쇄한다.

질문을 화면에 표시한다.

6.2.2 네덜란드어 지소사 데이터

네덜란드어의 형태학적 지소사를 형성했던 과업을 다시 떠올려 보자.

```
=,=,=,=,+,k,e,=,-,r,@,l,T    "kerel=>kereltje" (small man)
=,=,=,=,+,l,I,=,-,x,a,m,P    "lichaam=>lichaampje" (small body)
=,=,=,=,=,=,=,=,+,tr,A,p,J   "trap=>trapje" (small stairs)
...
```

여기에는 12개의 운율적 특징과 형태학적 특징이 있다.

참고 TiMBL 설명서(http://languagemachines.github.io/timbl)에 명시된 바와 같이 이러
한 특징들은 "음절에 강세가 있는지 여부(− 또는 + 값), 음절의 모음 부분(음절의 핵심
부분) 앞에 나오는 자음 문자열(초성), 음절의 모음 부분(중성) 및 모음 뒤에 나오는 부분

(종성)을 나타낸다. 특징값이 없을 때마다(예 : 음절에 초성이 없거나 명사의 음절이 3음절 미만인 경우) '='값이 사용된다. 예측할 클래스는 E(-etje), T(-tje), J(-je), K(-kje) 또는 P(-pje)이다."를 가리킨다.

어떻게 해야 이 과업을 질의응답 과업으로 전환할 수 있는가? 이 데이터에 대한 적절한 표현은 모든 특징을 하나의 사실에 넣는 단일 사실 표현인 것으로 밝혀졌다.

> **연습**
>
> '창 처리를 한 표현들을 생성하기' 같은 여러 가지 다른 구성을 실험해 보자. 이번 장의 실험에 대해 나열된 결과와 비교하여 가장 잘 작동하는 표현은 무엇인가?

우리의 토크나이저가 음소 문자들을 무시하고 정수 값을 할당하지 않기 때문에 우리는 데이터에 들어있는 특수 음소 문자(예 : =, +, −, @, {, })를 특별히 주목해야 한다. 이러한 기호들이 토큰화 과정에서 지워지지 않도록 하기 위해 다음에 나오는 기호들을 대안이 되는 레이블로 대체한다.

- + ⇒ plus
- = ⇒ eq
- − ⇒ dash
- @ ⇒ schwa (**about** 발음 시 **a** 자에 해당하는 소리'에 대한 음소 기호)
- { ⇒ lbr. (이는 왼쪽 중괄호[left bracket]의 약어임)
- } ⇒ rbr. (이는 오른쪽 중괄호[right bracket]의 약어임)

이는 이전 예제의 다음 표현으로 이어진다.

```
1 eq eq eq eq plus k e eq dash r schwa l.
2 suffix l?      T           1


1 eq eq eq eq plus l I eq dash x a m.
2 suffix m?      P           1


1 eq eq eq eq eq eq eq eq plus tr A p.
2 suffix p?      J           1
```

예를 들어, 첫 번째 질문

```
2 suffix l? T 1
```

은 "사실 1에 근거하여 l에 붙일 접미사는 무엇인가? 답 : T."라는 뜻이다. 다음에 나오는
코드 목록은 이 변환을 수행한다.

| 목록 6.3 | 네덜란드어 지소사 데이터를 bAbl 형식으로 변환하기

```
def babify_dimin(fname):
    f=open(fname,"r")
    for line in f:
        features=line.rstrip().split(",")
        label=features.pop()              우리의 대체 항목을 보
        fA=[]                             관할 배열을 정의한다.
        for feature in features:          배열을 대체 항목
            if feature=="=":              으로 채운다.
                feature="eq"
            elif feature =="-":
                feature="dash"
            elif feature=="+":
                feature="plus"
            elif feature=="@":
                feature="schwa"
            elif feature=='{':
                feature="lbr"
            elif feature=='}':
                feature="rbr"
            fA.append(feature)            (한 가지) 사실을
        print "1 %s."%(' '.join(fA))       화면에 표시한다.
        print "2 suffix %s? \t%s\t%s"%(fA[-1],label,"1")   질문을 화면에
    f.close()                             표시한다.
```

6.2.3 스페인어 품사 데이터

컴퓨터 연산을 이용한 자연어 학습에 관한 연례 SIGNLL 회의인 CoNLL(www.conll.org)은
훈련용 데이터셋 및 시험용 데이터셋과 더불어 연간 NLP 벤치마크를 게시한다. CoNLL
2002에 게시된 것 중에서도 우리는 개체명 인식 작업으로부터 나온 스페인어 품사 데이터
(www.clips.uantwerpen.be/conll2002/ner)를 사용한다.

```
l DA O
Abogado NC B-PER
General AQ I-PER
del SP I-PER
Estado NC I-PER
, Fc O
Daryl VMI B-PER
Williams NC I-PER
, Fc O
subrayó VMI O
hoy RG O
la DA O
necesidad NC O
de SP O
tomar VMN O
medidas NC O
para SP O
proteger VMN O
al SP O
sistema NC O
judicial AQ O
australiano AQ O
...
```

여기서, 두 번째 열은 첫 번째 열에 대한 품사 레이블로 구성되며, 마지막 열은 이름이 부여된 엔터티$^{named\ entity}$(원래 뜻을 직역하면 '이름이 부여된 존재'이지만, 흔히 '개체명'으로 번역한다. 다만, 이 문장에서는 원래 뜻을 드러내야 했다. −옮긴이)의 시작(B-PER, **B**는 개체명의 **시작 부분**^{Begin}을 의미)이라는 구문 정보를 나타내며, 이름이 부여된 엔터티로 존재(I-PER, **I**는 개체명의 **내부 부분**^{Inside}을 의미)함을 나타내거나, 엔터티가 아닌 존재(**O**는 개체명이 **아닌 부분**^{Outside}을 의미)를 나타낸다. (이런 식으로 개체명에 B, I, O 중 하나를 부착하는 방식을 BIO 표현 또는 BIO 부착이라고 부른다. −옮긴이) 우리는 이 데이터의 처음 두 열만 사용한다.

목록 6.4의 다소 복잡해 보이는 프러시저에서는 이 데이터를 3개 품사로 구성된 1개 창을 사용해 bAbI 형식으로 변환한다. 먼저 모호성(어떤 단어의 품사가 여러 개인 경우가 이에 해당)을 저장하기 위한 어휘집을 만든 다음, 데이터에 창을 적용한다. 지정된 초점 위치(3개 칸^{cell}으로 이뤄진 창 안의 고정된 칸. 우리 사례에서는 중간에 자리 잡은 칸이 이에 해당)에 대해 말하자면, 이것은 결국 발생하게 될 모호성과 이에 대한 해결책을 나열한다. 모호성을 마주하게 될 때마다, 이 프러시저는 현재 창과 이전 창으로 구성된 스토리를 구성하고 새로운 스토리를 시작한다.

| 목록 6.4 | 스페인어 품사 데이터를 bAbl 형식으로 변환하기

```
def babify_conll02(fname):
    f=open(fname,"r")                      우리 데이터 속에 있는 단어들에 품사
    Lex={}                                 를 할당하는 딕셔너리를 1개 정의한다.
    for line in f:
        if re.match(".+DOCSTART.+",line):
            continue
        m=re.match("^([^\s]+)\s+([^\s]+)\s+(.+)$",line.rstrip())
        if m:                                              각 줄을 단어들과 품사
            word=m.group(1)                                들로 분리하고, 어휘집에
            pos=m.group(2)                                 그 조합을 저장한다.
            if word in Lex:
                if pos not in Lex[word]:        모호성(2개 이상의 품사를
                    Lex[word].append(pos)       받는 단어)을 추적한다.
            else:
                Lex[word]=[pos]
    f.seek(0)                       입력 파일을 되감는다. 우리는 데이터를
                                    다시 한번 처리할 것이다.
    ngramsize=3
    focus=1                         초점 위치 정의 : 질문에서 다루는 단어 위치. 이는 단어가 모호한
    story=""                        경우에만 발생한다. 모호하지 않은 단어는 해결할 필요가 없다.
    for line in f:
        if re.match(".+DOCSTART.+",line):
            continue
        if re.match("^\s*$",line.rstrip()):    데이터에 들어있는 빈 줄은 문장의 끝을
            ngrs=ngrams(story,ngramsize)       나타낸다. 이것은 현재 문장을 스토리
            n=1                                로 전환하는 발사 단추 같은 것이다. 스
            ambig=False                        토리에 대해 지정된 크기(3)의 엔그램을
            for ngr in ngrs:                   생성하는 것으로 시작한다.
                fact="%d"%(n)
                i=0
                for w in ngr:
                    word_plus_pos=w.split("#")
                    word=word_plus_pos[0]
                    pos=word_plus_pos[1]
                    lex_pos='_'.join(Lex[word])    초점 위치에서 모호함
                    if i==focus:                   이 있는지 확인한다.
                        fact+=" %s"%(lex_pos)
                        if '_' in lex_pos:
                            ambig=True
                            unique_pos=pos
                            ambig_word=word
                            ambig_pos=lex_pos
                    elif i==ngramsize-1:
                        fact+=" %s."%(lex_pos)
```

엔 그 램 의 크기(3)를 정의한다.

우리 스토리 속 모든 엔그램 (3개의 품사)에 대해 새로운 사 실을 시작한다.

사실을 화면 에 표시한다.

```
                                print fact
                        else:
                                fact+=" %s"%(lex_pos)
                        i+=1
                if ambig:
                        n+=1
                        ambig=False
                        if n>2:
                                print "%d pos %s? \t%s\t%d %d"%(n,ambig_pos,
                                ➥ unique_pos,n-2,n-1)
                        else:
                                print "%d pos %s? \t%s\t%d"%(n,ambig_pos,
                                ➥ unique_pos,n-1)
                        n=0

                n+=1
                story=""
        else:
                m=re.match("^([^\s]+)\s+([^\s]+)\s+(.+)$",line.rstrip())
                if m:
                        story+=m.group(1)+"#"+m.group(2)+" "
        f.close()
        exit(0)
```

모호함을 발견한 경우 답변과 함께 질문을 화면에 표시한다(모호성을 제거한 품사인 unique_pos).

다음은 몇 가지 샘플 출력이다.

```
1 DA NC AQ.
2 NC AQ SP.
3 AQ SP NC.
4 SP NC Fc.
5 NC Fc VMI.
6 Fc VMI NC_AQ.
7 VMI NC_AQ Fc.
8 pos NC_AQ?    NC       6 7
```

밑줄을 사용하여 모호성을 가리키는 방법에 주목하자. 이 스토리에서 NC_AQ는 6과 7이라는 두 가지 사실을 기반으로 해서 NC에 대한 모호성을 해소한다.

6.3 강지도 기억망 : 실험 및 결과

이제 5장의 강지도 기억망으로 변환된 NLP 데이터에 대한 실험을 실행할 준비가 되었다(그림 6.4).

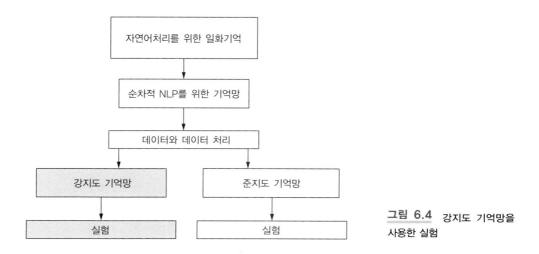

그림 **6.4** 강지도 기억망을 사용한 실험

6.3.1 전치사[PP] 부착

먼저 우리는 처리된 PP 부착 데이터에 대해 5장에서 기억망을 실행한다. 우리는 이 인공신경망을 30회 반복 학습하게 하며, 이것을 시험용 데이터에 적용하면 다음과 같다.

시험 손실 / 시험 정확도 = 0.4298 / 0.8162

이 정확도는 이 데이터셋에 대해 훨씬 더 복잡한 방법으로 얻은 평균 및 기준선 이상의 결과와 같다(Zavrel 등, 1997). 우리는 GloVe(3장)와 같은 외부 단어 임베딩에 의존하여 이러한 결과를 가속화할 수 있지만 여기서는 이를 추구하지 않을 것이다.

> **연습**
> 사전 훈련 임베딩(pretrained embeddings)이나 실시간 임베딩(on-the-fly embeddings)을 사용하여 결과를 개선할 수 있는가?

6.3.2 네덜란드어 지소사

단일 사실 지소사 bAbI 데이터에서 기억망을 실행하면 다음 결과가 달성된다.

시험 손실 / 시험 정확도 = 0.1800 / 0.9137

이것 자체만으로는 놀랄 만한 결과가 아니다. 정확도가 95% 이상이어야 좋은 결과라고 할 수 있다. 그러나 긍정적인 측면에서 보자면, 우리는 거의 또는 전혀 노력하지 않은 채 기준선을 넘어서는 결과를 얻고 있다(기준선이 되는 결과는 약 86%이다. http://languagemachines.github.io/timbl에 나오는 TiMBL 설명서를 참조하자). PP 데이터와 마찬가지로 적절하게 가공한 임베딩을 통해 결과가 개선될 수 있다고 가정하는 편이 더 타당해 보인다.

> **연습**
>
> 훈련용 데이터를 기반으로 실시간 임베딩을 사용하여 결과를 개선할 수 있는가? 구체적으로 말하자면, 쉼표로 구분된 시퀀스들을 준문장(quasi-sentences)(문장에 준하는 것−옮긴이)으로 바꾸고 이 모든 문장을 하나의 말뭉치로 모은 다음에 훈련용 데이터를 기반으로 Word2Vec 임베딩을 생성해 보자는 말이다. 이럴 때 2장에 나왔던 Word2Vec 코드를 적용하면 임베딩을 도출해 낼 수 있다. 그러고 나서 이 임베딩을 기억망에서 사용해 보자는 말이다.

6.3.3   스페인어 품사 부착

스페인어 데이터를 사용하여 30회 반복 훈련을 한 후에 우리는 다음 점수를 얻었다.

시험 손실 / 시험 정확도 = 0.3104 / 0.9006

우리의 품사 부착기는 매우 단순해서 세 가지 품사에만 집중하고 어휘 측면은 무시한다. 이런 관점에서 볼 때 90%가 넘는 결과 보고 점수는 적절해 보이지만, 언어적인 측면에서 볼 때 더 풍부한 사실들을 통합하는 식으로 개선해 볼 여지가 있다.

일반적으로 스토리별로 나열된 사실들이 자동화된 데이터 생성 루틴에 의해 어떻게 생성되는지에 주목하자. 수작업 방식으로 개입하는 일(사실들을 명시해서 레이블을 지정하는 일)이 처리 과정의 한 부분이 전혀 아니고, 수작업 방식이 경우에 따라서는 성능을 저하시킬 수도 있으므로, 수작업 방식을 선택할지 아니면 자동화된 데이터 생성 루틴을 사용할지는 설계 시 선택해야 할 사항인 것이다.

결론적으로 말하자면, 일반적으로 5장에서 구현한 기억망은 사실상 처리 비용 없이 세 가지 NLP 작업에서 평균 성능을 산출한다.

6.4 준지도 기억망

지금까지, 우리의 기억망은 일화기억 공간^{episodic memory bank}(일화기억을 위한 메모리 뱅크)에 저장된 사실에 대한 단일 인출 경로를 사용했으며, 지도 학습 방식으로 질문에 답하기 위해 관련 사실들을 명시적으로 제공받았다. 인공신경망이 어떤 사실들이 결과를 예측하는 데 중요한지 자체적으로 파악하고, 사실과 질문과 답변을 요청하지만 질문에 대한 답변과 관련된 사실들을 선택하는 일은 요청하지 않는 시나리오, 즉 준지도 학습 시나리오(그림 6.5)로 우리가 전환할 수 있을까? 이렇게 하면 훈련용 데이터에 수작업으로 주석을 다는 부담을 확실히 줄일 수 있다.

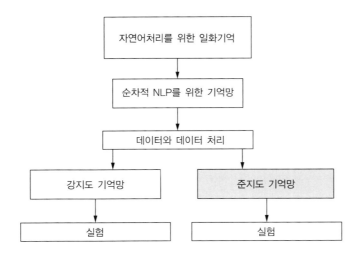

그림 6.5 준지도 기억망 : 관련 사실 찾기에 주의를 기울이는 방법

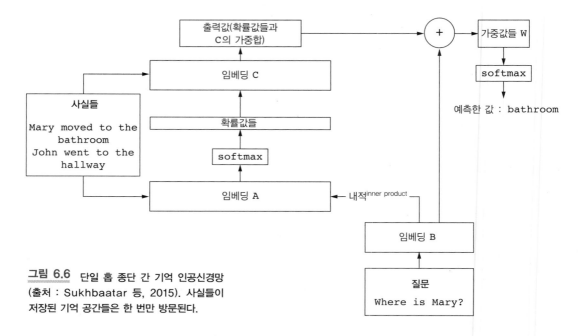

그림 6.6 단일 홉 종단 간 기억 인공신경망
(출처 : Sukhbaatar 등, 2015). 사실들이
저장된 기억 공간들은 한 번만 방문된다.

기억망은 질문에 답하기 위한 특정 사실의 중요성을 표현하는 확률 계층을 추정한다는 점을 상기하자. 이러한 인공신경망의 현재 우리 응용들(5장 및 그림 6.6 참조)에서 우리는 이러한 확률들을 추정하기 위해 반복하지 않는 접근 방식을 사용하고 있다.

확률 계층인 Probabilities는 인공신경망이 전반적으로 훈련을 받는 중에 훈련을 받게 되는데, 질문에 대해 사실을 여러 번 노출함으로써 국소적으로는 확률을 더 잘 추정할 수 있는 곳에서는 여분의 설비를 추가하는 것이 타당할 것이다. 이러한 노출을 **홉**[hop](껑충 뛰기)이라고 하는데, 우리는 입력된 질문에 대한 반응을 수집할 때 사실들을 전반적으로 한 번 이상 홉 한다. 여러 번 홉을 하게 되면 확률을 더 잘 추정할 수 있고 결과적으로 더 나은 결과를 얻을 수 있다. 이 아이디어는 Sukhbaatar 등(2015)의 논문에서 제안되었다(그림 6.7 참조). 우리는 이 논문을 기반으로 지금까지 사용한 단일 홉[single-hop] 접근 방식을 다중 홉[multi-hop](3홉) 접근 방식으로 확장할 수 있다.

그림 6.7을 보면, '질문'에서 시작하여 그림 위쪽으로 시선을 옮기면 임베딩 B에 의해 질문이 임베딩되는 방법을 볼 수 있다. 그런 후에 결과가 단일 홉 인공신경망(그림 6.6)과 동일하게 처리되지만, 한 행당 한 번 처리하고 마는 것이 아니라 연속해서 세 번에 걸쳐 처리한다.

1. 질문은 사실 벡터와 정합한다(임베딩 A를 통해).

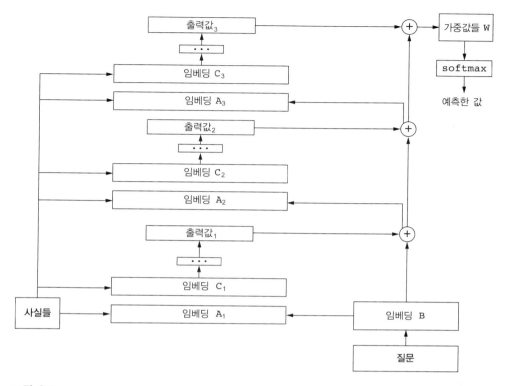

<u>그림 6.7</u> 3홉 기억망[원본 그림을 보고 싶다면 Sukhbaatar 등(2015) 참조]. 기억 공간은 여러 번(홉 단위로) 방문되어 사실과 질문 사이의 정합 확률을 더 잘 추정할 수 있다.

2. 결과는 확률 벡터 출력으로 변환되며, C를 임베딩할 때마다 결과에 추가되고 응답 벡터도 임베딩된다(자세한 내용은 5장 참조). 이러한 확률은 모든 홉 동안 재추정되며 모든 홉은 단일 홉 버전과 동일한 정합 단계를 구현한다.

3. u 변수들(인코딩된 질문과 입력의 정합성을 반영)은 인코딩된 입력을 확률들(그림 6.7 에는 표시되어 있지 않음. 이것들을 계산하는 방법에 대해서는 그림 6.6에 나오는 단일 홉 그림을 참조)과 결합하는 출력 변수와 함께 증분된다(더하기를 나타내는 + 기호를 통해).

4. p 확률은 모든 홉 동안 재추정되며 모든 홉은 단일 홉 버전과 동일한 정합 단계를 구현한다.

임베딩 A와 C는 그림 속에서 서로 다른 첨자를 지니고 있으며 서로 다른 임베딩일 수 있지만, Sukhbaatar 등(2015)은 이러한 단계를 거치는 동안 같은 것을 가지고 A와 C로 재사용해도 괜찮을 거라고 말한다. 다시 요약하자면, 우리는 임베딩된 답변들(사실들)을 사용해 정합 항목 한 가지에 질문을 여러 번 노출한다.

확률 계층을 반복적으로 정제하는 인공신경망 구성 프러시저(**create_model**)에 루프를 삽입하여 겉보기에 복잡해 보이는 이 작업을 구현한다. 기억망에 대한 모델 생성 코드는 5장을 참조하자. 다음 목록에는 새로 추가된 루프가 강조되어 있다.

| 목록 6.5 | **다중 홉 기억망 구현하기**

```python
def create_model(trainingData, testData, context):
    tokenizer,vocab_size=create_tokenizer(trainingData,testData)

    X_tr,Q_tr,y_tr,max_story_len_tr, max_query_len_tr=process_stories_n_
    ➥ context(trainingData,tokenizer, vocab_size,use_context=context)
    X_te,Q_te,y_te, max_story_len_te, max_query_len_te=process_stories_n_
    ➥ context(testData,tokenizer, vocab_size,use_context=context)

    max_story_len=max(max_story_len_tr, max_story_len_te)
    max_query_len=max(max_query_len_tr, max_query_len_te)

    X_tr, Q_tr=pad_data(X_tr,Q_tr,max_story_len, max_query_len)
    X_te, Q_te=pad_data(X_te,Q_te,max_story_len, max_query_len)

    input_facts = Input((max_story_len,))
    question = Input((max_query_len,))

    # A
    A= Embedding(input_dim=vocab_size,
                            output_dim=64)
    # C
    C=Embedding(input_dim=vocab_size,
                            output_dim=max_query_len)
    # B
    B=Embedding(input_dim=vocab_size,
                            output_dim=64,
                            input_length=max_query_len)

    input_A = A(input_facts)
    input_C = C(input_facts)
    question_B = B(question)

    input_question_match = dot([input_A, question_B], axes=(2, 2))
    Probs = Activation('softmax')(input_question_match)


    size=keras.backend.int_shape(input_C)[2]
```

```
# 루프 시작
max_hops=2                      ─ 우리는 모델이 만들어야
                                  하는 홉 수를 정의한다.

if max_hops==0:                 ─ 우리가 제로 홉을 선택하면, O 결과
    O = add([Probs, input_C])     를 한 번은 생성해야 한다(5장 참조).

                                  임베딩 C에 의해서 인코딩된 입력에 선형
                                  맵을 적용한다[자세한 내용을 알고 싶다면
for i in range(max_hops):         Sukhbaatar 등(2015)을 참고하자].
    input_C=Dense(size)(input_C)
    O = add([Probs, input_C])   ─ 이전 단계의 인코딩된 선형 변환
                                  입력에 현재 확률 계층을 추가한다.
    input_question_match = dot([input_A,
     ➡ question_B], axes=(2, 2))
                                  ─ O 결과를 정합된
    input_question_match = add([input_question_match,O])  내용에 추가한다.
    Probs = Activation('softmax')(input_question_match)
# 루프 끝                        ─ 새 확률을 계산하
                                  고 종료될 때까지
O = Permute((2, 1))(O)            이전 단계를 반복
final_match = concatenate([O, question_B])  한다.
size=keras.backend.int_shape(final_match)[2]
weights = Dense(size, activation='softmax')(final_match)
merged=merge([final_match, weights], mode='mul')
answer=Flatten()(merged)
answer=Dropout(0.3)(answer) # ADDED 25.03
answer = Dense(vocab_size)(answer)  # (samples, vocab_size)
answer = Activation('softmax')(answer)
model = Model([input_facts, question], answer)
model.compile(optimizer='rmsprop', loss='categorical_crossentropy',
        metrics=['accuracy'])

model.summary()

return X_tr,Q_tr,y_tr,X_te,Q_te,y_te,model
```

그림 왼쪽 주석: 그렇지 않으면 max_hops 변수에 지정된 값만큼 루프를 돌아야 한다. / 5장에서 그랬던 것처럼 질문과 입력을 정합시킨다.

create_model 프러시저는 모든 사실을 맹목적으로 사용하기 위해 콘텍스트에 대해 −1 값을 받아야 한다(5장 참조).

　모델 구조에 대한 이 루프의 결과를 살펴보자. 그림 6.8에서 우리는 표준 단일 홉 모델을 볼 수 있다. 모델의 소스코드는 5장(목록 5.9)을 참조하자.

　참고로 말하자면, add_1 노드는 임베딩 C의 결과와 p 확률들이 결합된 곳이다. concatenation 노드는 임베딩된 질문을 그림 6.6에 나오는 가중합과 연결한다.

　이를 그림 6.9에 표시된 우리 모델의 3홉 버전과 비교하자. 분명히 더 복잡해지는 면이 있다. 예를 들어, 두 번째 모델은 반복적인 덧셈들을 표시한다(단일 홉 모델에서는 하나가

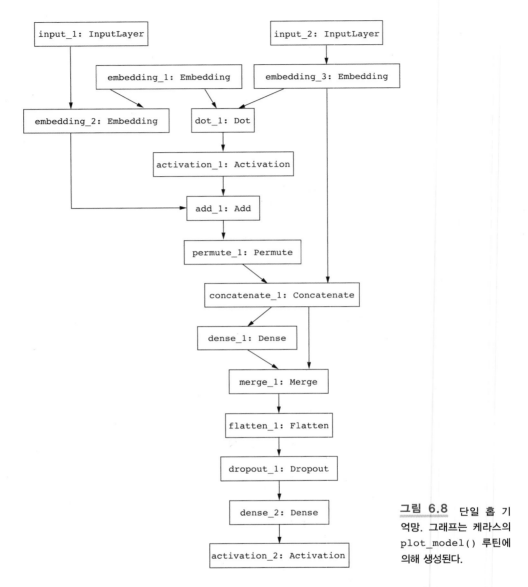

그림 6.8 단일 홉 기억망. 그래프는 케라스의 `plot_model()` 루틴에 의해 생성된다.

아니라 3개). 추가된 복잡성은 Concatenate 노드의 위쪽과 3개의 Embedding 노드 바로 아래 사이에 있다.

연습

그림 6.9에 나오는 3홉 그래프에서 그림 6.7의 그림과 목록 6.5의 코드로 되돌아가 생각해 보자. 여러분은 그림 6.7에 나오는 그림을 그림 6.9 및 목록 6.5와 연관시킬 수 있는가?

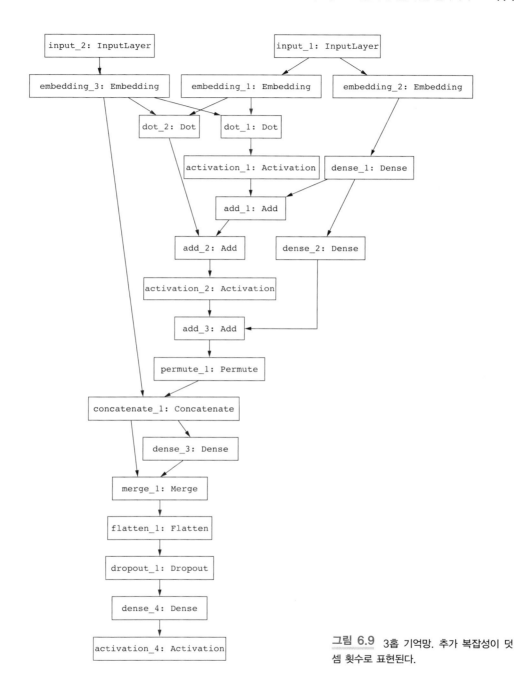

그림 6.9 3홉 기억망. 추가 복잡성이 덧셈 횟수로 표현된다.

6.4.1 준지도 기억망 : 실험 및 결과

준지도 인공신경망을 사용한 실험 결과를 살펴보자(그림 6.10). 먼저 bAbI 데이터에 준지도 다중 홉 모델을 적용해 보자. 우리는 bAbI 데이터셋에서 추론 작업인 'indefinite

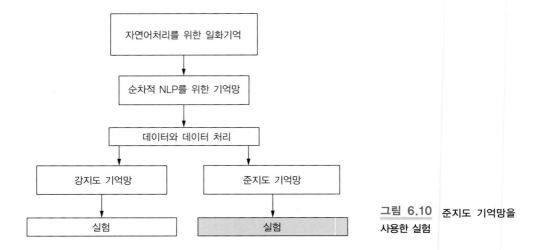

그림 6.10 준지도 기억망을 사용한 실험

knowledge(무한 지식)' 과업을 선택한다(Weston 등, 2015). 이 과업은 명확한 답변이 불가능한 경우와 답변이 있는 경우라는 두 가지 경우가 분리되어(**또는** 포함되어) 구성된 '무한한' 사실들을 기반으로 추론하는 일에 관한 것이다.

```
1 Fred is either in the school or the park.
2 Mary went back to the office.
3 Is Mary in the office? yes 2
4 Bill is either in the kitchen or the park.
5 Fred moved to the cinema.
6 Is Fred in the park? no 5
7 Fred is in the office.
8 Bill moved to the cinema.
9 Is Bill in the cinema? yes 8
10 Bill is in the park.
11 Bill is either in the office or the kitchen.
12 Is Bill in the office? maybe 11
13 Bill is either in the cinema or the park.
14 Mary moved to the park.
15 Is Bill in the park? maybe 13
```

이 데이터에 대해 우리가 3홉 인공신경망을 훈련하고 실행할 때(훈련 반복 횟수 300회), 우리는 1홉당 77.10%의 정확도를 얻었고

```
시험 손실 / 시험 정확도 = 0.5571 / 0.7710
```

3홉에 대해 88.3%의 상당히 향상된 정확도를 얻었다.

시험 손실 / 시험 정확도 = 0.3221 / 0.8830

이것은 기억과 관련해 다중 홉에 이점이 있을 수 있음을 보여준다. Sukhbaatar 등(2015)은 많은 bAbI 과업에 대해 유사한 정확도 향상을 보고한다.

다음으로 우리는 bAbI 과업 중 'two-argument relations(두 인수 관계)'로 전환한다(Weston 등, 2015). 이 작업은 첫 번째 스토리에서 **kitchen**과 **office** 같은 두 인수(엔터티) 간의 지리적 관계를 모델링한다.

```
1 The office is north of the kitchen.
2 The garden is south of the kitchen.
3 What is north of the kitchen? office 1
1 The kitchen is west of the garden.
2 The hallway is west of the kitchen.
3 What is the garden east of? kitchen 1
1 The garden is north of the office.
2 The bedroom is north of the garden.
3 What is north of the garden? bedroom 2
```

2홉에 대해 인공신경망(100회 반복 훈련)은 다음을 생성한다.

시험 손실 / 시험 정확도 = 0.3993 / 0.7510

그리고 3홉에 대해 우리는 다음을 얻게 된다.

시험 손실 / 시험 정확도 = 0.3739 / 0.7950

다중 홉 인공신경망을 PP 및 작은 데이터에 적용해도 개선되지 않으며 때로는 정확도가 저하되기도 한다. 스페인어 품사 데이터의 경우 30번에 걸쳐 반복해서 훈련을 한 후에도 이전에 단일 홉 인공신경망에서 시험한 적이 있는 3홉에 비해 아주 약간 개선될 뿐이다.

시험 손실 / 시험 정확도 = 0.2942 / 0.9023

Sukhbaatar 등(2015)이 지적했듯이, 많은 경우 준지도 접근법은 강지도 접근법보다 (훨씬) 더 나쁜 성능을 발휘한다. 그리고 꽤 많은 경우에 다중 홉을 추가해도 정확도가 향상되지 않고 때로는 성능이 저하되기도 한다.

참고   다중 홉 인공신경망은 강지도에 의존하지 않는 이점을 제공하는데, 단일 홉 인공신경망에 비해 많은 경우 성능이 향상되지만 홉당 일관된 품질 향상을 제공하지 않는다. 거의 모든 경우에 준지도 기억망의 성능은 강지도 기억망의 성능과 동등하지 않다.

준지도 기억망은 강지도 기억망보다 정확도가 떨어지지만, 많은 경우에서 복잡성이 덜하고 상당히 정확한 해를 제공한다. 마찬가지로 강지도 기억망의 데이터는 이미 사용 가능한 NLP 데이터에서 상대적으로 쉽게 생성할 수 있다. 여러분은 여러 과업에 대해 이 데이터를 생성하는 방법을 살펴보았다. 스토리당 사실 표현의 개수는 설계 시 선택할 사항으로 귀결되며 이 선택 결과에 따라 성능이 떨어질 수도 있다. 이러한 인공신경망들의 성능이 항상 최첨단 수준일 수는 없겠지만 그럼에도 불구하고 NLP 훈련용 데이터의 해석 가능성과 유지 관리가 중요한 많은 실제 응용 시나리오에서 고려해 볼 만하다.

확률들을 신경망 속으로 분해해 넣는다면 우리 데이터의 여러 측면에 가중값을 부여(강조)할 수 있기 때문에, 우리는 신경망이 특정 부분에 **주의력**을 기울이게 할 수 있다. 이것을 신경망 기반 어텐션attention이라고 부르며, 이는 보편적인 연구 주제다. 신경망을 지도하는 데 드는 노력을 줄이는 측면에서 우리가 이러한 기술로부터 이익을 얻을 수 있는지 여부를 확인하기 위해 이러한 기술에 눈을 돌릴 때다. 이것이 다음 장의 주제이다.

요약

- 기억망을 사용하면 질의응답을 메타포 형태로 구현할 수 있으므로, 우리는 질의응답을 넘어 NLP 과업에도 기억망을 적용할 수 있다.
- 기억망을 사용하면 약간의 노력을 기울이는 것만으로도 기본 수준을 넘는 결과를 생성할 수 있다.
- 다중 홉 기억망은 일반적으로 단일 홉 인공신경망에 비해 결과를 향상시킨다.
- 강지도 학습을 받은 기억망은 일반적으로 준지도 학습을 받은 기억망보다 성능이 우수하지만 일관성을 보이지는 않는다.

고급 주제

3부에서는 신경 어텐션을 소개하는 일부터 한다. 7장에서는 간단한 형태의 어텐션이 모델을 어떻게 개선하고 이러한 모델이 데이터로 수행하는 작업에 대한 이해를 어떻게 향상시킬 수 있는지 보여준다. 8장에서는 여러 작업을 동시에 학습하는 방법인 다중작업 학습에 관한 개념을 소개한다. 이는 관련된 여러 가지 과업을 학습하는 데 도움이 될 수 있는 기술이다. 9장에서는 BERT와 그 경쟁자인 XLNet을 포함한 트랜스포머를 소개한다. 10장에서는 BERT를 실습하고 BERT가 생성하는 임베딩을 검사한다.

7 어텐션

> **이번 장에서 다루는 내용**
>
> - MLP 및 LSTM에서 어텐션 구현하기
> - 어텐션을 사용하여 딥러닝 모델의 성능을 높이기
> - 입력 데이터에 연결된 어텐션 패턴을 강조 표시하여 모델 결과를 설명하기

7.1 신경 어텐션

신경인지 분야에서 **주의력**[attention]은 활용할 수 있는 계산 자원이 제한된 상황에서 인지적으로 초점을 맞추는 방식 중 한 가지 형태라고 정의한다. 뇌는 강력하지만 무엇인가를 인지하는 도중에 주의력이 산만해지기 쉽고 관련 없는 특정 정보를 차단하는 경향이 있다. 예를 들어, 우리가 직장에서 격렬한 전화 통화를 하고 있다면 우리는 통화 관련 맥락과 상관없이 동료가 일으키는 자극을 차단한다. 반면 어려운 인지 작업에 집중하고 있는데 누군가가 옆에서 통화를 시작하면 우리의 주의력이 약해지고 집중을 유지하기 어려울 수 있다. 인간의 경우 이러한 주의력 기능이 유아기에 개발되며, 이러한 발달 과정에서 발생하는 문제는 이후 삶에서 주의력 관련 병리 현상[예 : 자폐증 또는 주의력 결핍 장애. 이에 대해서는 Posner 등(2016) 참조]으로 이어질 수 있다. 흥미롭게도, 인간의 뇌에는 다른 주의 기제가 배치되어 있는 것으로 보인다. 예를 들어, 자극이 되는 부분(예를 들어, 읽은 글 속 단어)에 자발적 주의력을 할당하는 기제와 자극이 무시된 부분(예를 들어, 처음에 건너뛴

단어)에 주의력을 기울이는 기제이다. 첫 번째 기제는 **목표 중심**으로 설명되고 두 번째 기제는 **자극 중심**으로 설명될 수 있다[Vossel 등(2014) 참조].

주의 기제$^{attention\ mechanism}$가 인공신경망에 어떤 영향을 끼치게 될까? 주의력을 정보 평가에 사용할 수 있다. NLP 작업에서 이러한 주의 기제를 구현할 수 있다면 주제 분류 중에 신경망의 관심을 가장 많이 끄는 단어 같은, 텍스트의 중요한 측면을 엿볼 수 있다. 또한 이러한 세심한 정보가 모델에 도움이 될 것이라는 점을 예상할 수 있다. 관련 없는 정보를 제거하면 성능을 높이는 데 도움이 된다. 이번 장에서는 다층 인공신경망 및 장단기 기억망^{LSTM}에 대한 주의 기제를 구현하여 이러한 아이디어를 다룬다. 이 중에서도 장단기 기억망은 시간적 차원을 고려해 시계열을 따라가며 관심을 옮겨 갈 수 있게 한다.

이 모든 것과 관련된 두 가지 시나리오에 대해 논의해 보자.

시나리오 : 설명 가능성에 대한 어텐션

여러분이 대량의 텍스트 데이터를 처리하는 식으로 분석가가 하는 일을 돕고 있다고 해보자. 특히 이러한 분석가는 가공하지 않은 글에 주제 레이블이나 정서 레이블을 할당하는 주제 분류기 또는 정서 분류기를 갖고 싶어 한다고 해보자. 분석가는 분류기가 특정 주제 레이블이나 정서 레이블을 텍스트에 할당하는 이유를 이해하고 싶어 한다. 할당된 레이블에 주로 영향을 미치는 단어는 무엇인가? 이러한 단어를 알면 주제 분류기의 결과를 이해하고 사용자에게 분류기 결과를 설명할 수 있다.

시나리오 : 지저분한 데이터를 처리하기 위한 어텐션

여러분이 문서 분류기를 구축하고 있지만 데이터가 지저분하다고 해보자. 데이터셋에 들어있는 다량의 문서에는 의도한 문서 주제 및 정서 레이블과 상관이 없어 보이는, 관련성이 없는 단어가 담겨있다. 이로 인해 분류기의 성능이 저하될 수 있다. 주의 기제가 성가신 단어를 무시하고(주의력을 덜 기울이고) 정말 중요한 단어를 알려서(주의력을 더 기울여서) 정교한 데이터 정리나 어휘 선택 절차의 필요성을 줄일 수 있을까? 즉, 주의력을 기울이면 데이터를 정리하는 데 필요한 작업량을 줄일 수 있는가?

신경망 환경을 구성할 때 우리는 주의력을 어떻게 인코딩해야 하는가? 주의력을 정보에 무게를 두는 수단으로 해석한다면 주의력을 숫자 값으로 인코딩하는 게 좋고, 더 나아가서 고정되고 정규화된 구간에 맞게 인코딩하면 더욱 좋다. 이는 [0,1] 구간 안에 있는 가중값들을 사용하여 주의력을 가중값 계층으로 인코딩해야 함을 시사한다. 0에 가까운 가중값과 달리 1에 가까운 가중값은 높은 주의력 분량을 나타낸다. 이러한 가중값을 해석할 수 있도록, 우리는 가중값이 인공신경망에서 더 높은 중간 계층(입력 계층이 아래쪽에 있다고 가정했을 때—옮긴이)이 아닌 인공신경망의 입력 계층 쪽에 연결되기를 원한다. 즉,

[0,1] 범위의 출력을 생성하는 활성 함수가 있는 계층인 softmax 계층이 필요한 것이다. 이 계층은 입력 계층 바로 뒤에 있어야 한다. 이는 또한 모델 최적화 단계에서 다른 가중값 계층처럼 이 계층을 조정할 수 있음을 의미한다. 주의력 확률을 사용하여 이러한 확률로 입력 데이터에 가중값을 두기 위해 곱셈 방식으로 입력 계층과 결합한다. 가중값 정보 기제는 딥러닝 인공신경망의 입력 계층에 가깝거나 인공신경망에서 더 높은 임의의 지점에 삽입될 수 있다.

어텐션(지금부터는 AI 분야 관행에 따라 주의력보다는 어텐션으로 표기하며, 필요할 때만 주의력으로 번역한다. −옮긴이)은 딥러닝에서 가장 집중적으로 연구되는 주제다. 이로 인해 다양한 어텐션 유형이 고안되었다. 5장에서 우리가 질의응답을 위해 기억망에 정확히 그러한 확률 계층들을 배치했음을 상기하자. 그림

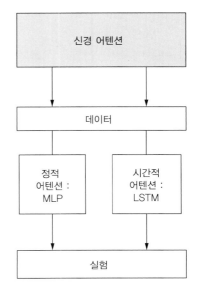

그림 7.1 종단 간 기억망
[Sukhbaatar 등(2015)에서]

7.1에서는 이러한 인공신경망 환경 구성을 반복한다. 확률들로 구성된 계층은 본질적으로 보면 일종의 어텐션 계층이므로 인공신경망은 질문에 답하기 위해 관련된 사실에 집중할 수 있게 된다.

Xu 등(2015)은 **소프트** 어텐션과 **하드** 어텐션을 구별하자고 제안했다. 소프트 어텐션은 어텐션의 **전역적**global 형태로 해석될 수 있는 반면, 어텐션은 입력 데이터의 모든 특징(단어, 영상 패치, 화소 또는 은닉 상태)에 다양한 정도로 사용된다. 국소적local 어텐션, 즉 **하드** 어텐션은 한 번에 입력 특징의 특정 부분에만 주의력을 기울인다. 신경 기계 번역과 관련해 Luong 등(2015)에서 유사한 구별 방식을 제안했다.

이번 장에서 우리는 입력 데이터의 관점에서 어텐션을 해석할 수 있는 방식으로 소프트 어텐션, 즉 전역적 어텐션의 간단한 형태를 구현한다(그림 7.2). 앞서 언급한 바와 같이, 우리는 두 가지 시나리오를 살펴본다. 문서가 분류기에 의해 특정 레이블을 수신한 이유를 설명하는 설명 시나리오와 노이즈가 많은 데이터를 처리하기 위한 주의력 사용을 다루는 시나리오이다. 어텐션이 지저분한 부분(단어)을 무시하고 정말 중요한 정보에 집중할 수 있을까? 우리는 다층 퍼셉트론MLP용 어텐션과 장단기 기억망LSTM용 어텐션을 모두 구현할 것이다. MLP의 어텐션 계층은 본질적으로 **정적**이다. LSTM과 달리 MLP는 임시 기억장치가 없으며 시계열을 처리하는 데 적합하지 않다. 따라서 어텐션을 LSTM에 통합하려면 시간 경과에 따라 어텐션을 게이팅(및 보존)하는 것과 같은 다른 접근 방식이 필요하다.

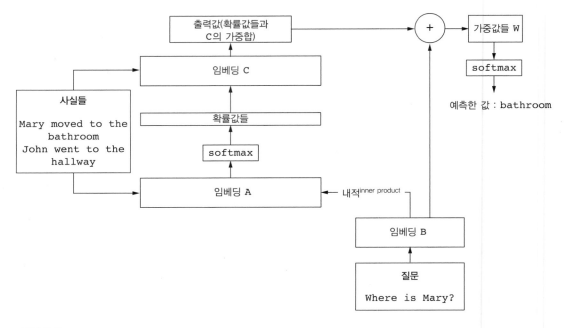

그림 7.2 인공 어텐션 모델링은 자연 신경망의 주의 기제를 (어느 정도) 통찰해서 나온 모델링 기법이다.

우리 모델에서 생성된 어텐션을 해석할 때는 단어 구름을 이용해 가시화하는 게 적절하다. **단어 구름**은 자주 사용되는 단어가 덜 자주 사용되는 단어보다 더 큰 글꼴 크기로 표시되게 하는 식으로 텍스트를 시각적으로 표현하는 방법이다. 그림 7.3은 다음 텍스트(IMDB 영화 감상평)를 기반으로 한 단어 구름의 예를 보여준다.

```
Probably my all-time favorite movie, a story of selflessness, sacrifice and
dedication to a noble cause, but it's not preachy or boring. It just never
gets old, despite my having seen it some 15 or more times in the last 25
years. Paul Lukas' performance brings tears to my eyes, and Bette Davis, in
one of her very few truly sympathetic roles, is a delight. The kids are, as
grandma says, more like "dressed-up midgets" than children, but that only
makes them more fun to watch. And the mother's slow awakening to what's
happening in the world and under her own roof is believable and startling.
If I had a dozen thumbs, they'd all be "up" for this movie.
```

more라는 단어가 **movie**라는 단어보다 더 많다(텍스트에서는 두 번만 출현하는 **movie**에 비해 **more**는 세 번 출현함). 불용어(예 : **the**)는 걸러진다. 가시화는 매력적이며 중요한 단어를 즉시 알아볼 수 있게 한다. 그러나 이 문서에서는 제한된 반복으로 불용어가 아닌 것은 대부분 한 번만 나타난다.

그림 7.3 IMDB 문서에 대한 단어 구름. 글꼴 크기가 더 큰 단어는 다른 단어보다 더 눈에 띈다 (자주 출현하기 때문).

이러한 유형의 가시화를 사용해(즉 주의력을 많이 이끌어 내는 단어를 큰 글꼴로 표시하는 식의 가시화를 사용) 주의력를 이끌어 내려면 어텐션 확률을 비례적인 양으로 변환해야 한다. 우리는 딥러닝을 위한 주요 표준 아키텍처인 MLP 및 LSTM에 어텐션 계층을 통합하는 방법을 정리한 후, 이번 장 후반부에 가서 이를 설명한다. 하지만 먼저 데이터를 살펴보자.

7.2 데이터

이번 장에서는 뉴스 데이터와 영화 감상평 데이터를 모두 사용한다(그림 7.4). 이 두 데이터를 모두 사용하려면 뉴스 분야 주제를 기사에 할당하고 극성 레이블을 영화 감상평에 할당하는 과업을 모두 수행해야 한다. 이전 장에서 언급했듯이 케라스는 일련의 내장 데이터셋을 제공하며 그중 하나는 로이터 뉴스 데이터로 구성된다. 이 데이터셋을 다음 코드로 들여올 수 있다.

```
from keras.datasets import reuters
```

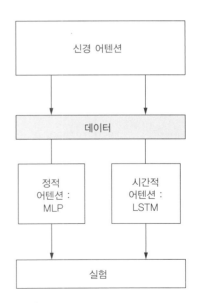

그림 7.4 어텐션 모델링을 위한 데이터 처리 실험

이후에 다음 코드는 전처리된 데이터를 훈련용 부분과 시험용 부분으로 나눠 적재한다.

```
(x_train, y_train), (x_test, y_test) = reuters.load_data(num_words=None,
➡ test_split=0.2)
```

여기서는 (num_words=None으로 지정함으로써) 단어 수에 제한을 두지 않고 전체 데이터 중에 80%를 훈련용 데이터로 분할해 지정하고, 20%를 시험용 데이터로 분할해 지정한다. 이 데이터는 어떻게 생겼을까?

이 데이터셋은 마흔여섯 가지 주제가 있는 1만 1228개의 로이터 뉴스 기사로 구성된다. 텍스트는 정수 기반 벡터로 인코딩되며 모든 정수는 고유한 단어를 나타낸다. 케라스는 또한 정수에 몇 가지 추가 의미를 부여한다. 정수는 전체 데이터의 빈도 목록에서 단어의 서수 위치를 반영하므로 10은 전체 데이터셋에서 열 번째로 가장 빈번한 단어를 의미한다. 가장 큰 숫자는 **articles** 같은 불용어(또는 **movie** 같은 단어)를 반영한다. 빈도 정보를 사용하면 빈도가 높지만 (종종) 별 의미가 없는 단어를 쉽게 걸러낼 수 있다(필요할 경우에만 이렇게 하면 된다).

우리는 다음 코드를 사용해 어휘를 검색할 수 있다.

```
word_index = reuters.get_word_index(path="reuters_word_index.json")
```

이 단어 인덱스는 단어를 위치(정수로 표현한 위치)에 대응시키는 일종의 사전dictionary이다. 이러한 단어 위치를 다시 단어에 대응시키려면 인덱스를 반대로 해야 한다.

| 목록 7.1 | 단어 인덱스를 거꾸로 하기

```
RevWordIndex = {}

for key, value in word_index.items():
    RevWordIndex[value]=key
```

이 역단어 인덱스를 사용하면 단어 가방을 인코딩하는 원핫 벡터에서 첫 번째 훈련 문서를 쉽게 검사할 수 있다.

```
word_id=0
s=""

for i in x_test[0]:
```

```
if i==1.0:
  s+=RevWordIndex[word_id]+" "
word_id+=1
```

문서는 다음과 같다.

```
of said and a mln 3 for vs dlrs it reuter 1 pct on is that its cts by year
be with will was u net as 4 but this are bank were 8 oil inc also tonnes
after rate 15 group exchange dollar we week note expected all rise meeting
18 only sale since wheat federal high term figures surplus annual likely sell
gold canadian opec dealers low news cents according way 49 signed november
financing 64 trust adding bank's weather review efforts mines accounts
commodities bureau baldrige pension managing expensive lifting supplied argue
```

마찬가지로 케라스는 IMDB에서 가져온 2만 5000개의 감상평 데이터셋(정서 레이블이 지정된 영화 감상평 데이터)을 제공한다. 문서에는 우리가 극성polarity이라고도 부르는 긍정 정서positive sentiment나 부정 정서negative sentiment로 레이블이 지정되며, 로이터 데이터와 마찬가지로 정수 시퀀스로 표시된다.

7.3   정적 어텐션 : MLP

어텐션과 관련해 우리가 제일 먼저 할 일은 MLP에 어텐션 계층을 장착하는 것이다(그림 7.5). 입력 계층 바로 뒤에 입력 단어에 연결된 확률 계층 1개를 확률값들과 더불어 삽입한다는 것을 기억하자. 우리는 어텐션 계층으로 확장하는 표준 MLP를 구성하는 것으로 시작해 볼 것이다. MLP는 로이터 뉴스 데이터에 적용된다.

케라스 데이터셋의 숫자 벡터를 원핫 형식으로 변환하고 우리가 nltk로부터 파생해 낸 사전을 기반으로 불용어를 제거해 보자.

```
from nltk.corpus import stopwords

stopwords = set(stopwords.words('english'))
```

그림 7.6에 나오는 도식은 데이터 처리 절차를 보여주며, 이어서 나오는 목록에는 코드가 담겨있다.

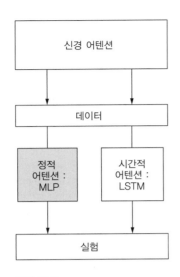

그림 7.5 MLP를 사용해 정적 어텐션을 모델링하기

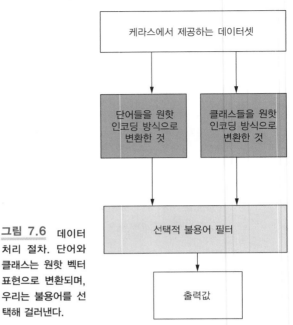

그림 7.6 데이터 처리 절차. 단어와 클래스는 원핫 벡터 표현으로 변환되며, 우리는 불용어를 선택해 걸러낸다.

| **| 목록 7.2 |** MLP용 데이터 수집과 처리 |

```
def createData(stopwords, filterStopwords=False):

    (x_train, y_train), (x_test, y_test) = reuters.load_data(
    ➡ num_words=None, test_split=0.2)          ◁─── 케라스에서 원래
                                                    데이터를 적재한다.
    num_classes=max(y_train)+1

    word_index = reuters.get_word_index(path="reuters_word_index.json")

    # 역방향 인덱스 : 숫자 => 단어                  단어 인덱스를 다시 단어에 대응(mapping)
    RevWordIndex = {}                        ◁── 시켜 역방향 대응 관계(map)를 정의한다.
    for key, value in word_index.items():
        RevWordIndex[value]=key
                                                  정수 시퀀스를 원핫 인코딩을
    max_words = 10000                             한 벡터 시퀀스로 변환하기 위
                                                  한 토크나이저를 정의하고(행렬
                                                  을 효과적으로 생성) 클래스를
    tokenizer = Tokenizer(num_words=max_words)  ◁── 인코딩하는 벡터를 생성한다.
    x_train = tokenizer.sequences_to_matrix(x_train, mode='binary')
    x_test = tokenizer.sequences_to_matrix(x_test, mode='binary')
    y_train = keras.utils.to_categorical(y_train, num_classes)
    y_test = keras.utils.to_categorical(y_test, num_classes)
```

```
    if filterStopwords:
        j=0
        for x in x_train:
            n=1
            for w in x:
                if RevWordIndex[n] in stopwords:
                    x_train[j][n-1]=0.0
                n+=1
            j+=1

        j=0
        for x in x_test:
            n=1
            for w in x:
                if RevWordIndex[n] in stopwords:
                    x_test[j][n-1]=0.0
                n+=1
            j+=1
    return x_train, y_train, x_test, y_test, RevWordIndex,
    ➡ num_classes
```

불용어 필터를 필요할 때 선택적으로 데이터에 적용하여 원핫 인코딩이 된 단어 벡터의 양수 인덱스(1)를 0으로 설정하여 그다지 차별성을 보이지 않는 단어를 제거한다.

후속 처리를 위해 역방향 단어 인덱스 및 클래스 수와 함께 처리된 데이터(이제는 원핫 형식으로 되어있는 데이터)를 반환한다.

`Tokenizer`를 정의한 데 따른 효과를 보여주기 위해, 이 데이터셋에 담긴 문서들 중에서 첫 번째로 학습할 문서(이 데이터를 케라스 데이터셋에서 가져옴)를 보이면 다음과 같다.

```
[1, 27595, 28842, 8, 43, 10, 447, 5, 25, 207, 270, 5, 3095, 111, 16, 369,
 186, 90, 67, 7, 89, 5, 19, 102, 6, 19, 124, 15, 90, 67, 84, 22, 482,
 26, 7, 48, 4, 49, 8, 864, 39, 209, 154, 6, 151, 6, 83, 11, 15, 22, 155,
 11, 15, 7, 48, 9, 4579, 1005, 504, 6, 258, 6, 272, 11, 15, 22, 134, 44,
 11, 15, 16, 8, 197, 1245, 90, 67, 52, 29, 209, 30, 32, 132, 6, 109, 15,
 17, 12]
```

이 데이터를 보면 정수들로 이뤄진 시퀀스 꼴로 되어있음을 알 수 있는데, 시퀀스를 이루고 있는 각 정수는 특정 단어 1개에 대해 정수로 인코딩을 한 값이다. 우리는 이것을 `tokenizer.sequences_to_matrix()` 메서드를 사용하여 원핫 벡터로 변환한다.

```
[0. 1. 0. 0. 1. 1. 1. 1. 1. 1. 1. 1. 1. 0. 0. 1. 1. 1. 0. 1. 0. 0. 1. 0.
 0. 1. 1. 0. 0. 1. 1. 0. 1. 0. 0. 0. 0. 1. 0. 0. 0. 1. 1. 0. 0. 0.
 1. 1. 0. 1. 0. 0. 0. 0. 0. 0. 0. 0. 0. 0. 0. 0. 1. 0. 0. 0. 0.
 0. 0. 0. 0. 0. 0. 0. 0. 0. 0. 0. 1. 1. 0. 0. 0. 1. 1. 0. 0. 0. 0.
 0. 0. 0. 0. 0. 0. 1. 0. 1. 0. 0. 0. 0. 0. 0. 1. 0. 1. 0. 0. 0. 0.
 0. 0. 0. 1. 0. 0. 0. 0. 0. 0. 1. 0. 1. 0. 0. 0. 0. 0. 0. 0.
 0. 0. 0. 0. 0. 0. 0. 1. 0. 0. 0. 1. 1. 0. 0. 0. 0. 0. 0. 0. 0. 0. 0.]
```

```
0. 0. 0. 0. 0. 0. 0. 0. 0. 0. 0. 0. 0. 0. 0. 0. 0. 0. 0. 0. 0. 1. 0. 0. 0. 0. 0.
...
]
```

단어를 나타내는 모든 정수는 벡터의 특정 위치에 매
핑되며 1은 해당 단어가 해당 위치에 존재하고 있음
을 나타낸다. 벡터는 0부터 시작한다. 즉, 오프셋 기
준으로 0에서 시작한다. 예를 들어 이 케라스 데이터
벡터의 두 번째 단어(단어 1)는 두 번째 위치(제로 오
프셋 벡터의 위치 1)에서 1로 이어진다. 케라스 벡터
에 첫 번째 단어(단어 0)가 존재하지 않으므로 이진
벡터의 첫 번째 위치에는 0 값이 나온다.

이 이진 표현은 1,000개 단어로 제한된다(max_
words로 지정). 즉, 인덱스가 27595인 두 번째 단어
는 인덱스가 1,000보다 높은 모든 단어와 마찬가지로
이 벡터에 나타나지 않는다. 전체 훈련용 데이터셋과
시험용 데이터셋은 이처럼 이진값으로 이뤄진 거대
행렬로 표현된다.

이제 MLP에 대한 어텐션 계층을 구현할 준비가

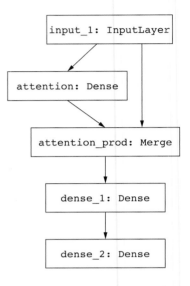

그림 7.7 어텐션을 사용하는 MLP 모델.
어텐션 값들은 곱셈을 통해 이진 입력 내용
과 병합된다.

되었다(여기에서 구현된 MLP 접근 방식에 영감을 준 코드 및 토론에 대해서는 https://
github.com/philipperemy/keras-attention-mechanism을 참조하자). 그림 7.7에 이 모델이 나
와있으며, 이어지는 목록에 코드가 나온다.

| **목록 7.3** | **어텐션을 이용하는 MLP 만들기**

이 모델은 max_words 차원의 입력을
취하며, 이를 1,000으로 설정한다.

입력된 내용은 어텐션이라고 부르는 Dense 계층을 통
해 공급되며, 이 계층은 softmax 활성 함수를 사용하여
max_words만큼의 어텐션 확률들을 생성한다. 이 함수는
[0,1] 구간에서 값들을 생성한다는 점을 상기하자.

```
inputs = Input(shape=(max_words,))
attention = Dense(max_words, activation='softmax', name='attention')(
    inputs)

attention_prod = merge([inputs, attention], output_shape=max_words,
    name='attention_prod', mode='mul')

attention_prod = Dense(256)(attention_prod)
```

출력되는 확률값들은 (이진) 입력 내용과 곱셈을 통해 병
합된다. 이렇게 하면 확률값들이 입력 단어들에 연계된다.

어텐션 확률들은 출력 차원이
256인 다른 Dense 계층에
공급된다.

```
attention_prod=Activation('relu')(attention_prod)

output = Dense(num_classes, activation='softmax')(attention_prod)

model = Model(input=[inputs], output=output)
model.compile(loss='categorical_crossentropy', optimizer='adam',
    metrics=['accuracy'])
```

우리는 이전 Dense 계층의 활성 함수를 효과적으로 인스턴스화하는 추가 ReLU Activation 계층을 추가한다.

출력 계층은 확률들의 num_classes로 지정한 크기에 해당하는 벡터 1개로 구성된다.

어텐션 확률 가시화 작업에는 주어진 입력 문서에 대한 어텐션 확률을 모델에서 추출하고 이를 비례 정수 값으로 변환하는 작업도 포함된다. 그 방법은 다음과 같다.

먼저 어떤 1개 케라스 모델의 특정 계층 한 곳에서 활성값들을 추출하려면, 우리는 그 계층의 이름을 사용해 해당 계층을 참조해야 하는데, 이 계층의 이름을 우리는 목록 7.3에서 우리 모델을 지정할 때 함께 지정해 두었다.

우리가 케라스 모델을 검사하는 방법을 보여주는 구현을 단순한 것부터 만들어 보자. 다음 프러시저는 특정 입력 내용에 대해 훈련된 모델의 어떤 계층(이름을 부여해 둔 계층)이 만들어 내는 활성값을 추출한다.

│ 목록 7.4 │ 어떤 한 계층으로부터 활성값들을 추출하기

케라스 백엔드는 모델이나 계층 등에서 저수준 연산을 수행하기 위한 라이브러리이다. 우리에게는 특정 저수준 함수가 필요하다.

우리는 모델을 훈련용(MODE=1) 또는 시험용(MODE=0)으로 사용하는 방법을 지정한다. 우리의 경우 항상 모델을 시험용으로 사용할 텐데, 그렇기 때문에 우리는 모델을 훈련한 후에 모델에 입력 데이터를 적용한다.

```
import keras.backend as K

def getLayerActivation(model, inputData, layerName):
    activation = []
    MODE=0
    inp = model.layers[0].input

    for layer in model.layers:

        if layer.name==layerName:

            func = K.function([inp, K.learning_phase()], [layer.output])
            activation = [func([inputData,MODE])[0]]
            break

    return activation
```

케라스 모델에 포함된 계층들에 대해서 폴링(polling)될 수 있다. 우리는 모델을 계층 단위로 하나씩 작업해 나간다.

우리는 이름이 지정된 계층에 도달했으며 해당 계층의 활성값을 추출하기 시작할 수 있다.

activation(활성값)이라고 부르는 출력 배열을 생성하여 함수를 실행한다.

케라스 백엔드인 K를 사용하여 지정된 입력 데이터와 현재 계층 이전의 모든 계층에서 해당 계층의 출력값들(활성값들)을 생성하는 함수인 func를 지정한다.

activation에 담긴 값들을 반환한다.

이 코드를 더 단순하게 작성하면 다음과 같다.

```
def getLayerActivation(model, inputData, layerName):
    m = Model(inputs=model.input,
              outputs=model.get_layer(layerName).output)
    activation=m.predict(inputData)
    return activation
```

이 코드에서는 백엔드 함수를 생략하고 이름이 있는 계층을 그 이름을 사용해 직접 참조한다.

다음으로 우리는 주어진 입력 내용을 가지고 모델에서 추출한 어텐션 확률값들을 단어 구름에서 사용할 비례 정수 값들로 바꾼다. 그림 7.8은 우리가 생각하고 있는 내용을 보여준다.

이를 위해서는 소수점 이하 자릿수를 그대로 유지하면서 소수점 이하 자릿수가 가변적인 확률들로 구성된 집합을 정수들로 바꾸는 데 쓸 최소 승수를 검출해 내야 한다. 예를 들어,

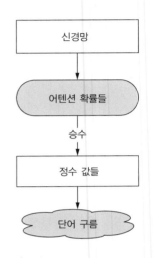

그림 7.8 어텐션 확률값들을 단어 구름으로 : 어텐션 값들을 이산 정수 값들로 변환해 가시화하기

- 0.123
- 0.0456

이라는 값의 경우에 최소 승수는 10,000이다.

- 0.123 × 10,000 = 1230
- 0.0456 × 10,000 = 456

목록 7.5에 나오는 도우미 함수는 이 문제에 대해 문자열 기반 접근 방식을 취한다. 파이썬은 내부적으로 음수 지수를 사용하여 작은 확률(0.0001 미만)을 인코딩한다는 점에 유념하자.

```
>>> str(0.0001)
'0.0001'
>>> str(0.00001)
'1e-05'
```

| 목록 7.5 | 어텐션 확률값들을 이산화하기

```python
def discretize_attention(normalized_attention):
    multiplier=1
    for p in normalized_attention:
        p_str=str(p)
        if 'e-0' in p_str:
            p_decomposed=p_str.split(".")
            if len(p_decomposed)>1:
                decimals=p_decomposed[1].split("e-0")
                x=10**(len(decimals[0])+int(decimals[1]))
        else:
            x=10**(1+np.floor(np.log10(np.abs(x)))*-1)
        if x>multiplier:
            multiplier=x
    discrete_attention=[]
    for p in normalized_attention:
        discrete_attention.append(int(p*multiplier))
    return discrete_attention
```

함수는 출력값을 다음과 같이 산출한다.

```python
>>> discretize_attention([0.1,0.000123,0.0000345,0.7])
[1000000, 1230, 345, 7000000]
```

이 값들은 단어 구름 가시화에 적합한데, 이는 확률 사이의 크기(0.7은 0.1보다 7배 높으며 이것은 1,000,000 대 7,000,000에서 보존됨)를 적절하게 스케일링(눈금 잡기)한 정수로 인코딩하기 때문이다.

   다음에 나오는 목록에는 이산화된 확률에서 단어 구름을 생성하는 방법과, 케라스 데이터셋에서 정수로 인코딩된 문서 목록을 포함하는 배열을 생성하는 방법이 나와있다(우리는 0번 인덱스에서 첫 번째 문서를 사용해 작업한다).

| 목록 7.6 | 단어 구름을 하나 생성하기

```python
from wordcloud import WordCloud
import matplotlib.pyplot as plt
```
◁ **오픈 소스 형태로 제공되는 단어 구름 패키지를 적재한다** (https://github.com/amueller/word_cloud를 참조하자).

```python
#  어텐션을 처리한다.
P={}
n=0
```

```
for attval in discrete_attention:
    word_id=DOCUMENTS[0][n]
    if RevWordIndex[word_id] in P:
            P[RevWordIndex[word_id]]+=attval
        else:
            P[RevWordIndex[word_id]]=attval
    n+=1
```

우리의 입력 내용은 이산화 된 어텐션 값 배열이며 …

… 그리고 정수로 인코딩된 문서 배열이다. 우리는 인덱스 0에서 첫 번째 문서만 사용한다.

문서 안에 들어있는 단어들에 대한 어텐션 확률들(이산화된 값)을 수집한다.

```
# 서수적 위치를 사용한다.
n=1
Q={}
for w in sorted(P, key=P.get, reverse=False):
    Q[w]=n
    n+=1
```

이 값들을 오름차순으로 정렬하고 사전에 저장되어 있는 순서를 나타내는 정수들을 각 값에 할당한다.

```
wc = WordCloud(background_color="white",
➡ max_words=1000).generate_from_frequencies(Q)
```

사전을 wordcloud 패키지 안의 WordCloud 클래스로 건네준다.

```
plt.imshow(wc, interpolation='bilinear')
plt.axis("off")
plt.show()
```

Matplotlib을 사용해 단어 구름을 가시화한다.

7.4 시간적 어텐션 : LSTM

우리는 어텐션을 위해 표준 LSTM에 게이트를 추가해 장착할 계획이다(그림 7.9). LSTM 계층에 대한 표준 케라스 소스코드에 어텐션 확장체^{extensions}를 덮어쓰는 방식으로 우리는 시간에 따라 어텐션 확률들을 전송하는 메커니즘을 구현할 것이다. 우리가 만들 AttentionLSTM은 어텐션 확률들을 통과시키는 추가 게이트가 있다는 점만 표준 LSTM과 다를 뿐이다. 케라스가 제공하는 LSTM 계층에 대한 코드를 이 책에 전부 나열하기에는 너무 길다. 따라서 관련 부분만 강조해서 표시할 텐데, 여러분이 전체 소스코드를 보고 싶다면 이번 장에 수록된 코드 저장소 주소를 참조하자. 우리는 먼저 LSTM 아키텍처를 빠르게 요약하고 이것을 확장하는 방법을 논의할 것이다. 그런 다음 케라스에서 새 계층을 정의하는 과정을 살펴본다.

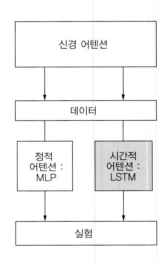

그림 7.9 LSTM을 사용한 시간적 어텐션 : 어텐션 처리용 게이트를 추가하기

LSTM은 여러 게이트를 담고 있는 셀이 여러 개 연결되어 구성된 형태로 되어있다. 모든 시간 단계에서 정보는 단어 같은 개별 언어 단위에 해당하는 시간 단계와 함께 이러한 모든 장치를 통과한다. 셀을 전반적으로 그린다면 그림 7.10처럼 보인다(자세한 내용은 2장 참조).

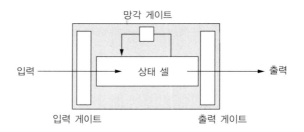

그림 7.10 LSTM 셀

이것의 셀 상태들에서 LSTM은 입력 게이트(i_t), 출력 게이트(o_t) 및 망각 게이트(f_t)라고 하는 세 가지 게이트를 통해 정보를 통과시킨다. 게이트는 현재 입력 내용(x_t) 및 이전 시간 단계의 은닉 상태(h_{t-1})를 받는다. 우리는 이 아키텍처에 또다른 게이트, 즉 어텐션 확률들이

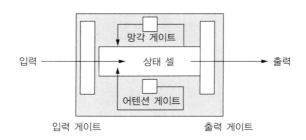

그림 7.11 어텐션을 장착한 LSTM 셀 상태. 셀 상태는 히스토리(이력)로부터 어텐션 값들에 대한 여분의 게이트를 얻는다.

전달되는 어텐션 게이트(a_t)를 추가한다. 이는 그림 7.11에 보이는 것과 같다.

독점 계층을 작성하는 것과 관련한 케라스 문서(https://keras.io/layers/writing-your-own-keras-layers)를 통해 우리는 적어도 다음 두 가지 메서드를 구현해야 한다는 점을 알게 되었다.

- `build(input_shape)` — 이 메서드에서 여러분만의 가중값들을 정의할 수 있다. 이 메서드의 마지막 부분에서 여러분은 `self.built = True`로 설정해야 하는데, `super([Layer], self).build()`를 호출하여 이 작업을 수행할 수 있다.
- `call(x)` — 계층의 로직이 있는 곳이다. 여러분이 계층에서 마스킹을 지원하지 않고자 한다면 호출 시에 전달되는 첫 번째 인수인 입력 텐서에만 신경을 쓰면 된다.

케라스 설명서에는 다음 예시가 포함되어 있다.

| 목록 7.7 | 케라스에서 제공하는 예시용 계층

```
from keras import backend as K
from keras.layers import Layer

class MyLayer(Layer):

    def __init__(self, output_dim, **kwargs):
        self.output_dim = output_dim
        super(MyLayer, self).__init__(**kwargs)

    def build(self, input_shape):
        self.kernel = self.add_weight(name='kernel',
                                      shape=(input_shape[1], self.output_dim),
                                      initializer='uniform',
                                      trainable=True)
        super(MyLayer, self).build(input_shape)

    def call(self, x):
        return K.dot(x, self.kernel)

    def compute_output_shape(self, input_shape):
        return (input_shape[0], self.output_dim)
```

계층은 파이썬의 클래스에 해당한다.

하나 이상의 필드를 지정된 값으로 설정하는 일반 초기화 방법이다.

build 함수는 핵(계층의 가중값 행렬)을 정의하고 훈련 가능한 속성 같은 속성들을 설정한다.

선택적 compute_output_shape 함수는 계층의 계산 값들에 의해 수행되는 최종 모양 변환을 지정한다.

call 함수는 계층의 계산 결과를 지정한다. 이 경우에는 입력값과 가중값의 점곱이다.

우리의 목적에 맞게 우리는 AttentionLSTMCell과 이것을 사용하는 AttentionLSTM이라는 두 가지 독점 계층을 구현할 것이다. 둘 다 표준 케라스 클래스(LSTMCell 및 LSTM)의 확장판이다. 이 두 계층도 기존 LSTM 계층이나 LSTMCell 계층과 동일한 일을 하지만, 이 두 계층에는 어텐션을 처리하기 위한 특별한 재료가 추가되어 있다. 그림 7.12에 표준 LSTM 클래스와 AttentionLSTM이 비교되어 있고, 그림 7.13은 LSTMCell과 AttentionLSTMCell이 비교되고 있다.

여러분이 이 비교 내용들을 주의 깊게 살펴본다면, 다음과 같이 케라스 표준 LSTM 성분에 정확히 대응하는 것을 알 수 있다.

- activation ⇒ attention_activation
- recurrent_activation ⇒ recurrent_attention_activation
- kernel_a, kernel_c, kernel_f, kernel_i, kernel_o

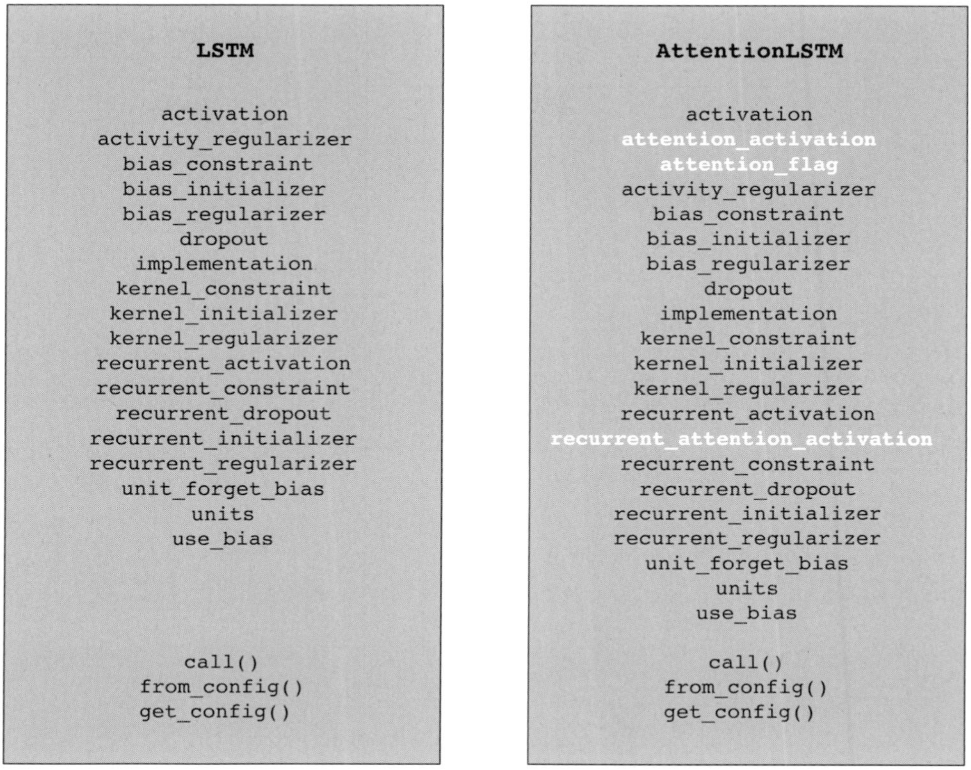

```
┌─────────────────────────────┐   ┌─────────────────────────────┐
│            LSTM             │   │        AttentionLSTM        │
│                             │   │                             │
│          activation         │   │          activation         │
│     activity_regularizer    │   │     attention_activation    │
│       bias_constraint       │   │        attention_flag       │
│       bias_initializer      │   │     activity_regularizer    │
│       bias_regularizer      │   │       bias_constraint       │
│           dropout           │   │       bias_initializer      │
│        implementation       │   │       bias_regularizer      │
│      kernel_constraint      │   │           dropout           │
│      kernel_initializer     │   │        implementation       │
│      kernel_regularizer     │   │      kernel_constraint      │
│     recurrent_activation    │   │      kernel_initializer     │
│     recurrent_constraint    │   │      kernel_regularizer     │
│      recurrent_dropout      │   │     recurrent_activation    │
│     recurrent_initializer   │   │ recurrent_attention_activation │
│     recurrent_regularizer   │   │     recurrent_constraint     │
│       unit_forget_bias      │   │      recurrent_dropout      │
│            units            │   │     recurrent_initializer   │
│          use_bias           │   │     recurrent_regularizer   │
│                             │   │       unit_forget_bias      │
│                             │   │            units            │
│                             │   │          use_bias           │
│                             │   │                             │
│           call()            │   │           call()            │
│        from_config()        │   │        from_config()        │
│         get_config()        │   │         get_config()        │
└─────────────────────────────┘   └─────────────────────────────┘
```

그림 7.12 AttentionLSTM과 비교한 표준 LSTM 클래스. 강조 표시된 필드는 두 구현 간의 차이점(구현된 클래스 메서드)을 나타낸다.

케라스의 모든 계층에는 몇 가지 표준 요소가 있으며 그중 하나는 계층들이 생성하는 가중값 행렬인 **핵**[kernel]이다. 또 다른 요소로는 계층 활성 함수, 그리고 선택적으로 편향값 벡터('아니요'를 의미하는 입력값, 즉 0이 공급될 때 계층의 편향값을 반영하면서 독립적으로 입력되는 가중값들의 집합)가 포함된다.

우리는 AttentionLSTMCell에서 특정 **어텐션 핵**[attention kernel](가중값 행렬 1개)을 다음과 같이 정의한다(목록 7.8).

```
                                                        AttentionLSTMCell


                                                          activation
                                                     attention_activation
                                                       attention_flag
                                                       attention_kernel
                  LSTMCell                                    bias
                                                             bias_a
                                                             bias_c
               activation                                bias_constraint
                  bias                                       bias_f
                 bias_c                                      bias_i
             bias_constraint                             bias_initializer
                 bias_f                                      bias_o
                 bias_i                                  bias_regularizer
             bias_initializer                               built
                 bias_o                                     dropout
             bias_regularizer                           implementation
                 built                                      kernel
                dropout                                    kernel_a
             implementation                                kernel_c
                 kernel                                 kernel_constraint
                kernel_c                                    kernel_f
             kernel_constraint                              kernel_i
                kernel_f                                 kernel_initializer
                kernel_i                                    kernel_o
             kernel_initializer                          kernel_regularizer
                kernel_o                                   output_size
             kernel_regularizer                         recurrent_activation
                output_size                        recurrent_attention_activation
             recurrent_activation                    recurrent_attention_kernel
             recurrent_constraint                     recurrent_constraint
             recurrent_dropout                        recurrent_dropout
             recurrent_initializer                    recurrent_initializer
             recurrent_kernel                         recurrent_kernel
             recurrent_kernel_c                        recurrent_kernel_a
             recurrent_kernel_f                        recurrent_kernel_c
             recurrent_kernel_i                        recurrent_kernel_f
             recurrent_kernel_o                        recurrent_kernel_i
             recurrent_regularizer                     recurrent_kernel_o
                state_size                            recurrent_regularizer
             unit_forget_bias                             state_size
                 units                                 unit_forget_bias
                use_bias                                    units
                                                           use_bias
                 build()
                 call()                                    build()
               get_config()                                call()
                                                         get_config()
```

그림 7.13 AttentionLSTMCell과 비교한 표준 LSTMCell 클래스. 강조 표시된 필드는 두 구현 간의 차이점(구현된 클래스 메서드)을 나타낸다.

| 목록 7.8 | **AttentionLSTMCell의 build 메서드**

```
def build(self, input_shape):
...
    self.attention_kernel = self.add_weight(name='attention',
                              shape=(input_dim,input_dim),
                              initializer='uniform',
                              trainable=True)
...
```

우리는 어텐션 가중값들을 사용해 입력 내용에 가중값을 부여하기를 바라기 때문에 이 가중값 행렬의 모양은 입력 차원 범위 안에서 정사각형이어야 한다. 우리는 목록 7.3에서 우리가 만들고 있는 어텐션 계층의 활성 함수가 **softmax**라고 명시했으며, 이 함수는 $[0,1]$ 구간에 있으며 모두 합하면 1이 되는 값들(즉, 정규화된 확률값들)을 생성한다. 이 핵은 다른 표준 입력 게이트에 대해 사용하는 방식과 비슷하게 어텐션 가중값 행렬을 계산하는 데 사용된다.

```
self.kernel_i = self.kernel[:, :self.units]
...

self.kernel_a = self.attention_kernel[:, :input_dim]
```

이 핵은 어텐션 핵 행렬에서 입력 차원에 비례하는 가중값 행렬을 선택한다.

또한 시간의 흐름에 따른 가중값들을 처리하려면 이 핵의 특정 순환^{recurrent} 버전이 필요하다(이는 **LSTMCell**의 표준 핵과 비슷하다).

| 목록 7.9 | **빌드 중인 AttentionLSTMCell의 순환 어텐션 핵**

```
...
    self.recurrent_attention_kernel = self.add_weight(
            shape=(input_dim, input_dim),
            name='recurrent_attention_kernel',
            initializer=self.recurrent_initializer,
            regularizer=self.recurrent_regularizer,
            constraint=self.recurrent_constraint)
...
```

주목해야 할 만큼 중요한 코드가 다음 목록에 나온다. 이 코드에는 `AttentionLSTMCell` 계층에서 제공하는 `call` 함수의 일부가 들어있다.

| 목록 7.10 | **AttentionLSTMCell의 call 메서드**

```
def call(self, inputs, states, training=None):
        ...
            x_i = K.dot(inputs_i, self.kernel_i)
            x_a = K.dot(inputs_a, self.kernel_a)
            x_f = K.dot(inputs_f, self.kernel_f)
            x_c = K.dot(inputs_c, self.kernel_c)
            x_o = K.dot(inputs_o, self.kernel_o)
        ...

        i = self.recurrent_activation(x_i + K.dot(h_tm1_i,
            self.recurrent_kernel_i))
        f = self.recurrent_activation(x_f + K.dot(h_tm1_f,
            self.recurrent_kernel_f))
        # 어텐션
        a = self.recurrent_attention_activation(x_a + K.dot(
            h_tm1_a,self.recurrent_kernel_a))

        attP=a*self.attention_activation(x_a+K.dot(
            h_tm1_a,self.recurrent_kernel_a))

        c = f * c_tm1 +i * self.activation(x_c + K.dot(
            h_tm1_c, self.recurrent_kernel_c))+attP

        o = self.recurrent_activation(x_o + K.dot(h_tm1_o,
            self.recurrent_kernel_o))
        ...

        if self.attention_flag:
            return a, [a, c]
        else:
            return h,[h,c]
```

여기서 다양한 게이트가 입력에 적용된다.

순환하면서 시간의 흐름을 따르게 되는 어텐션 확률이 계산된다.

어텐션 확률들은 어텐션에 대해 특화된 활성 함수를 통해 전달된다.

우리 클래스에 특화된 attention_flag 필드(속성)를 추가했다.

`attention_flag`를 사용하면 우리는 `AttentionLSTMCell` 계층에서 서로 다른 출력값들, 즉 일반 출력값들(`attention_flag=False`) 또는 어텐션 확률값들(`attention_flag=True`)을 반환할 수 있다. 목록 7.13을 참조하자. 우리는 이것을 실제로 어떻게 이용하는지 설명할 것이다.

우리는 LSTM에 대한 데이터 처리를 설명하는 일부터 해보겠다. 해당 프러시저는 MLP의
프러시저와 유사하지만 여기서는 텍스트 단어에 대해 원핫 인코딩이 아닌 임베딩을 사용
하고 있다. 그림 7.14는 문서를 패딩 처리된 정수 시퀀스로 바꾸는 초기 단계를 보여준다.

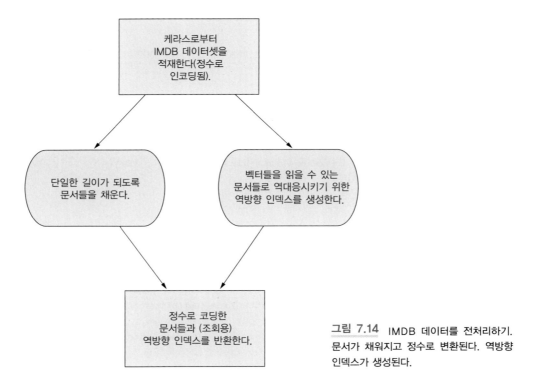

그림 7.14 IMDB 데이터를 전처리하기. 문서가 채워지고 정수로 변환된다. 역방향 인덱스가 생성된다.

| **목록 7.11** | **AttentionLSTM : 데이터 준비**

```
def createData():
    max_words = 1000
    maxlen=100 #500
    (x_train, y_train), (x_test, y_test) = imdb.load_data(
    ➡ num_words=max_words)
```

영화 감상평이 포함된
케라스 IMDB 데이터
셋을 적재한다.

```
x_train = sequence.pad_sequences(
    x_train, maxlen=maxlen, padding='post')
x_test = sequence.pad_sequences(x_test, maxlen=maxlen,padding='post')

num_classes=max(y_train)+1

word_index = imdb.get_word_index(
    path="imdb_word_index.json")

# 역방향 인덱스 : 숫자 => 단어
RevWordIndex = {}
RevWordIndex[0]="" #n/a
for key, value in word_index.items():
    RevWordIndex[value]=key

return x_train, y_train, x_test, y_test, RevWordIndex,
    num_classes
```

입력 시퀀스들을 균일한 길이가 되게 채운다.

정수로 인코딩된 문서를 나중에 다시 단어로 대응시키기 위한 역방향 인덱스를 만든다.

데이터, 인덱스 및 데이터에서 찾은 클래스 수를 반환한다.

| 목록 7.12 | AttentionLSTM : 모델 생성

```
def createModel(attention_flag=False, return_sequences=False, timesteps=1,
    input_dim=1, maxlen=64, num_classes=1):
    maxwords= 1000
    maxlen=100
    vlen=maxlen

    model = Sequential()
    model.add(Embedding(maxwords, vlen, input_length=maxlen))
    model.add(AttentionLSTM(maxlen,
                            return_sequences=return_sequences,
                            attention_flag=attention_flag,
                            input_shape=(maxlen,vlen),
                            dropout=0.2,name='attention_lstm',
                            recurrent_dropout=0.2))
    model.add(Dense(1, activation='sigmoid'))
    model.compile(loss='binary_crossentropy',
                    optimizer='adam',
                    metrics=['accuracy'])
    return model
```

정수 값 문서에 대한 임베딩으로 시작하자.

Dense 계층은 클래스 확률을 부정 정서의 경우 0에 가깝게, 긍정 정서의 경우 1에 가깝게 인코딩한다.

모델을 컴파일한다.

AttentionLSTM 계층을 추가한다. 일반 출력에서 이 계층에 대한 어텐션 확률로 전환할 수 있는 attention_flag를 사용한다. 드롭아웃은 무작위(확률론적) 방식으로 뉴런을 꺼서 과적합을 처리한다. 여기서 드롭아웃 확률은 임의로 0.2로 설정된다.

모델이 반환된다.

그림 7.15에 우리 모델의 도식이 나와있다. 이 모델은 다음과 같이 요약된다.

Layer (type)	Output Shape	Param #
embedding_1 (Embedding)	(None, 100, 100)	100000
attention_lstm (AttentionLSTM)	(None, 100, 100)	100400
dense_1 (Dense)	(None, 100, 1)	101

우리가 LSTM에 3차원 데이터를 제공(LSTM에 필요한 대로)한다는 점에 유념하자. (None, 100, 100)은 임베딩 크기가 100인 단어가 100개라는 뜻이다. 그리고 None은 배치 크기를 의미한다.

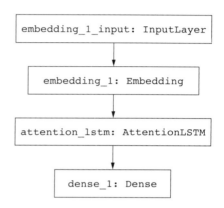

그림 7.15 AttentionLSTM 모델. 임베딩은 AttentionLSTM 계층으로 공급되어 Dense 계층으로 끝난다.

| 목록 7.13 | AttentionLSTM : 모델 배포

데이터를 준비한 후에 우리는 훈련용 모델과 시험용 모델이라고 하는, 두 가지 모델을 만든다. 이것이 첫 번째 모델이다.

```
x_train,y_train,x_test,y_test, RevWordIndex,num_classes, TEST = createData()

maxlen=max([max([len(x) for x in x_train]),max([len(x) for x in x_test])])
input_dim=100 # 단어 개수
timesteps=10
batch_size = 32

model1=createModel(attention_flag=False,return_sequences=False,
➡ timesteps=timesteps,input_dim=input_dim,maxlen=maxlen,
➡ num_classes=num_classes)
```

모델을 훈련용 데이터에 적합(적응)시킨다.

```
model1.fit(x_train,y_train,
           batch_size=batch_size,
           epochs=5
           )
model1.save_weights("m1.weights.h5")
score = model1.evaluate(x_test, y_test, batch_size=batch_size, verbose=1)
print('Test loss:', score[0])
print('Test accuracy:', score[1])
```

훈련이 끝나면, 우리는 가중값들을 저장한다. 이 가중값들은 두 번째 모델에서 사용된다.

시험용 데이터를 이용해 첫 번째 모델을 평가한다.

```
model2=createModel(attention_flag=True, return_sequences=True,
➡ timesteps=timesteps, input_dim=input_dim,maxlen=maxlen,
➡ num_classes=num_classes)

model2.load_weights("m1.weights.h5")
```

모델 1의 가중값들이
모델 2로 적재된다.

```
TEST_DATA=... # x_test에서 빼낸 시험용 문서 1개
attention=getLayerActivation(
➡ model2, TEST_DATA,layerName='attention_lstm')[0]
discrete_attention=[]
for window in attention:
        normalized_window=window/sum(window)
        discrete_window=discretize_attention(normalized_window)
        discrete_attention.append(discrete_window)
...
```

어텐션 확률들은 주어진 시험용 문서에 대해 모델 2에서 검색된다. 이러한 확률들은 시간 단계마다 반환되며 이산화되기 전에 정규화된다. 마지막으로 이 확률들은 단어 구름 가시화 프러시저에 입력된다.

두 번째 모델을 만든다. 두 번째 모델은 첫 번째 모델의 가중값들을 사용하고 어텐션 확률값들을 출력한다. return_sequences를 True로 설정했다는 점에 주목하자. 이것은 우리가 어텐션 확률들로 구성된 모든 시간 단계에 대한 은닉 상태 출력을 얻는다는 것을 의미한다. 임베딩을 입력으로 사용하면 명시적인 시간 단계는 없게 되지만 데이터는 필요에 따라 (배치 크기, 단어 개수, 임베딩의 차원) 꼴의 3차원이 된다.

그림 7.16은 2개 모델 과정을 보여준다.

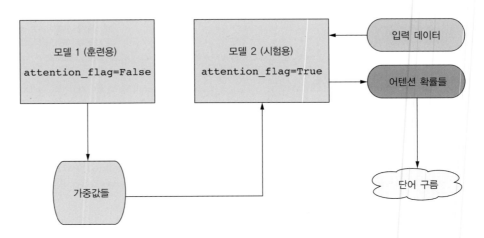

그림 7.16 LSTM 어텐션을 위한 2개 모델 프로세스. 모델 1(훈련)은 모델 2(시험)에서 사용하는 가중값들을 생성한다.

7.5 실험

우리가 정의한 시나리오에 맞춰 두 시스템을 비교해 보자
(이 비교 작업이 그림 7.17에 정리되어 있음).

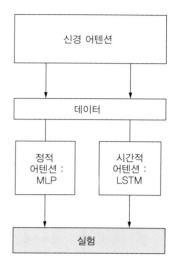

그림 7.17   신경 어텐션에 대한 시스템들을 비교하기

시나리오 : 설명 가능성에 대한 어텐션

여러분이 대량의 텍스트 데이터를 처리하여 분석가를 돕고
있다고 하자. 특히 이러한 분석가는 미가공 텍스트에 주제
및 정서 레이블을 할당하는 주제 분류기나 정서 분류기를 갖
고 싶어 한다. 분석가는 분류기가 특정 주제 레이블이나 정
서 레이블을 텍스트에 할당하는 이유를 이해하고 싶어 한다.
할당된 레이블에 주로 영향을 미치는 단어는 무엇인가? 이러
한 단어를 알면 주제 분류기의 결과를 이해하고 사용자에게
분류기 결과를 설명할 수 있다.

시나리오 : 지저분한 데이터를 처리하기 위한 어텐션

여러분이 문서 분류기를 구축하고 있지만 데이터가 지저분하다고 해보자. 데이터셋을 이루고 있는 많
은 문서에는 여러분이 의도한 문서 주제 및 정서 레이블과 상관관계가 없어 보이는, 관련 없는 단어가
포함되어 있다. 이로 인해 분류기의 성능이 저하될 수 있다. 어텐션 메커니즘이 불필요한 단어의 중요
성을 줄이고(주의를 덜 기울이고) 정말 중요한 단어를 알려서(더 많은 주의를 기울여서) 정교한 데이터
정리 또는 어휘 선택 절차의 필요성을 줄일 수 있는가? 즉, 어텐션을 통해 데이터 정리 작업을 줄일 수
있는가?

7.5.1   MLP

우리는 로이터 데이터셋에서 이전에 재구성한 테스트 문서를 여기에서 반복한다.

```
of said and a mln 3 for vs dlrs it reuter 1 pct on is that its cts by year
be with will was u net as 4 but this are bank were 8 oil inc also tonnes
after rate 15 group exchange dollar we week note expected all rise meeting
18 only sale since wheat federal high term figures surplus annual likely sell
gold canadian opec dealers low news cents according way 49 signed november
financing 64 trust adding bank's weather review efforts mines accounts
commodities bureau baldrige pension managing expensive lifting supplied argue
```

첫 번째 시나리오인 해석 가능한 문서에 레이블을 다는 용도로 MLP를 적용해 보자. 우리

의 MLP 모델은 불용어를 걸러낼 때 이 문서에 대한 그림 7.18의 어텐션 구름을 생성한다.

그림 7.18 불용어가 제거된 단어 구름. dlrs(달러라는 화폐 단위의 약어), bank, 그리고 pct(퍼센트를 나타내는 약어) 같은 단어들이 인공신경망에 의해 많은 관심을 끄는 것으로 보인다. 이상하게도 also라는 단어 또한 주목을 받고 있다.

이런 식으로 가시화함으로써 곧바로 해석할 수 있기 때문에 이를 바탕으로 우리는 첫 번째 시나리오에서 제기된 질문인 "특정 레이블이 할당되는 데 주된 역할을 담당한 단어는 무엇이었을까?"에 대한 답을 얻을 수 있다.

이제 데이터에서 지저분한 단어를 처리하는 두 번째 시나리오를 살펴보자. 불용어를 걸러내지 않으면 어떻게 될까? 불용어가 레이블이 다른 문서 간의 구별을 강화하여 정확성에 기여한다면 어떻게 될까?

다음은 MLP 모델의 2연two runs(20회 반복 훈련) 중 마지막 4회 반복 훈련에 대한 정확도 보고서이다. 이 보고서에는 불용어가 제거되었다.

```
...
Epoch 17/20
8083/8083 [==============================] - 2s
➡ - loss: 0.4729 - acc: 0.8653 - val_loss: 1.4041 - val_acc: 0.7241
Epoch 18/20
8083/8083 [==============================] - 2s
➡ - loss: 0.4504 - acc: 0.8703 - val_loss: 1.4249 - val_acc: 0.7152
Epoch 19/20
8083/8083 [==============================] - 2s
➡ - loss: 0.4248 - acc: 0.8750 - val_loss: 1.4427
➡ - val_acc: 0.7253
Epoch 20/20
8083/8083 [==============================] - 2s
➡ - loss: 0.4063 - acc: 0.8802 - val_loss: 1.4829 - val_acc: 0.7186
2080/2246 [===========================>...]
➡ - ETA: 0s('Test loss:', 1.3930903858938921)
('Test accuracy:', 0.7248441674087266)
```

그리고 이 다음 출력 결과는 불용어가 포함된 경우에 해당한다.

```
...
Epoch 17/20
8083/8083 [==============================] - 2s
➡ - loss: 0.4734 - acc: 0.8655 - val_loss: 1.3654 - val_acc: 0.7308
Epoch 18/20
8083/8083 [==============================] - 2s
➡ - loss: 0.4488 - acc: 0.8741 - val_loss: 1.4007 - val_acc: 0.7353
Epoch 19/20
8083/8083 [==============================] - 2s
➡ - loss: 0.4255 - acc: 0.8768 - val_loss: 1.4053 - val_acc: 0.7341
Epoch 20/20
8083/8083 [==============================] - 2s
➡ - loss: 0.4023 - acc: 0.8816 - val_loss: 1.4546 - val_acc: 0.7286
1952/2246 [==========================>....]
➡ - ETA: 0s('Test loss:', 1.4121399647618444)
('Test accuracy:', 0.7333036509349955)
```

이러한 결과는 로이터 문서의 단어 가방 표현에서 불용어를 제거하면 정확도가 약간 낮아
진다는 것을 나타낸다. 더 체계적으로 결과를 내서 따져봐야 하겠지만, 어쨌든 이 결과만
보면 현재 어텐션 메커니즘이 노이즈 입력을 자체적으로 처리할 수 있다는 점을 알 수 있
으며, 이는 두 번째 시나리오에 나오는 질문인 "어텐션 메커니즘이 불필요한 단어의 중요
성을 낮추고 정말로 중요한 단어를 알림으로써 정교한 데이터 정리 과정이나 어휘 선택 절

차의 필요성을 줄일 수 있는가?"에 대한 답이 된다.

불용어를 제거했을 때 생성된 단어 구름은 그림 7.19와 같으며 불용어를 유지했을 때 (20회 반복 훈련) 생성된 단어 구름은 그림 7.20과 같다. 불용어가 모델 정확도를 향상시키

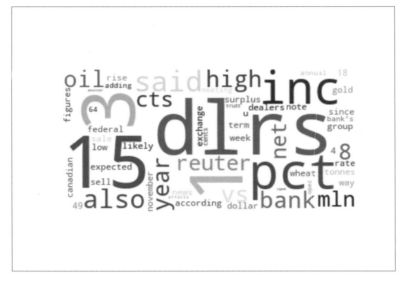

그림 7.19   어텐션 단어 구름 : 불용어 없음. 결과를 어느 정도 해석할 수 있어 보인다.

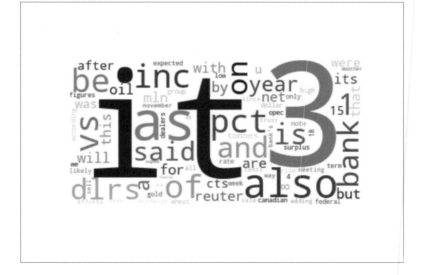

그림 7.20   어텐션 단어 구름 : 불용어 유지. 우리는 dlrs, inc, pct, bank 같은 중요 단어를 인식할 수 있지만, 그것들은 it, be, as와 같은 불용어 때문에 가려져 있다.

는 것으로 판명되면 어텐션을 가시화할 때만 불용어를 제거하고 모델을 훈련하고 테스트
할 때는 내부적으로 불용어를 사용하는 편이 더 합리적이다.

> **연습**
>
> 불용어를 제거하거나 유지하고 케라스 데이터를 빈도를 바탕으로 걸러내는 일이 정확도에 미치는 영향
> 을 조사한다(논의된 대로 정수 인코딩 시에 암묵적으로 포함되는 정보를 사용).

7.5.2 LSTM

다음으로, 어텐션이 장착된 LSTM으로 두 가지 시나리오를 살펴보자. 다음 테스트 문서,

```
the production is colossal lush breathtaking to view but the rest the
ridiculous romance Julie looking befuddled Hudson already dead the mistimed
comedy and the astoundingly boring songs deaden this spectacular film into
being irritating LILI is like a twee 1940s mega musical with some vulgar
bits to spice it up
```

에서 우리의 LSTM 모델은 불용어가 삭제될 때 그림 7.21에 표시된 어텐션 구름을 도출한
다. 문서에 있는 불용어를 그대로 두면 그림 7.22가 생성된다.

그림 7.21 어텐션 게이트가 있는 LSTM에 의해 산출된 어텐션 단어 구름 : 불용어 제거

그림 7.22 어텐션 게이트가 있는 LSTM에 의해 산출된 어텐션 단어 구름 : 불용어 유지. MLP와 마찬가지로 이전에 강조한 단어의 상대적 중요도를 볼 수 있지만 다른 단어도 중요한 것으로 나타났다.

이제 우리가 시간적 형태의 어텐션을 구현했으므로 추가로 분석해 볼 수 있는 길이 열렸다. 예를 들어, 긴 문서를 연속적인 단락으로 나눌 수 있으며 AttentionLSTM은 문서 초기에 어텐션을 기억하여 나중 단계에서 장거리 어텐션 의존성을 포착할 수 있다. 이러한 상황에서 상태 저장 AttentionLSTM을 이 데이터에 적용하여 배치별로 처리하고 배치 b_i의 n번째 구성원과 배치 b_{i+1}의 n번째 구성원 처리를 계속할 수 있다. 우리가 지정해야 하는 유일한 것은 AttentionLSTM이 상태 저장이어야 한다는 것이다. 우리는 케라스 LSTM의 플래그인 stateful을 True로 지정하여 그렇게 한다. 이러한 지정값에 맞게 데이터를 준비하는 방법을 명확히 알고 싶다면 Remy(2016)를 참조하자.

최소한 우리는 딥러닝의 두 가지 기본 아키텍처인 정적 MLP와 시간적 LSTM으로부터 간단한 형태의 어텐션을 구현했다. 사용 중인 애플리케이션과 시간 정보가 역할을 하는지 여부에 따라 여러분은 자신이 사용할 접근 방식을 선택할 수 있다.

연습

AttentionLSTM의 상태 저장 버전을 생성하고 분할된 문서로 구성된 임시 데이터에 적용한다. 모델이 문서 시작 부분의 특정 단어에 대한 관심을 유지할 수 있는가?

참고 입력 데이터에 대한 어텐션은 데이터의 특정 부분의 중요성을 해석하는 초기 단계이다. 모델에서 더 높은 수준의 추상화에 주의를 기울이면 더 의미 있는 어텐션을 반영할 수 있다. 그러나 심층 NLP 모델에서 언어 추상화가 어떻게 발생하는지에 대한 문제는 여전히 해결되지 않았다.

요약

- 여러분은 간단한 정적 소프트(즉, 전역적) 어텐션 메커니즘을 MLP 모델에 쉽게 추가할 수 있다. 입력 계층에 가까운 어텐션은 단어와 같은 입력 요소에 가중값을 할당한다.
- 독점적인 케라스 계층을 구현하여 LSTM에 대한 시간적 소프트(즉, 전역적) 어텐션을 구현할 수 있다.
- 단어 구름 같은 기술을 사용하여 특정 단어에 대한 관심의 정도를 가시화할 수 있다.
- 불용어를 제거함으로 인해 오히려 성능이 낮아질 수 있다. 불필요해 보이는 불용어가 인공신경망에서는 가치 있는 주의력을 이끌어 낼 수 있는 것으로 보인다.

다중작업 학습

이번 장에서는 실용적인 NLP 문제에 다양한 다중작업 학습multitask learning이라는 접근 방식을 적용한다. 특히 다중작업 학습을 세 가지 데이터셋에 적용한다.

- 소비자 제품 사용 후기와 식당 이용 후기로 구성된 두 가지 정서 데이터셋
- 로이터 주제 데이터셋
- 품사 부착 데이터셋과 개체명 부착 데이터셋

8.1 다중작업 학습 소개

다중작업 학습은 동시에 여러 가지를 학습하는 것과 관련이 있다(그림 8.1). 품사 부착과 정서 분석을 동시에 학습하거나 한 번에 2개의 주제 태거tagger를 학습하는 것이 그 예이다. 그게 왜 좋은 생각일까? 꽤 오랜 시간 동안 다양한 연구를 통해 다중작업 학습이 특정 개별 과업의 성능을 높인다는 점이 입증되었다. 이로 인해 다음과 같은 애플리케이션 시나

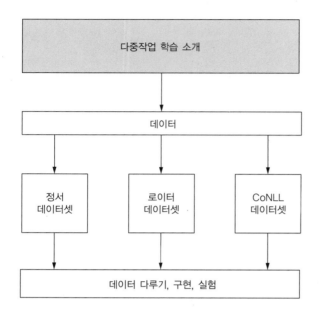

그림 8.1 다중작업 학습에 대한 소개. 분류기 성능은 한 번에 여러 과업을 학습하여 향상된다.

리오가 발생한다.

시나리오 : 다중작업 학습

여러분이 여러 NLP 작업에 대해 분류기를 훈련하고 있지만 성능이 실망스럽다고 해보자. 여러분의 과업을 부분적인 개별 과업으로 분해할 수 있다는 점이 밝혀졌다고 하자. 여기에 다중작업 학습을 적용할 수 있는가? 그렇다면 개별 과업을 함께 학습할 때 성능이 향상되는가?

다중작업 학습을 진행하려는 주된 이유는 분류기의 성능을 향상시키는 데 있다. 다중작업 학습이 성능을 향상시킬 수 있는 이유는 통계학에 뿌리를 두고 있기 때문이다. 모든 머신 러닝 알고리즘은 **귀납적 편향**inductive bias(즉, 계산의 기반이 되는 암시적 가정 집합)으로 인해 어려움을 겪는다. 그러한 귀납적 편향의 예는 서포트 벡터 머신에 의해 수행되는 클래스 경계 사이의 거리 최대화이다. 또 다른 예는 최근접 이웃 기반 머신러닝의 편향으로, 특정 시험용 데이터 점의 이웃(특징 공간에 있음)이 시험용 데이터 점과 동일한 클래스에 있다고 가정하는 것이다. 귀납적 편향이 반드시 나쁜 것은 아니다. 그것은 최적화된 전문화의 형태를 통합한다.

다중작업 학습에서 두 가지 작업을 동시에 학습하면 (각기 별도의 귀납적 편향을 포함해서) 두 작업을 동시에 최적화하는 하나의 귀납적 편향을 목표로 하는 전체 모델이 생성된다. 이 접근 방식은 개별 작업의 더 나은 일반화 속성으로 이어질 수 있으며, 이는 학습 결과로 인해 나온 분류기가 보이지 않는 데이터를 더 잘 처리할 수 있음을 의미한다. 종종 해당 분류기는 두 개별 작업 모두에 대해 더 강력한 분류기로 판명된다.

'동시 학습을 통해서 개별 과업에 대한 성능을 높이려면 어떤 과업을 결합해야 할 것인가?'라는 질문을 던지는 게 바람직하다. 이러한 과업들이 서로 개념적으로 관련되어야 하는가? **과업 간의 관련성**을 어떻게 정의해야 하는가? 이런 질문은 이 책의 범위를 벗어난 주제이다. 우리는 합리적으로 잘 맞는 과업을 결합하는 데 실험을 집중할 것이다. 예를 들어 품사 부착을 하면 개체명을 더 잘 인식할 수 있다. 또는 식당 이용 후기에 담긴 정서를 예측하는 방법을 학습하게 하면 제품에 대한 소비자의 정서를 예측하는 일에도 도움이 될 수 있다. 먼저, 우리는 데이터를 전처리하고 다루는 일에 대해 논의한다. 그런 다음 세 가지 유형의 다중작업 학습 구현에 들어간다.

8.2 다중작업 학습

앞에서 말했듯이 우리는 다중작업 학습을 위해 다음 데이터셋을 사용할 것이다(그림 8.2).

- 소비자가 작성한 이용 후기에 담긴 정서(식당 이용 후기 및 전자 제품에 대한 사용 후기)에 대한 두 가지 다른 데이터셋

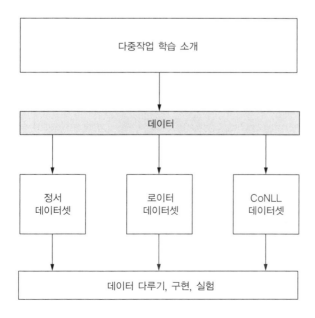

그림 8.2 다중작업 학습을 위한 데이터는 일반적으로 다양한 출처로부터 나온다.

- 뉴스 분야의 46개 주제가 있는 로이터 뉴스 데이터셋(https://keras.io/api/datasets/reuters)
- 스페인어 품사 부착과 개체명 부착 합동 학습[joint learning]

정서 데이터셋들의 경우, 우리는 두 도메인(식당 이용 후기 및 제품 사용 후기)에서 정서를 병렬로 학습하는 것이 개별 도메인에서 정서를 더 잘 할당할 수 있게 하는지를 확인할 것이다. 이것은 **도메인 전이**[domain transfer]라는 주제이다. 작은 데이터셋을 추가 데이터로 보완하는 방법을 학습하는 동안 한 도메인에서 다른 도메인으로 지식을 전수하는 방법이다.

로이터 뉴스 데이터셋은 유사한 유형의 다중작업 학습을 수반한다. 문서에 할당된 많은 주제[topics]가 주어지면 두 주제(주제 A+B, 주제 C+D와 함께 학습) 쌍을 합리적으로 조합하여 함께 학습할 때 개별 주제의 모델링에 도움이 될 수 있는가? 그리고 이러한 쌍별 판별 체계[pairwise discrimination scheme]를 다중 클래스 분류기로 어떻게 전환할 수 있는가?

마지막으로 한 가지 더 언급하자면, 마지막 과업은 레이블이 다른 공유 데이터에 적용되는 다중작업 학습을 다룬다. 이 작업에서 우리는 두 가지 분류기를 만든다. 하나는 품사 부착에 초점을 맞추고 다른 하나는 개체명 인식에 초점을 맞춘다. 이러한 과업들이 서로에게 도움이 되는가? 각 데이터셋을 차례로 살펴보자.

8.3 소비자 평가를 위한 다중작업 학습 : 옐프와 아마존 사례

우리는 긍정 정서나 부정 정서로 레이블이 지정된 옐프의 식당 이용 후기 데이터셋과 아마존의 소비자 평가라는 두 가지 정서 데이터셋을 사용할 것이다(그림 8.3). 이러한 데이터셋은 캐글(www.kaggle.com/rahulin05/sentiment-labelled-sentences-data-set)에서 얻을 수 있다.

옐프의 데이터셋에는 다음과 같은 데이터가 포함된 식당 이용 후기가 있다.

```
The potatoes were like rubber and you could tell they had been made up ahead
of time being kept under a warmer.,0

The fries were great too.,1

Not tasty and the texture was just nasty.,0

Stopped by during the late May bank holiday off Rick Steve recommendation and
loved it.,1
```

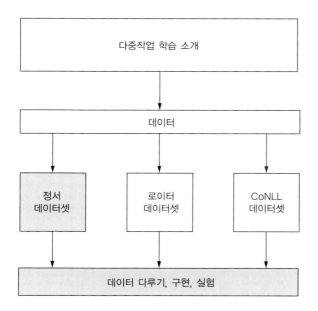

그림 8.3 정서 분석 데이터 : 옐프 및 아마존 이용 후기 및 처리

아마존 데이터셋에는 소비자가 작성한 후기들이 들어있다.

```
o there is no way for me to plug it in here in the US unless I go by a
converter.,0

Good case, Excellent value.,1

Great for the jawbone.,1

Tied to charger for conversations lasting more than 45 minutes.MAJOR
PROBLEMS!!,0

The mic is great.,1

I have to jiggle the plug to get it to line up right to get decent volume.,0
```

8.3.1 데이터 다루기

먼저 정서 데이터를 모델에 적재하는 방법에 대해 설명하겠다. 전반적인 개요도가 그림 8.4에 나와있다.

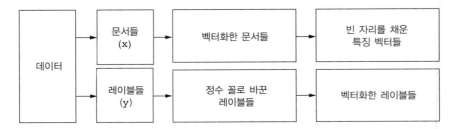

그림 8.4 정서 데이터 처리 개요도. 레이블이 지정된 데이터(정서 레이블이 지정된 문서)는 패딩되고 벡터화된 문서 및 레이블로 변환된다.

다음 절차는 데이터를 원핫 인코딩 클래스 레이블이 지정된 벡터로 변환한다.

| 목록 8.1 | 정서 데이터를 적재하기

```
def loadData(train, test):

  global Lexicon

  with io.open(train,encoding = "ISO-8859-1") as f:      훈련용 데이터를 여러 줄들로 구
      trainD = f.readlines()                              성된 배열 안으로 읽어 들인다.
  f.close()

  with io.open(test,encoding = "ISO-8859-1") as f:
      testD = f.readlines()          시험용 데이터와 유사
  f.close()

  all_text=[]
  for line in trainD:
      m=re.match("^(.+),[^\s]+$",line)                    훈련용 데이터로 all_text 배열을
      if m:                                               확장한다. 데이터의 벡터화를 위
        all_text.extend(m.group(1).split(" "))            한 어휘집에 이것이 필요하다.

    for line in testD:
      m=re.match("^(.+),[^\s]+$",line)
      if m:
        all_text.extend(m.group(1).split(" "))        시험용 데이터와 유사

  Lexicon=set(all_text)      어휘집을 구축한다.

  x_train=[]
  y_train=[]
  x_test=[]
  y_test=[]
```

어휘집을 사용해 훈련용 데이터를 벡터화
(vectorizeString에 대한 목록 8.2를 참조)한다.

```
for line in trainD:
    m=re.match("^(.+),([^\s]+)$",line)
    if m:
        x_train.append(vectorizeString(m.group(1),Lexicon))
        y_train.append(processLabel(m.group(2)))

for line in testD:                    시험용 데이터와 유사
    m=re.match("^(.+),([^\s]+)$",line)
    if m:
        x_test.append(vectorizeString(m.group(1),Lexicon))
        y_test.append(processLabel(m.group(2)))
```

훈련용 데이터와 시험용
데이터를 반환한다.

```
return (np.array(x_train),np.array(y_train)),(np.array(x_test),
    np.array(y_test))
```

vectorizeString 함수는 어휘집을 사용하여 문자열을 단어 인덱스의 벡터로 변환한다. 우리가 이전에 접했던 친숙한 케라스 one_hot 함수를 기반으로 한다.

| 목록 8.2 | 문자열 벡터화

```
def vectorizeString(s,lexicon):
    vocabSize = len(lexicon)
    result = one_hot(s,round(vocabSize*1.5))
    return result
```

processLabel 함수는 데이터셋의 클래스 레이블에 대한 전역 딕셔너리를 만든다.

| 목록 8.3 | 클래스 레이블 딕셔너리 만들기

```
def processLabel(x):
    if x in ClassLexicon:
        return ClassLexicon[x]
    else:
        ClassLexicon[x]=len(ClassLexicon)
        return ClassLexicon[x]
```

데이터의 최종 처리는 특성 벡터를 균일한 길이로 채우고 정수 기반 클래스 레이블을 케라스 내장 to_categorical 함수를 사용하여 이진 벡터로 변환한 후에 수행된다.

```
x_train = pad_sequences(x_train, maxlen=max_length, padding='post')
x_test = pad_sequences(x_test, maxlen=max_length, padding='post')

y_train = keras.utils.to_categorical(y_train, num_classes)
y_test = keras.utils.to_categorical(y_test, num_classes)
```

이제 데이터가 준비되었으므로 기준 결과를 설정해 보자. 이러한 데이터셋에 대해 표준 단일작업single-task 분류기는 무엇을 생성하는가? 다음은 단일작업 구성이다.

| 목록 8.4 | 단일작업 정서 분류기

```
(x_train,y_train),(x_test,y_test)=loadData(train,test)    훈련용 데이터와 시험
num_classes=len(ClassLexicon)                             용 데이터를 적재한다.

epochs = 100
batch_size=128

max_words=len(Lexicon)+1
                                        훈련용 데이터와 시험용 데이터          레이블을 원핫
max_length = 1000                       를 미리 지정된 길이로 채운다.          벡터(이진형, 범
x_train = pad_sequences(x_train, maxlen=max_length,                      주형) 표현으로
            padding='post')                                             변환한다.
x_test = pad_sequences(x_test, maxlen=max_length, padding='post')

y_train = keras.utils.to_categorical(y_train, num_classes)
y_test = keras.utils.to_categorical(y_test, num_classes)
                                                        입력 데이터는 30만 단어
inputs=Input(shape=(max_length,))       우리의 입력 계층    임베딩으로 묻히고, 16차
x=Embedding(300000, 16)(inputs)                          원 벡터를 산출한다.
x=Dense(64,activation='relu')(x)                     출력 차원이 64개인 Dense
x=Flatten()(x)                                       계층을 생성한다.
y=Dense(num_classes,activation='softmax')(x)         데이터를 평탄하게 하고 Dense
                                                     계층 1개를 추가한다.
model=Model(inputs=inputs, outputs=y)
model.compile(loss='categorical_crossentropy',       Dense 계층 출력을
            optimizer='adam',                        softmax 출력 계층
            metrics=['accuracy'])                    으로 전달하여 클래
                                                     스 확률을 생성한다.

history = model.fit(x_train, y_train,
                    batch_size=batch_size,
                    epochs=epochs,
                    verbose=1,
모델을 생성하고 데              validation_split=0.1)
이터에 적합시킨다.
```

아마존이나 옐프에서 이 모델을 실행하면 다음 정확도 점수가 생성된다.

- 아마존 : 76.5
- 옐프 : 69.9

이러한 단일작업 점수는 우리의 기준선이 된다. 다중작업 학습을 통해 나오는 점수가 이러한 점수보다 더 향상될까? 우리는 다중작업 학습의 세 가지 변형을 구현함으로써 이 질문에 대한 답을 알아낼 것이다.

8.3.2 하드 파라미터 공유

하드 파라미터를 공유함으로써, 우리는 일부 은닉 계층 정보를 결합하는 공유 계층과 같은 정보를 명시적으로 공유하기 위해 과업에 특화된 부분망^{subnetworks}을 시행한다(그림 8.5). 어떤 계층을 결합하는 것이 가장 좋은지는 실험을 기반으로 결정해야 하는 아키텍처 결정이다. 이것은 사실상 **하이퍼파라미터 최적화**^{hyperparameter optimization} 문제이다.

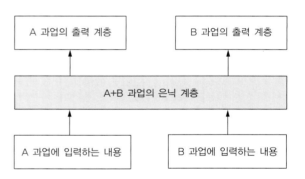

그림 8.5 하드 파라미터 공유. 2개 과업별 부분망은 특정 계층 같은 정보를 공유한다.

각기 분리된 과업들은 자신들의 과업에 특화된 입력 계층과 출력 계층을 유지하고, 중간 계층들을 공유하거나 1개 공유 계층으로 입력 결과를 함께 공급하는 식으로 중간에서 만나게 된다.

다음 목록은 하드 파라미터 공유 구현을 보여준다. 이전에 제시된 단일작업 결과와의 공정한 비교를 위해 두 하위 분류기에 대해 정확히 동일한 구조를 사용한다.

| 목록 8.5 | 정서 데이터에 대한 하드 파라미터 공유

```
ClassLexicon={}                              ⟵┤ 과업 1에 대한 데이터를 처리한다.
(x1_train,y1_train),(x1_test,y1_test)=loadData(train1,test1)
num_classes1=len(ClassLexicon)
x1_train = pad_sequences(x1_train, maxlen=max_length, padding='post')
y1_train = keras.utils.to_categorical(y1_train, num_classes1)
```

```
x1_test = pad_sequences(x1_test, maxlen=max_length, padding='post')
y1_test = keras.utils.to_categorical(y1_test, num_classes1)

ClassLexicon={}                                      ◁─┤ 과업 2에 대한 데이터를 처리한다.
(x2_train,y2_train),(x2_test,y2_test)=loadData(train2,test2)
num_classes2=len(ClassLexicon)
x2_train = pad_sequences(x2_train, maxlen=max_length, padding='post')
y2_train = keras.utils.to_categorical(y2_train, num_classes2)
x2_test = pad_sequences(x2_test, maxlen=max_length, padding='post')
y2_test = keras.utils.to_categorical(y2_test, num_classes2)

epochs = 100
batch_size=128
max_words=len(Lexicon)+1
max_length = 1000

inputsA=Input(shape=(max_length,))                   ◁─┤ 첫 번째 인공신경망을 정의한다.
x1=Embedding(300000, 16)(inputsA)
x1=Dense(64,activation='relu')(x1)
x1=Dense(32,activation='relu')(x1)
x1=Flatten()(x1)

inputsB=Input(shape=(max_length,))                   ◁─┤ 두 번째 인공신경망을 정의한다.
x2=Embedding(300000, 16)(inputsB)
x2=Dense(64,activation='relu')(x2)
x2=Flatten()(x2)

merged = Concatenate()([x1, x2])

y1=Dense(num_classes1,activation='softmax')(merged)
y2=Dense(num_classes2,activation='softmax')(merged)

model=Model(inputs=[inputsA, inputsB],outputs=[y1,y2])

model.compile(loss='categorical_crossentropy',
              optimizer='adam',
              metrics=['accuracy'])

history = model.fit([x1_train,x2_train], [y1_train,y2_train],
                    batch_size=batch_size,
                    epochs=epochs,
                    verbose=1,
                    validation_split=0.1)

score = model.evaluate([x1_test,x2_test], [y1_test,y2_test],
              batch_size=batch_size, verbose=1)
```

두 인공신경망을 모두 은닉 계층 x1과 x2를 접착하는 연결 계층인 공유 계층에 수렴하게 하자.

2개의 출력 계층을 정의하고 2개의 개별 작업에 대한 클래스를 투영한다. 이곳이 두 인공신경망이 다시 갈라지는 지점이다.

2개의 입력 배열과 2개의 출력 배열로 모델 1개를 정의한다.

```
print(score)
```

결과

먼저 우리는 이전에 얻은 단일작업 점수를 반복한다.

- 아마존 : 76.5
- 옐프 : 69.9

다중작업 분류기를 실행하면 옐프만이 합동 학습으로부터 이익을 얻어낸다는 점을 알 수 있다.

- 아마존 : 64.5
- 옐프 : 76.5

정서	단일작업 시의 점수	하드 파라미터 공유 시의 점수
아마존	76.5	64.5
옐프	69.9	76.5

연습

계층을 공유하는 일에 대한 다양한 접근 방식을 실험해 보자. 다른 계층을 결합할 수 있는가? 몇 겹이든 가능한가? 곱셈, 합산, 평균 계산 같은 단순한 연결 방법 이외의 다른 접근 방식은 어떨까? 케라스는 다양한 옵션을 제공한다. https://keras.io/layers/merge를 참조하자.

8.3.3 소프트 파라미터 공유

다중작업 학습에 대한 소프트 파라미터 접근 방식은 계층을 공유하지 않고 대신 지정된 계층에 대한 파라미터들(즉, 가중값들)을 정렬한다는 제약 조건을 받는 독립적인 부분망으로 구성된다(그림 8.6). 부분망은 가중값 사이의 거리(일부 거리 지표로 측정한 거리)가 최소화되도록 가중값들을 조정한다.

　우리는 사용자 지정 손실 함수를 통해 소프트 파라미터 공유를 구현한다. 손실 함수는 모델 학습을 구동하는 함수라는 점을 기억하자. 학습 중에 모델은 이러한 함수를 사용하여 오류를 측정한다(예 : 예측된 레이블을 훈련용 데이터의 실측 레이블과 비교하여). 표준 손실 함수로는 정확도나 평균 제곱 오차도 있으며 이 함수들은 레이블을 예측할 때 쓰인다. 사용자 지정 손실 함수를 사용하면 예측 레이블과 실측 레이블 간의 불일치 정도뿐만 아니라 임의의 정보에 대한 훈련 중 손실을 조건화할 수 있다. 이는 별도의 인공신경망에서 계층 간 가중값 사이의 거리를 정규화할 수 있는 가능성을 열어준다. 사용자 지정 손실 함수를 작성하기 위한 케라스 패턴은 다음과 같다.

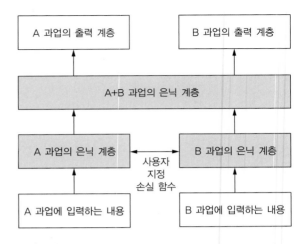

그림 8.6 소프트 파라미터 공유. 2개의 과업에 대한 부분망은 지정된 계층에 대한 파라미터(가중값)를 정렬하는 제약 조건을 통해 공동으로 규제된다.

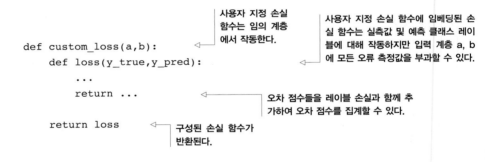

우리는 다음과 같이 이번 장의 모든 구현에 대해 이 패턴을 인스턴스화한다.

| 목록 8.6 | 사용자 지정 손실 함수

```python
def custom_loss(a,b):
        def loss(y_true,y_pred):
            e1=keras.losses.categorical_crossentropy(y_true,y_pred)
            e2=keras.losses.mean_squared_error(a,b)
            e3=keras.losses.cosine_proximity(a,b)
            e4=K.mean(K.square(a-b), axis=-1)
            return e1+e2+e3+e4
        return loss
```

이 사용자 지정 손실 함수에서 우리는 (다소 임의적인) 오류 측정을 결합한다. 기본 이론을 쉽게 사용할 수 없기 때문에 그들의 특정 구성은 실험에 열려있다.

연습

사용자 지정 손실 함수에서 다른 손실을 실험해 보자. 더 잘 작동하는 조합을 찾을 수 있는가? 아니면 특정 손실 함수(예 : 거리 지표)를 스스로 생각해 낼 수 있는가?

따라서 사용자 지정 손실 함수를 정의하려면 두 가지 주요 선택 사항이 필요하다.

- 작동해야 하는 계층 쌍
- 사용자 지정 손실 함수에 포함된 하위 손실 함수의 손실 구성

우리의 모델은 간단하다. 하드 파라미터 공유와 달리 두 작업의 계층을 결합하지 않고 각 계층 간의 정규화를 손실 함수로 전송한다. 목록 8.7을 참조하자.

> **참고** 2020년부터 케라스는 텐서플로를 유일한 백엔드로 사용한다. 텐서플로 버전 2는 `SymbolicException: Inputs to eager execution function cannot be Keras symbolic tensors`(기호 예외 발생 : 케라스의 기호 텐서들을 즉시 실행 함수에 대한 입력값으로 쓸 수 없습니다) 같은 오류를 낼 수 있다. 이 오류를 텐서플로에 대한 공식 깃허브 (https://github.com/tensorflow/probability/issues/519)에서도 확인할 수 있다. 텐서플로를 (tf로) 가져온 후에 코드에 `tf.compat.v1.disable_eager_execution()`을 추가하면 이 문제를 해결할 수 있다고 알려져 있다. 스택 익스체인지Stack Exchange라고 불리는 사이트 (http://mng.bz/o2Yv)에서 이에 대해 토론해 볼 수 있다.

| 목록 8.7 | 정서 데이터에 대한 소프트 파라미터 공유

```
inputsA=Input(shape=(max_length,))
x1=Embedding(300000, 16)(inputsA)
x1=Dense(64,activation='relu')(x1)
x1=Flatten()(x1)

inputsB=Input(shape=(max_length,))
x2=Embedding(300000, 16)(inputsB)
```

```
x2=Dense(64,activation='relu')(x2)
x2=Flatten()(x2)

y1=Dense(num_classes1,activation='softmax')(x1)
y2=Dense(num_classes2,activation='softmax')(x2)

model=Model(inputs=[inputsA, inputsB],outputs=[y1,y2])

model.compile(loss=custom_loss(x1,x2),
              optimizer='adam',
              metrics=['accuracy'])
```

결과

아마존 및 옐프에 대한 결과는 다음과 같다.

- 아마존 : 77.5
- 옐프 : 75

이 결과가 이전 결과에 누적되어 다음 같은 결과가 나온다.

정서	단일작업 시	하드 파라미터 공유 시	소프트 파라미터 공유 시
아마존	76.5	64.5	77.5
옐프	69.9	76.5	75

소프트 파라미터 공유는 기준선에 비해 아마존에서 성능을 향상시키고 옐프에서 성능을 향상시킨다(하드 파라미터 공유와 비교하지 않음).

8.3.4 믹스 파라미터 공유

믹스 파라미터 공유 방식은 하드 파라미터 공유 방식과 소프트 파라미터 공유 방식을 조합한 것일 뿐이다. 부분 인공신경망은 하나 이상의 계층을 공유하고 내부 파라미터를 서로 조정한다(그림 8.7). 우리의 실험에서는 세 종류의 다중작업 학습 모두에 대해 부분 인공신경망의 수를 2개로 제한한다.

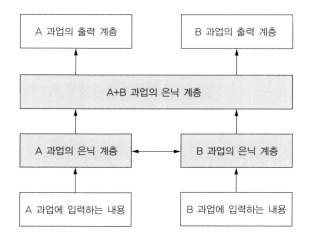

A 과업의 출력 계층

B 과업의 출력 계층

A+B 과업의 은닉 계층

A 과업의 은닉 계층

B 과업의 은닉 계층

A 과업에 입력하는 내용

B 과업에 입력하는 내용

그림 8.7 믹스 파라미터 공유 방식에서는 계층 간에 데이터를 공유한다. 2개의 과업별 부분망은 (계층과 같은) 정보를 공유하고 공동으로 규제된다.

믹스 파라미터 공유 방식의 경우 하드 파라미터 공유 방식과 소프트 파라미터 공유 방식을 결합하기만 하면 된다.

| 목록 8.8 | 정서 데이터에 대한 믹스 파라미터 공유

```
(...)
merged = Concatenate()([x1, x2])

y1=Dense(num_classes1,activation='softmax')(merged)
y2=Dense(num_classes2,activation='softmax')(merged)

model=Model(inputs=[inputsA, inputsB],outputs=[y1,y2])

def custom_loss(a,b):
    def loss(y_true,y_pred):
        e1=keras.losses.categorical_crossentropy(y_true,y_pred)
        e2=keras.losses.mean_squared_error(a,b)
        e3=keras.losses.cosine_proximity(a,b)
        e4=K.mean(K.square(a-b), axis=-1)
        return e1+e2+e3+e4
    return loss

model.compile(loss=custom_loss(x1,x2),
                optimizer='adam',
                metrics=['accuracy'])
```

결과

믹스 파라미터 공유 방식을 따르면 다음 결과가 나온다.

- 아마존 : 74
- 옐프 : 69.5

소프트 파라미터 공유 방식을 따를 때나 단일작업 분류기를 사용할 때보다 성능이 떨어진다.

정서	단일작업 시	하드 파라미터 공유 시	소프트 파라미터 공유 시	믹스 파라미터 공유 시
아마존	76.5	64.5	77.5	74
옐프	69.9	76.5	75	69.5

8.4 로이터 주제 분류를 위한 다중작업 학습

로이터 데이터셋은 케라스 데이터셋 라이브러리 중 일부를 이루고 있다(그림 8.8). 텍스트는 정수 기반 벡터로 인코딩되며 모든 정수는 각기 단어를 1개씩만 나타낸다(자세한 내용은 7장 참조). 다음은 케라스 데이터셋에 들어있는 모든 주제를 나열한 목록이다(https://github.com/keras-team/keras/issues/12072에서 스테픈 바우어[Steffen Bauer]의 댓글을 참조).

```
ReutersTopics= ['cocoa','grain','veg-oil','earn','acq','wheat','copper',
```

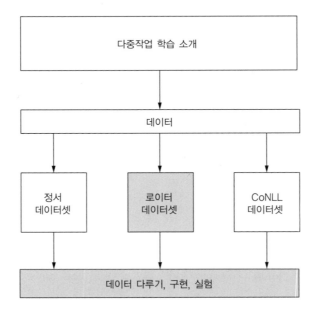

그림 8.8 주제 분류를 위한 로이터 데이터 처리. 이전 장에서 살펴본 로이터 데이터셋은 (경제) 뉴스 도메인의 46개 주제에 할당된 문서로 구성된다.

```
'housing','money-supply','coffee','sugar','trade','reserves','ship',
'cotton','carcass','crude','nat-gas',  'cpi','money-fx','interest',
'gnp','meal-feed','alum','oilseed','gold','tin','strategic-metal',
'livestock','retail','ipi','iron-steel','rubber','heat','jobs','lei',
'bop','zinc','orange','pet-chem','dlr','gas','silver','wpi','hog',
'lead']
```

8.4.1 데이터 다루기

우리가 수행할 실험은 동일한 데이터 구성을 따른다. 두 쌍의 주제에 대해, 어떤 서로 다른 두 주제 쌍이 별도의 추가 과업을 통해서 학습될 수 있는지 조사하며, 이 과정에서 두 과업은 모두 서로에게 도움이 되는 방식으로 수행된다. 따라서 우리는 주제 쌍(각 쌍은 작업에 해당)을 만들고 이러한 두 쌍(총 4개의 주제를 다루게 됨)의 조합이 각 과업에 어떤 이점을 주는지 살펴볼 것이다. 이것은 **일대일 분류**의 예인데, 클래스가 N개라면 $N(N-1)/2$개의 이진 분류기를 훈련하여 두 클래스 간의 차이점을 학습한다. 테스트하는 동안 각 테스트 문서에 대해 가장 자주 할당된 클래스 레이블을 계산하고 해당 레이블을 문서에 할당한다.

예를 들어 A, B, C라는 레이블이 지정된 데이터가 있는 3개 클래스 문제가 있다고 가정해 보자. 여러분은 다음과 같이 3개의 분류기($3 \times 2/2$)를 훈련하게 된다.

- **분류기 1** —A 대 {B,C} : B와 C에 대한 데이터는 하나의 복합 클래스 {B,C}로 함께 묶인다.
- **분류기 2** —B 대 {A,C} : A와 C에 대한 데이터는 하나의 복합 클래스 {A,C}로 함께 묶인다.
- **분류기 3** —C 대 {A,B} : A와 B에 대한 데이터는 하나의 복합 클래스 {A,B}로 함께 묶인다.

주어진 문서가 분류기 1에 의해 {B,C}, 분류기 2에 의해 {A,C}, 분류기 3에 의해 C로 레이블이 지정된 경우 C에 대해 세 번의 투표가 있으므로(A와 B에 대해 각각 한 번의 투표), 우리는 문서에 C 레이블을 붙인다.

46개 주제의 총 쌍별 조합 수는 다소 압도적이어서 1,035($46 \times 45/2$)가 된다. 우리는 이러한 각 쌍에 대해 훈련용 데이터셋과 시험용 데이터셋을 생성한다. 이러한 쌍 중 일부는 훈련용 데이터셋이 너무 작을 수 있으므로 우리는 훈련당 하한을 300개 항목으로 설정한다.

목록 8.9에 들어있는 코드는 숫자 식별자(케라스 데이터 집합에서 레이블로 사용됨)를

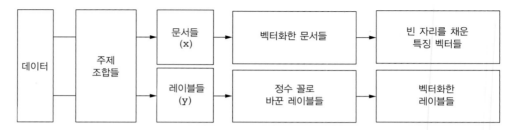

그림 8.9 로이터 데이터 처리 스키마

기반으로 모든 고유한 주제 쌍을 생성하고 항목이 300개 미만인 데이터셋을 제거한다. 주제 조합에 따라 정서 데이터에 대한 문서 및 레이블이 처리된다. 그림 8.9에 나오는 개요도를 통해 이 과정을 알 수 있다.

| 목록 8.9 | 주제 조합 생성

```
Stored={}
for x in range(45):
    for y in range(45):
        if x==y:
            continue
        if (x,y) not in Stored and (y,x) not in Stored:
            Stored[(x,y)]=1
```

또한 주제 레이블을 이진값으로 변환하기 위해 전역 **ClassLexicon**이라는 사전을 정의한다(작업이 2개뿐임을 기억하자).

```
global ClassLexicon
ClassLexicon={}
```

이것은 다음 목록에서 사용된다.

| 목록 8.10 | 클래스 레이블 조회

```
def processLabel(x):
    if x in ClassLexicon:
        return ClassLexicon[x]
    else:
```

```
ClassLexicon[x]=len(ClassLexicon)
return ClassLexicon[x]
```

다음으로, 두 쌍의 주제의 모든 조합에 대해 다음과 같이 훈련용 데이터셋과 시험용 데이터셋을 구축한다.

| 목록 8.11 | 로이터 데이터셋을 훈련용과 시험용으로 나눠 만들기

```
Tried={}
for (topic1,topic2) in Stored:          주제 조합을 추적하기 위해
    for (topic3,topic4) in Stored:       보조 사전을 정의한다.
        if (topic1,topic2)==(topic3,topic4):
            continue
        if topic1 in (topic3,topic4) or topic2 in (topic3,topic4):
            continue
        if (topic1,topic2) in Tried or (topic3,topic4) in Tried:
            continue
        Tried[(topic1,topic2)]=1
        Tried[(topic3,topic4)]=1
                                         마찬가지로, 부분적으로 겹
        ClassLexicon={}                  치는 주제 쌍을 제외한다.
        ClassLexicon[topic1]=ClassLexicon[topic2]=0
        ClassLexicon[topic3]=ClassLexicon[topic4]=1


        indices_train1=[i for i in range(len(y_train)) if
➡        y_train[i] in [topic1,topic2]]
        indices_test1=[i for i in range(len(y_test)) if
➡        y_test[i] in [topic1,topic2]]
        indices_train2=[i for i in range(len(y_train)) if
➡        y_train[i] in [topic3,topic4]]
        indices_test2=[i for i in range(len(y_test)) if
➡        y_test[i] in [topic3,topic4]]

        x1_train=np.array([x_train[i] for i in indices_train1])
        y1_train=np.array([processLabel(y_train[i]) for i in indices_train1])

        ClassLexicon={}

        x1_test=np.array([x_test[i] for i in indices_test1])
        y1_test=np.array([processLabel(y_test[i]) for i in indices_test1])

        ClassLexicon={}
```

동일한 주제 쌍을 확인한다.

선택한 주제 쌍들을 준수하는 훈련용 데이터 레이블들에서 인덱스들을 선택한다.

클래스 레이블들에 대한 사전을 만든다. 우리는 선택한 주제 레이블들을 이진 레이블로 다시 지정하여 2개의 이진 작업을 생성한다.

두 번째 작업에 대해 이 과정을 반복하여 훈련용 데이터와 시험용 데이터를 생성한다.

```
x2_train=np.array([x_train[i] for i in indices_train2])
y2_train=np.array([processLabel(y_train[i]) for i in indices_train2])

ClassLexicon={}

x2_test=np.array([x_test[i] for i in indices_test2])
y2_test=np.array([processLabel(y_test[i]) for i in indices_test2])

num_classes1=2
num_classes2=2
max_length=1000

x1_train = pad_sequences(x1_train, maxlen=max_length,
  padding='post')
y1_train = keras.utils.to_categorical(y1_train, num_classes1)
x1_test = pad_sequences(x1_test, maxlen=max_length, padding='post')
y1_test = keras.utils.to_categorical(y1_test, num_classes1)
x2_train = pad_sequences(x2_train, maxlen=max_length, padding='post')
y2_train = keras.utils.to_categorical(y2_train, num_classes2)
x2_test = pad_sequences(x2_test, maxlen=max_length, padding='post')
y2_test = keras.utils.to_categorical(y2_test, num_classes2)

if len(x1_train)<300 or len(x2_train)<300:
    continue

min_train=min(len(x1_train),len(x2_train))
x1_train=x1_train[:min_train]
x2_train=x2_train[:min_train]
y1_train=y1_train[:min_train]
y2_train=y2_train[:min_train]

min_test=min(len(x1_test),len(x2_test))
x1_test=x1_test[:min_test]
x2_test=x2_test[:min_test]
y1_test=y1_test[:min_test]
y2_test=y2_test[:min_test]
```

> 두 작업에 대해 훈련용 데이터와 시험용 데이터를 채우고 레이블을 이진 벡터로 변환한다.

> 항목이 300개 미만인 데이터셋은 삭제된다.

> 두 작업 모두에 대해 균등한 크기의 데이터셋을 생성한다.

8.4.2 하드 파라미터 공유

다음은 이 데이터셋에 대한 하드 파라미터 공유를 구현하는 방법이다. 두 주제의 모든 쌍에 대해 우리는 다른 쌍의 두 주제를 찾고, 그 2개의 클래스 문제를 함께 배운다. 모델 구조는 정서 데이터에 사용한 것과 정확히 일치한다.

| 목록 8.12 | 로이터 하드 파라미터 공유

```
inputsA=Input(shape=(max_length,))
x1=Embedding(300000, 16)(inputsA)
x1=Dense(64,activation='relu')(x1)
x1=Flatten()(x1)
```
◁── 첫 번째 주제 조합에 대한
    인공신경망(2개 주제)

```
inputsB=Input(shape=(max_length,))
x2=Embedding(300000, 16)(inputsB)
x2=Dense(64,activation='relu')(x2)
x2=Flatten()(x2)
```
◁── 두 번째 주제 조합에 대한
    인공신경망(2개 주제)

```
merged = Concatenate()([x1, x2])
```
◁── 두 계층을 결합한다.

```
y1=Dense(num_classes1,activation='softmax')(merged)
y2=Dense(num_classes2,activation='softmax')(merged)

model=Model(inputs=[inputsA, inputsB],outputs=[y1,y2])

history = model.fit([x1_train,x2_train], [y1_train,y2_train],
                    batch_size=batch_size,
                    epochs=epochs,
                    verbose=0,
                    validation_split=0.1)
```
◁── 현재 데이터 파티
션들 위에서 모델
을 훈련한다(목록
8.11의 이전 코드
조각의 루프에 여
전히 있음을 알
수 있다).

```
score = model.evaluate([x1_test,x2_test], [y1_test,y2_test],
                       batch_size=batch_size, verbose=1)
```
◁── 모델을 평가한다.

결과

하드 파라미터 공유는 다음 결과를 생성한다.

```
grain+sugar improved with cocoa+trade: 0.160000 => 0.200000
grain+nat-gas improved with cocoa+crude: 0.089286 => 0.107143
grain+gnp improved with cocoa+interest: 0.022222 => 0.044444
wheat+trade improved with acq+reserves: 0.953488 => 0.976744
trade+nat-gas improved with sugar+crude: 0.102041 => 0.142857
trade+gnp improved with sugar+interest: 0.056604 => 0.113208
nat-gas+interest improved with crude+gnp: 0.068182 => 0.159091
money-fx+gnp improved with cpi+interest: 0.901961 => 0.921569
```

점수가 낮은 주제에 대해서도 몇 가지 중요한 개선 사항을 확인할 수 있다. 소프트 파라미터 공유는 어떻게 이루어지는가?

8.4.3 소프트 파라미터 공유

로이터에 대한 소프트 파라미터 구현은 다음과 같다.

| 목록 8.13 | 로이터 소프트 파라미터 공유

```python
inputsA=Input(shape=(max_length,))
x1=Embedding(300000, 16)(inputsA)
x1=Dense(64,activation='relu')(x1)
x1=Flatten()(x1)

inputsB=Input(shape=(max_length,))
x2=Embedding(300000, 16)(inputsB)
x2=Dense(64,activation='relu')(x2)
x2=Flatten()(x2)

y1=Dense(num_classes1,activation='softmax')(x1)
y2=Dense(num_classes2,activation='softmax')(x2)
model=Model(inputs=[inputsA, inputsB],outputs=[y1,y2])

def custom_loss(a,b):
    def loss(y_true,y_pred):
        e1=keras.losses.categorical_crossentropy(y_true,y_pred)
        e2=keras.losses.mean_squared_error(a,b)
        e3=keras.losses.cosine_proximity(a,b)
        e4=K.mean(K.square(a-b), axis=-1)
        return e1+e2+e3+e4
    return loss

model.compile(loss=custom_loss(x1,x2),
              optimizer='adam',
              metrics=['accuracy'])
```

결과

로이터에 대한 소프트 파라미터 공유는 다음 결과를 생성한다.

```
veg-oil+earn improved with cocoa+grain: 0.964912 => 0.982456
earn+cpi improved with veg-oil+interest: 0.958333 => 0.979167
wheat+trade improved with acq+reserves: 0.953488 => 0.976744
coffee+money-fx improved with money-supply+interest: 0.948276 => 0.965517
trade+reserves improved with sugar+ship: 0.900000 => 0.925000
trade+cpi improved with sugar+money-fx: 0.910714 => 0.928571
ship+money-fx improved with reserves+interest: 0.931818 => 0.954545
nat-gas+money-fx improved with crude+interest: 0.952381 => 0.968254
```

```
nat-gas+interest improved with crude+gnp: 0.068182 => 0.090909
money-fx+gnp improved with cpi+interest: 0.901961 => 0.960784
interest+meal-feed improved with money-fx+hog: 0.902439 => 0.926829
```

흥미롭게도 하드 파라미터 공유 방식에 비해 정확도가 크게 높아지는 것을 볼 수 있다. 그러나 믹스 파라미터 공유 방식에서는 그 정도로 개선되지 않았다.

8.4.4 믹스 파라미터 공유

이전과 마찬가지로 두 가지 파라미터 공유 모드를 결합한다.

| 목록 8.14 |　　로이터 믹스 파라미터 공유

```python
inputsA=Input(shape=(max_length,))
x1=Embedding(300000, 16)(inputsA)
x1=Dense(64,activation='relu')(x1)
x1=Flatten()(x1) # LSTM에 맞게 데이터 구조를 평탄화하기

inputsB=Input(shape=(max_length,))
x2=Embedding(300000, 16)(inputsB)
x2=Dense(64,activation='relu')(x2)
x2=Flatten()(x2)

merged = Concatenate()([x1, x2])

y1=Dense(num_classes1,activation='softmax')(merged)
y2=Dense(num_classes2,activation='softmax')(merged)

model=Model(inputs=[inputsA, inputsB],outputs=[y1,y2])

def custom_loss(a,b):
    def loss(y_true,y_pred):
        e1=keras.losses.categorical_crossentropy(y_true,y_pred)
        e2=keras.losses.mean_squared_error(a,b)
        e3=keras.losses.cosine_proximity(a,b)
        e4=K.mean(K.square(a-b), axis=-1)
        return e1+e2+e3+e4
    return loss

model.compile(loss=custom_loss(x1,x2),
          optimizer='adam',
          metrics=['accuracy'])
```

결과

이 방식으로 접근하면 다음과 같은 결과가 나온다.

```
grain+nat-gas improved with cocoa+crude: 0.089286 => 0.107143
wheat+trade improved with acq+reserves: 0.953488 => 0.976744
trade+reserves improved with sugar+ship: 0.900000 => 0.925000
trade+cpi improved with sugar+money-fx: 0.910714 => 0.928571
trade+gnp improved with sugar+interest: 0.056604 => 0.075472
ship+money-fx improved with reserves+interest: 0.931818 => 0.954545
nat-gas+interest improved with crude+gnp: 0.068182 => 0.136364
money-fx+gnp improved with cpi+interest: 0.901961 => 0.941176
```

결론적으로 세 가지 접근 방식은 중복되지만 서로 다른 결과를 생성한다. 이러한 다양한 접근 방식의 이점을 얻고자 한다면 **단일 파라미터 공유 대 전체 파라미터 공유**라는 세 가지 유형으로 구성된 앙상블 분류기를 만드는 게 합리적이다.

> **연습**
>
> 방금 대략 설명한 내용에 맞춰 이 다중작업 분류기로부터 앙상블 분류기를 만들어 내자. 이 데이터에 대한 표준 다중 클래스 분류기와 비교하면 어떨까?

8.5 품사 부착 및 개체명 인식을 위한 다중작업 학습

CoNLL^Computational Natural Language Learning 회의에서는 매년 자신들이 공유했던 작업 성과를 게시한다(그림 8.10). 2002년에는 네덜란드어와 스페인어(http://mng.bz/nNO4)를 위한 품사 부착용 태그와 개체명 인식용 태그를 지정하는 과제가 제시되었다. 개체명을 부착하는 작업은 격리된 단어에서 구문에 이르는 개체명 인식 작업으로 구성된다. 예를 들어 **Melbourne**은 한 단어로 이뤄진 개체명이지만 **The United States of America**는 어구로 이뤄진 개체명이다. CoNLL 과업에서는 이 작업을 처리하기 위해 소위 I-O-B 스키마를 사용한다. 이 스키마 방식에서는 단어들에 개체명(B), 개체명의 (안쪽) 일부(I), 개체명의 (일부가 아닌) 외부(O)로 나눠 태그를 지정한다.

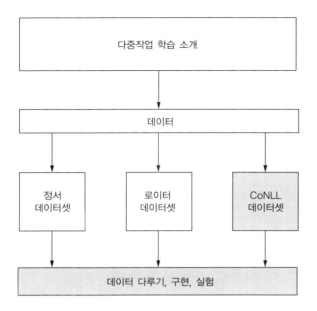

그림 8.10 CoNLL 회의에서 개체명 인식에 대해 잘 배울 수 있다.

다음은 스페인어 CoNLL 데이터의 일반적인 부분이다.

```
El DA O
Abogado NC B-PER
General AQ I-PER
del SP I-PER
Estado NC I-PER
, Fc O
Daryl VMI B-PER
Williams NC I-PER
, Fc O
subrayó VMI O
hoy RG O
```

우리는 "El Abogado General del Estado, Daryl Williams, subrayó hoy …(주 검찰총장인 대릴 윌리엄스는 오늘 …를 강조했다)"라는 문자열을 이루고 있는 각 단어에 대해 품사와 할당된 I-O-B 태그가 있음을 알 수 있다. 태그는 사람이나 직위(PER), 조직(ORG), 위치(LOC)에 대해 하위 분류가 되었다.

```
Tribunal NC B-ORG
Supremo AQ I-ORG
del SP O
estado NC O
```

```
de SP O
Victoria NC B-LOC
```

이 예에서는 문자열 "Tribunal Supremo del estado de Victoria(빅토리아주 대법원)"를 사용한다.

8.5.1 데이터 다루기

우리는 그림 8.11에 표시된 스키마에 따라 CoNLL 데이터를 처리할 것이다. 먼저 2개의 보조 어휘집 조회^{lookup} 프러시저를 정의한다. 하나는 특징(단어)용이고 다른 하나는 데이터 처리 코드에서 사용될 클래스 레이블(품사 및 I-O-B 태그)용이다.

| 목록 8.15 | 어휘집 조회

```
global ClassLex
ClassLex={}

def lookup(feat):
    if feat not in Lex:
        Lex[feat]=len(Lex)
    return Lex[feat]

def class_lookup(feat):
    if feat not in ClassLex:
        ClassLex[feat]=len(ClassLex)
    return ClassLex[feat]
```

CoNLL 데이터의 원래 형식(한 줄에 한 단어, 태그 추가)을 창 형태 표현에 맞게 미리 처리한다. 세 단어의 창을 사용한다. 아이디어는 앞의 두 단어를 기반으로 세 번째 단어의 태그를 예측하는 것이다.

```
ngram_size=3

lines=[x.rstrip() for x in f.readlines()]    ← CoNLL 데이터를 배열로 읽고
sentence=[]                                      줄바꿈 문자를 제거한다.
for line in lines:
    if line=='':
        ngrams=[sentence[i:i+ngram_size]      ← 엔그램(태그가 달린 단어의
        ➡ for i in xrange(len(sentence)-ngram_size+1)]   조합)을 만든다. 우리의 경
        for ngr in ngrams:                         우에는 크기가 3이다.
            print '|'.join(ngr)     ← | 기호를 구분 기호로 사용
                                        하여 엔그램을 인쇄한다.
```

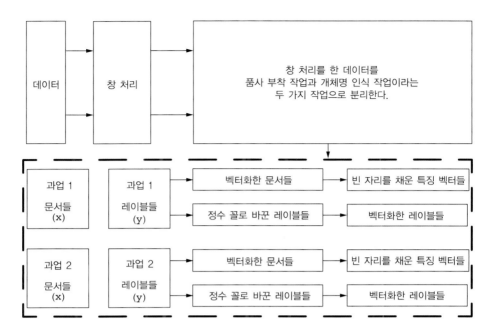

그림 8.11 CoNLL 데이터 처리 스키마. 데이터는 품사 부착 및 개체명 인식이라는 두 가지 과업을 위해 창으로 표시되고 분할된다.

```
        sentence=[]
    else:
        sentence.append(line)
```

이 프러시저는 다음과 같이 출력한다.

```
la DA O|necesidad NC O|de SP O
necesidad NC O|de SP O|tomar VMN O
de SP O|tomar VMN O|medidas NC O
tomar VMN O|medidas NC O|para SP O
medidas NC O|para SP O|proteger VMN O
para SP O|proteger VMN O|al SP O
```

`load_conll` 함수는 훈련용 데이터와 시험용 데이터 파일에서 이 형식으로 읽고 목록 8.14에 나오는 두 가지 조회 프러시저를 사용하여 데이터를 벡터 형식으로 변환한다.

| 목록 8.16 | 훈련용 및 시험용 CoNLL 데이터 생성

```
def load_conll(train, test):
```

```
        x1_train=[]
        y1_train=[]
        x1_test=[]
        y1_test=[]
        x2_train=[]
        y2_train=[]
        x2_test=[]
        y2_test=[]

        tr=open(train,"r")
        for line in tr:
            if line.rstrip()=='':
                continue
            features=line.rstrip().split("|")
            target=features.pop().split(" ")
            target_word=target[0]
            target_y1=target[1]
            target_y2=target[2]

            y1_train.append(class_lookup(target_y1))
            y2_train.append(class_lookup(target_y2))

            l=lookup(target_word)
            x1=[l]
            x2=[l]
            for feature in features:
                if feature=='':
                    continue
                feature_split=feature.split(" ")
                x1.append(lookup(feature_split[0]))
                x1.append(lookup(feature_split[1]))
                x2.append(lookup(feature_split[0]))
                x2.append(lookup(feature_split[2]))
            x1_train.append(x1)
            x2_train.append(x2)
        tr.close()

        te=open(test,"r")
        for line in te:
            if line.rstrip()=='':
                continue
            features=line.rstrip().split("|")
            target=features.pop().split(" ")
            target_word=target[0]
            target_y1=target[1]
            target_y2=target[2]
```

창문 형태로 표현해 둔 훈련용 데이터를 읽고 대상(엔그램의 마지막 단어와 연결된 2개의 태그)을 결정한다.

여기서 우리는 단어와 음성 일부를 첫 번째 과업에 할당하고 단어와 개체명 태그를 두 번째 과업에 할당한다.

마찬가지로 시험용 데이터를 처리한다.

```
            y1_test.append(class_lookup(target_y1))
            y2_test.append(class_lookup(target_y2))

            l=lookup(target_word)
            x1=[l]
            x2=[l]

            for feature in features:
                if feature=='':
                    continue
                feature_split=feature.split(" ")
                x1.append(lookup(feature_split[0]))
                x1.append(lookup(feature_split[1]))
                x2.append(lookup(feature_split[0]))
                x2.append(lookup(feature_split[2]))
            x1_test.append(x1)
            x2_test.append(x2)
    te.close()

    return (np.array(x1_train), np.array(y1_train)),(np.array(x2_train),
 ➡  np.array(y2_train)),(np.array(x1_test),np.array(y1_test)),
 ➡  (np.array(x2_test),np.array(y2_test))     ⟵ │ 모든 데이터를 반환한다.
```

다음 목록은 클래스 벡터 표현을 생성하기 전에 `load_conll` 함수가 사용되는 방법을 보여준다.

**| 목록 8.17	클래스 벡터 생성**

```
(x1_train, y1_train), (x2_train, y2_train), (x1_test,y1_test),
 ➡  (x2_test, y2_test)= load_conll(train, test)

num_classes1=np.max(np.concatenate((y1_train,y1_test),axis=None))+1
num_classes2=np.max(np.concatenate((y2_train,y2_test),axis=None))+1

y1_train = keras.utils.to_categorical(y1_train, num_classes1)
y1_test = keras.utils.to_categorical(y1_test, num_classes1)
y2_train = keras.utils.to_categorical(y2_train, num_classes2)
y2_test = keras.utils.to_categorical(y2_test, num_classes2)
```

다음으로 우리는 이 데이터에 대해 두 가지 단일작업 모델을 구현한다. 여러 상수를 정의하는 일부터 한다.

| 목록 8.18 | 상수 정의

```
num_words=len(Lex)
embedding_vector_length = 32
max_length=5
batch_size=128
epochs=50
```

품사 부착[POS]을 위한 단일작업 구현은 다음과 같다.

| 목록 8.19 | 단일작업 CoNLL 데이터 분석

```
inputs=Input(shape=(max_length,))                        ◁── 입력 계층을 정의한다.

                                                                       입력은 출력 차원이 32인
x=Embedding(num_words, embedding_vector_length)(inputs)  ◁──  임베딩 계층에 임베딩된다.

x=Conv1D(filters=32, kernel_size=3, padding='same', activation='relu')(x)  ◁──

x=MaxPooling1D(pool_size=2)(x)        ◁──                   데이터의 선형 정
                                        MaxPooling을 합성곱     렬 구조를 보호하
                                        계층 출력에 적용한다.      기 위해 합성곱 계
x=LSTM(100)(x)      ◁── 출력 차원이 100인 LSTM 계                 층을 적용한다.
                        층으로 출력값이 공급된다.

y=Dense(num_classes1, activation='softmax')(x)     ◁──  Dense 출력 계층은 softmax를
                                                         사용하여 클래스 확률을 생성한다.

model=Model(inputs=inputsA,outputs=y)
model.compile(loss='categorical_crossentropy',
              optimizer='adam',
              metrics=['categorical_accuracy'])
history = model.fit(x_train, y_train,
                    batch_size=batch_size,
                    epochs=epochs,
                    verbose=1,
                    validation_split=0.1)

score = model.evaluate(x_test, y_test,
                       batch_size=batch_size, verbose=1)
```

시험용 데이터를 사용해 모델을 평가한다.

개체명 인식[NER]의 경우 정확히 동일한 설정이 있다. 이 모델을 사용한 단일작업 학습에 대한 기본 결과는 다음과 같다.

• POS : 0.917472

- NER : 0.932256

8.5.2 하드 파라미터 공유

다음은 하드 파라미터 공유 방식을 CoNLL을 사용해 구현하는 방법이다. 우리는 기본적으로 동일한 부분 인공신경망을 사용하고 이전과 마찬가지로 공유 계층에 수렴하도록 한다.

| 목록 8.20 | CoNLL에 대한 하드 파라미터 공유

```
inputsA=Input(shape=(max_length,))        ←─┤ 과업 1인 품사 부착(POS)에 대한 부분망
x2=Embedding(num_words, embedding_vector_length)(inputsA)
x1=Conv1D(filters=32, kernel_size=3, padding='same', activation='relu')(x2)
x1=MaxPooling1D(pool_size=2)(x1)
x1=LSTM(100)(x1)
                                           ┌ 과업 2인 개체명 인식(즉, NER)에
inputsB=Input(shape=(max_length,))        ←─┤ 대한 부분망
x2=Embedding(num_words, embedding_vector_length)(inputsB)
x2=Conv1D(filters=32, kernel_size=3, padding='same', activation='relu')(x2)
x2=MaxPooling1D(pool_size=2)(x2)
x2=LSTM(100)(x2)
                                      ┌ 두 인공신경망에
merged = Concatenate()([x1, x2])      ←─┤ 대한 공유 계층


y1=Dense(num_classes1, activation='softmax')(merged)    ←─┤ 두 인공신경망은 모두
y2=Dense(num_classes2, activation='softmax')(merged)       │ 공유 계층을 기반으로
                                                             출력을 생성한다.

model=Model(inputs=[inputsA, inputsB],outputs=[y1,y2])  ←─┤ 2개의 입력과 2개의 출력
                                                           이 있는 모델을 정의한다.

model.compile(loss='categorical_crossentropy',
              optimizer='adam',
                  metrics=['categorical_accuracy'])


history = model.fit([x1_train,x2_train], [y1_train,y2_train],  ←─┤ 모델을 적합
            batch_size=batch_size,                                │ 시킨다.
            epochs=epochs,
            verbose=1,
            validation_split=0.1)
                                                               ┌ 모델을 평가
                                                                 한다.
score = model.evaluate([x1_test,x2_test], [y1_test,y2_test],  ←─┘
            batch_size=batch_size, verbose=1)
```

결과

다시 말하지만 단일작업 학습에 대한 기본 결과는 다음과 같다.

- POS : 0.917472
- NER : 0.932256

두 과업을 함께 학습하면 NER은 약간 향상되지만 두 과업 모두 합동 학습에서 이점을 얻는 것 같다.

- POS : 0.918869
- NER : 0.942686

CoNLL	단일작업 시	하드 파라미터 공유 시
POS	0.917472	0.918869
NER	0.932256	0.942686

8.5.3 소프트 파라미터 공유

우리는 소프트 파라미터 공유 방식을 처리하기 위해 2개의 임베딩 계층을 공유하도록 선택한다.

| 목록 8.21 | CoNLL에 대한 소프트 파라미터 공유

```
inputsA=Input(shape=(max_length,))        ◁── POS용 인공신경망을 정의한다.
x_a=Embedding(num_words, embedding_vector_length)(inputsA)
x1=Conv1D(filters=32, kernel_size=3, padding='same', activation='relu')(x_a)
x1=MaxPooling1D(pool_size=2)(x1)
x1=LSTM(100)(x1)

inputsB=Input(shape=(max_length,))        ◁── NER용 인공신경망을 정의한다.
x_b=Embedding(num_words, embedding_vector_length)(inputsB)
x2=Conv1D(filters=32, kernel_size=3, padding='same', activation='relu')(x_b)
x2=MaxPooling1D(pool_size=2)(x2)
x2=LSTM(100)(x2)

y1=Dense(num_classes1, activation='softmax')(x1)
y2=Dense(num_classes2, activation='softmax')(x2)

model=Model(inputs=[inputsA, inputsB],outputs=[y1,y2])

x_a=Flatten()(x_a)          ◁── 두 임베딩 계층을 평평하게(flatten) 만든다. 숫자 값의
x_b=Flatten()(x_b)              배열로 표현되는 모든 특징이 있는 행렬임을 상기하자.
```

```
def custom_loss(a,b):
    def loss(y_true,y_pred):
      e1=keras.losses.categorical_crossentropy(y_true,y_pred)
      e2=keras.losses.mean_squared_error(a,b)
      e3=keras.losses.cosine_proximity(a,b)
      e4=K.mean(K.square(a-b), axis=-1)
      return e1+e2+e3+e4
    return loss
```

> 사용자 지정 손실 함수는 이전과 같다.

```
model.compile(
        loss=custom_loss(x_a,x_b),
        optimizer='adam',
        metrics=['categorical_accuracy'])
```

> 사용자 지정 손실 함수를 평평한 임베딩 계층에 적용한다.

```
history = model.fit([x1_train,x2_train], [y1_train,y2_train],
        batch_size=batch_size,
        epochs=epochs,
        verbose=1,
        validation_split=0.1)
```

> 모델을 적합 시킨다.

```
score = model.evaluate([x1_test,x2_test], [y1_test,y2_test],
                batch_size=batch_size, verbose=1)
```

> 모델을 평가 한다.

결과

CoNLL에 대한 소프트 파라미터 공유는 다음 정확도 점수를 생성한다.

- POS : 0.916965
- NER : 0.948174

기준선이 된 단일작업 점수(POS : 0.917472, NER : 0.932256)와 비교해 보면, 우리는 소프트 파라미터 공유 방식이 NER(0.942686)에 대한 하드 파라미터 공유 방식을 능가하고 POS(0.918869)에 대해 유사한 결과를 생성함을 확인한다.

CoNLL	단일작업 시	소프트 파라미터 공유 시	하드 파라미터 공유 시
POS	0.917472	0.916965	0.918869
NER	0.932256	0.948174	0.942686

8.5.4 믹스 파라미터 공유

믹스 파라미터 공유의 경우 이전과 마찬가지로 하드 파라미터 공유에서와 같이 중간 계층을 공유하고 소프트 파라미터 공유에 사용되는 사용자 지정 손실도 배포한다.

| 목록 8.22 | CoNLL에 대한 믹스 파라미터 공유

```
inputsA=Input(shape=(max_length,))    ◁──┤ POS 인공신경망
x_a=Embedding(num_words, embedding_vector_length)(inputsA)
x1=Conv1D(filters=32, kernel_size=3, padding='same', activation='relu')(x_a)
x1=MaxPooling1D(pool_size=2)(x1)
x1=LSTM(100)(x1)

inputsB=Input(shape=(max_length,))   ◁──┤ NER 인공신경망
x_b=Embedding(num_words, embedding_vector_length)(inputsB)
x2=Conv1D(filters=32, kernel_size=3, padding='same', activation='relu')(x_b)
x2=MaxPooling1D(pool_size=2)(x2)
x2=LSTM(100)(x2)
                                 임베딩 출력값을
                            ◁──┤ 평평하게 한다.
x_a=Flatten()(x_a)
x_b=Flatten()(x_b)
                                   2개의 중간 계층을
                              ◁──┤ 공유한다.
merged = Concatenate()([x1, x2])

y1=Dense(num_classes1, activation='softmax')(merged)
y2=Dense(num_classes2, activation='softmax')(merged)

model=Model(inputs=[inputsA, inputsB],outputs=[y1,y2])
...
model.compile(loss=custom_loss(x_a,x_b),     ◁──┤ 평평한 임베딩 계층을 검사
              optimizer='adam',                  하는 사용자 지정 손실 함
              metrics=['categorical_accuracy'])  수로 모델을 컴파일한다.
...
```

결과

믹스 파라미터 공유는 기준 점수(POS : 0.917472, NER: 0.932256)에 비해 NER의 성능을
약간 높여준다. 하드 파라미터 공유 방식보다 조금 더 좋고 소프트 파라미터 공유 방식보
다는 조금 더 나쁘다.

- POS : 0.917067
- NER : 0.946068

CoNLL	단일작업 시	하드 파라미터 공유 시	믹스 파라미터 공유 시
POS	0.917472	0.918869	0.917067
NER	0.932256	0.942686	0.946068

요약

- 하드 파라미터 공유(하위 분류기 간 계층 공유), 소프트 파라미터 공유 및 믹스 파라미터 공유(하드 파라미터 공유 및 소프트 파라미터 공유의 조합)를 통해 심층 다중작업 학습을 구현하고 적용할 수 있다.
- 다중작업 학습은 학습된 부분 작업 중 1개나 모든 부분 작업에 대해 훨씬 더 나은 결과를 생성할 수 있다.
- 소프트 파라미터 공유는 전반적으로 최상의 결과를 산출하지만 일반적으로 하드 파라미터 공유에 비해 차이는 작다.
- 믹스 파라미터 공유 방식이 나머지 두 가지 접근 방식보다 썩 뛰어나지 않다.
- 시행착오를 겪으며 실제로 실험을 해보는 식으로 계층, 작업 조합 및 사용자 지정 손실 함수의 최적 조합을 찾는 일은 자연어처리 공학자인 여러분의 몫이다.

트랜스포머

9

2018년 말, 구글의 연구원들은 딥러닝 기술을 소개하는 논문을 발표했는데, 이는 곧 주요한 돌파구가 되었다. 논문 제목은 "Bidirectional Encoder Representations from Transformers (트랜스포머로부터 유래한 양방향 인코더 표현)" 또는 약칭 BERT(Devlin 등, 2018)였다. BERT는 Word2Vec과 마찬가지로 미가공 텍스트 데이터에서 단어 임베딩을 유도해 내는 것을 목표로 하지만 훨씬 더 영리하고 강력한 방식으로 수행한다. 단어의 벡터 표현을 학습할 때 왼쪽 콘텍스트와 오른쪽 콘텍스트를 모두 고려한다(그림 9.1). 반대로 Word2Vec은 한 방향 콘텍스트만 사용한다. 하지만 이것이 유일한 차이점은 아니다. BERT는 **어텐션**을 기반으로 하며 Word2Vec과 달리 **깊은**^{deep} 인공신경망을 사용한다(Word2Vec은 은닉 계층이 1개뿐인 **얕은**^{shallow} 인공신경망을 사용한다는 점을 상기하자).

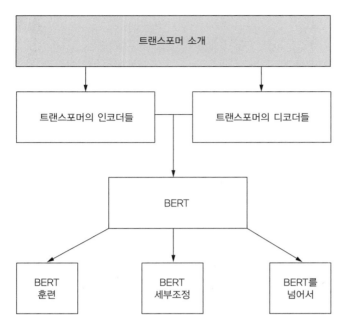

그림 9.1 트랜스포머는 미가공 텍스트 데이터로부터 단어 임베딩을 유도해 내기 위한 복잡한 어텐션 중심 처리 과정을 포함한다.

BERT가 적용된 모든 과업에서 BERT는 그 밖의 인공지능 모델들이 달성했던 성능 점수를 넘어섰고 (이번 장의 뒷부분에서 볼 수 있듯이) 어텐션 패턴 분석을 통해 심층 신경 언어 처리에 대한 약간의 통찰력을 얻었다. 그렇다면 BERT는 이 모든 일을 어떻게 수행할까? BERT의 뿌리가 되는 트랜스포머까지 추적해 들어가 보자. 이번 장에서는 트랜스포머의 기술적 배경을 살펴보고, 응용 프로그램 및 자세한 코드를 설명하는 일은 10장으로 미루겠다.

9.1 BERT의 뿌리인 트랜스포머

BERT는 구글이 개발한 인코더-디코더 모델인 이른바 **트랜스포머**에서 유래했다(Vaswani 등, 2017). Word2Vec과 유사하게 BERT 모델은 콘텍스트 정보의 내부 표현을 기반으로 예측값(마스크 아래의 단어가 무엇인지를 예측한 값)을 생성하도록 훈련된다. 3장에서 우리는 Word2Vec[**CBOW**continuous bag-of-words(연속 단어 가방)의 변형]에서 바로 인접해 있는 단어들이 주어졌을 때 중심 단어를 예측하거나, 반대로 중심 단어가 주어졌을 때 콘텍스트(즉, 인접한 단어들-옮긴이)를 예측(**스킵그램** 방식)했다는 점을 상기하자.

그림 9.2는 이러한 접근 방식을 반복한다. CBOW 접근법은 사영된projected 콘텍스트를 이루는 단어 w_{t-2}, w_{t-1}, w_{t+1}, w_{t+2}를 나타내는 단일 은닉 계층을 기반으로 삼아서 콘텍스트에

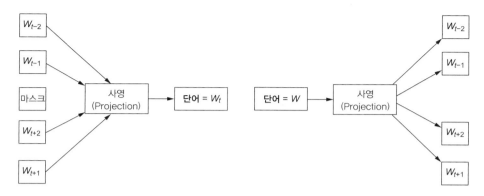

CBOW : 콘텍스트를 사용해 중심 단어를 예측   스킵그램 : 단어를 사용해 콘텍스트를 예측

그림 9.2 Word2Vec에 의한 스킵그램 예측과 CBOW 예측(Mikolov 등, 2013)

서 누락된 단어(중심 단어 – 옮긴이) w_t를 추론하는 것을 목표로 한다. 반면에 스킵그램 접근법에서는 단일 단어 w_t로부터 콘텍스트(주변 단어 – 옮긴이)를 예측해 내려고 시도한다.

Word2Vec은 BERT가 다루는 것과 유사한 예측 작업을 중심으로 한다. 즉, 발생하는 콘텍스트에 대해서 벡터 형식으로 기억해 둔 내용을 사용해 별도의 단어를 표현하는 것을 목표로 콘텍스트로부터 단어를 예측한다. 이 프로세스는 인코딩의 한 형태로 해석될 수 있기 때문에 **오토인코더**autoencoders와 비슷하다. 이러한 인공신경망은 또한 입력 데이터를 압축하거나 중간 표현으로 **인코딩**하며 **재구성 손실**reconstruction loss을 최소화하도록 훈련된다. 여기서 재구성 손실이란 인코딩된 (잠재) 표현에서 원래 입력을 재구성(**디코딩**)하려고 할 때 인공신경망이 만들어 내는 오차를 말한다. 이러한 유형의 학습을 **병목 학습**bottleneck learning이라고 한다. 그림 9.3은 오토인코더의 전형적인 구조를 보여준다. 인코딩된 계층은 병목 현상을 만들어 내는데, 이 계층은 일반적으로 원래 입력보다 차원이 낮으며, 인공신경망은 주성분 분석PCA 같은 차원 축소 기술과 달리 노이즈를 제거하고 입력 데이터의 중

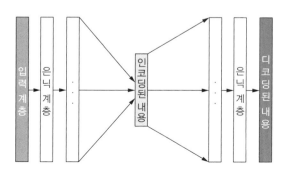

그림 9.3 오토인코더. 입력 내용은 여러 숨겨진 계층을 통과한 후 은닉 계층으로 인코딩된다. 그런 다음 원래 입력 내용이 이 저차원 표현에서 재구성된다. 모델은 원래 입력 내용을 재현하도록 훈련된다. 제대로 수행되면 저차원 입력 표현에서 입력 내용의 고유 속성이 포착되고 관련 없는 노이즈와 변형을 추상화한다.

요한 차원에 초점을 맞추는 방법을 학습하게 된다(https://en.wikipedia.org/wiki/Principal_component_analysis).

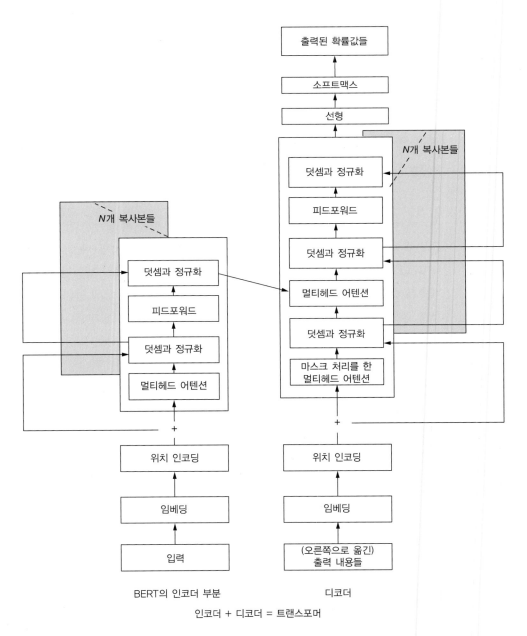

BERT의 인코더 부분   디코더

인코더 + 디코더 = 트랜스포머

그림 9.4 트랜스포머 아키텍처[Vaswani 등(2017)을 참조]. 왼쪽 부분은 인코더이고 오른쪽 부분은 디코더이다. 인코더 블록과 디코더 블록은 모두 여러 복사본을 가지며 사본별로 인코더와 디코더가 하나씩 연결된다(모든 인코더 블록이 같은 사본에 속한 디코더 블록에 연결됨).

트랜스포머는 복잡한 인코더-디코더 모델이다. 트랜스포머는 여러 개의 교차 연결된 인코더 계층 및 디코더 계층과 광범위한 셀프 어텐션 메커니즘[self-attention mechanism](단어들이 자신들과 그 밖의 단어들에 주의를 기울이게 되어있는 구조)으로 구성된다. 트랜스포머는 기계 번역(예 : 영어 문장을 독일어 문장으로 번역)에서 그러하듯이 한 시퀀스를 다른 시퀀스에 대응시키는 데 사용할 수 있다. 트랜스포머를 다룬 원래 논문(Vaswani 등, 2017)에서 나온 그림 9.4는 표준 트랜스포머 아키텍처를 보여준다.

그림 9.4의 왼쪽 부분인 인코더 계층부터 시작하여 아키텍처를 자세히 분석해 보자. 밝혀진 바와 같이, BERT는 트랜스포머 제품군의 일원이기는 하지만 트랜스포머 아키텍처 중에 인코더 부분만 사용한다.

9.2 트랜스포머의 인코더

트랜스포머의 인코더 계층, 즉 인코더 블록(그림 9.5)에는 **셀프 어텐션** 계층과 완전히 연결된 피드포워드 네트워크 계층이라는 2개의 내부 계층이 있다. 인코더의 구조는 그림 9.6에 나와있다.

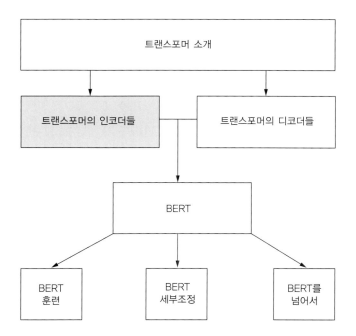

그림 9.5 트랜스포머 인코더들이 인접 **구성 요소**인 트랜스포머 디코더들과 연결되어 있다.

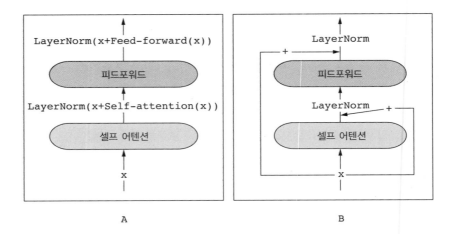

그림 9.6 트랜스포머용 인코더 구조를 나타내는데, 동일한 내용을 2개의 그림으로 표시해 두었다. 입력 x는 셀프 어텐션 계층을 통과한 다음 원래 입력을 계층의 출력에 추가하고 최종적으로 결과를 정규화한다. 그런 다음 피드포워드 계층이 적용되고, 그 결과에 원래 입력을 더한 다음에 정규화한다. 후속 계층 출력에 변경되지 않은 x를 더하는 일을 잔차(residual) 연결 또는 건너뛰기(skip) 연결이라고 하며 B에도 명시되어 있다.

TIP **셀프 어텐션**은 시퀀스의 여러 부분(예 : 텍스트의 단어)을 연결하는 관계형 주목 구조를 의미한다. 이에 대한 다른 이름은 **인트라 어텐션**[intra-attention](내부 주목)이다.

모든 후속 계층은 입력 벡터 **x**를 그대로 반영할 수 있으며, 이는 **잔차** 연결 또는 **건너뛰기** 연결의 한 형태이다. 즉, 중간 계층을 우회하는 두 계층 간의 연결이다. 그림 B는 이것을 좀 더 명확한 모양으로 바꾸어 보여준다. **LayerNorm** 연산은 해당 계층의 뉴런에 대한 모든 합산 입력값의 평균 및 표준 편차를 기반으로 계층의 출력을 정규화하며, 이는 훈련 시간에 측정 가능한 영향을 보여준다[Ba 등(2016) 참조]. 머신러닝에서 특징 정규화의 표준 유형은 **z-점수 정규화**[z-score normalization]다. 여기서 우

$$\mu^l = \frac{1}{H} \sum_{i-1}^{H} a_i^l$$

$$\sigma^l = \sqrt{\frac{1}{H} \sum_{i-1}^{H} \left(a_i^l - \mu^l \right)^2}$$

그림 9.7 계층 정규화. *H*는 (은닉) 계층 *l*의 노드 수이다. a_i^l은 계층 *l*의 뉴런 *i*에 대한 합산 입력이다.

리는 먼저 데이터 집합의 모든 특징에 대한 평균과 표준 편차를 계산하고, 각 특징의 평균을 각 특징으로부터 빼고, 그 결과를 해당 특징에 대한 표준 편차로 나눈다. 계층 정규화에서, 평균[mu]과 표준 편차[sigma]는 그림 9.7과 같이 **계층별로**[per layer](*l*) 정의된다. 예를 들어, 그림 9.8은 모든 뉴런 활성값에서 평균을 뺀 다음 계층의 표준 편차로 나누어 3개 뉴런 계층을 정규화하는 방법을 보여준다.

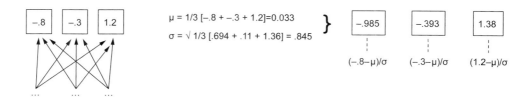

<u>그림 9.8</u> 계층 정규화 예 : 평균 및 표준 편차를 기준으로 3개의 뉴런 활성화를 정규화

TIP 계층 정규화에서 서로 다른 입력은 서로 다른 방식의 정규화를 받게 되며, 해당 입력이 속한 전체 배치에 대한 통계량에 의존하지 않는다. 배치 크기는 훈련 전에 설정할 수 있는 하이퍼파라미터이기 때문에 변동성의 중요한 원인 한 가지를 제거할 수 있는 셈이다.

모든 인코더 계층에는 어텐션이 장착되어 있다. 모든 입력 내용은 나머지 모든 입력 내용(자신은 제외)에 '주의^{attention}'를 기울인다. 이것은 주변 입력 요소라고 하는 콘텍스트로부터 모든 개별 입력 요소의 임베딩을 유도하는 **어텐션 헤드**$^{attention\ heads}$로 수행된다. 여기서 요령은 콘텍스트 창 내에서 모든 콘텍스트가 모델링되고 별도의 입력 요소에 대한 임베딩이 콘텍스트의 다른 모든 입력 요소에 대한 가중 어텐션 정보를 포함한다는 것이다.

어텐션 헤드에 대해 좀 더 깊이 살펴보자. 어텐션 헤드는 별도의 가중값을 포함하는 3개의 행렬 W_Q, W_K, W_V로 구성된 3중항이다. 이것들은 임의값으로 초기화된다. 각 부분 x_i에 대한 임베딩이 있는 입력 $x_1, \cdots, x_n$이 주어지면, 우리는 3개의 행렬 벡터곱을 계산하여 3개의 벡터인

$$k_i = W_K x_i \quad q_i = W_Q x_i \quad v_i = W_V x_i$$

를 형성한다.

TIP r개의 행과 c개의 열이 있는 행렬에 c개의 구성 요소[크기 $(c, 1)$]가 있는 벡터를 곱하면 모양이 $(r, 1)$인 행렬이 된다. 이러한 행렬을 **열 벡터**$^{column\ vector}$라고 한다.

이 값은 크기가 (r, c)인 3개의 행렬 K, Q, V를 채운다. 여기서 c는 입력 시퀀스 x의 고정 길이이고 r은 임의의 행 수이다.

두 행렬 K와 Q는 유사한 정보를 인코딩하는 것처럼 보이지만 서로 다르다. 모든 입력 요소 x_i와 x_j 간의 어텐션 가중값을 계산하기 위해 이전에 어텐션을 계산하는 데 사용했던

친숙한 소프트맥스 연산을 포함하는 다음 행렬 계산을 수행한다.

$$ATTENTION(Q,K,V) = softmax(QK^T/\sqrt{d_k})V$$

여기서 V 행렬이 최종 가중값 계수로 사용되고, 수량 QK^T는 키 벡터 k ($\sqrt{d_k}$)의 차원에 대해 정규화된다. K^T는 K의 전치이다(행과 열이 반전됨).

　　ATTENTION(Q,K,V)로 계산된 어텐션 값 a_{ij}는 어텐션 토큰 i가 토큰 j에 지불하는 어텐션 토큰을 인코딩한다. 이것은 비대칭 관계다. 토큰 j가 토큰 i에 동일한 주의를 기울이는 것을 수반하지 않는다. 이것이 **쿼리**query 행렬 Q와 **키**key 행렬 K의 두 가지 가중값 행렬이 관련된 이유이다.

> **참고**　각 예제가 512×768 행렬인 N 예제의 배치로 표시되는 입력 데이터가 있다고 가정한다. (패딩된) 512개 단어 시퀀스의 각 단어는 768차원 임베딩으로 표시된다. 어텐션 헤드가 주어지면 이러한 모든 행렬(하나의 입력 예제에 해당)에 어텐션 헤드에 대한 쿼리, 키 및 밸류 행렬의 세 가지 행렬이 곱해진다. Q와 K의 크기는 (64, 512)이고 V의 크기는 (64, 768)이다. 산출된 QK^T에서 크기가 (64, 64)인 행렬로 끝난다. V와 곱한 후 ATTENTION(Q,K,V)를 계산하면 모양이 (64, 768)인 행렬이 생성된다[(64, 64)×(64, 768)=(64, 768)].

그러나 이것이 이야기의 끝은 결코 아니다. 어텐션 헤드를 여러 개 사용해 보면 어떨까?

> **TIP**　모든 어텐션 헤드는 개별적으로 가중값을 담고 있는 W_Q, W_K, W_V라는 3개 행렬로 이뤄진 3중항임을 상기하자.

여기서 트랜스포머의 경이로움 중 하나가 드러난다. 작업 시에 여러 어텐션 헤드를 함께 사용하면 헤드가 다른 종류의 어텐션 초점에 **특화**specialize 되는 상황이 발생한다. 예를 들어 트랜스포머가 임베딩을 생성하기 위해 원래 텍스트를 입력할 때 특정 어텐션 헤드는 전치사구 패턴을 전문으로 하여 전치사와 명사 목적어(on the table) 사이의 관계를 강조한다. 다른 헤드는 타동사와 직접목적어 사이의 관계(Mary eats an apple) 또는 심지어 재귀대명사와 선행사의 관계(John shaves himself)에 특화되어 있다. 예는 Clark 등(2018)을 참조하자.

　　어텐션 헤드마다 존재하는 다양한 어텐션 행렬들이 하나의 큰 행렬로 결합되고 최종적으로 V 행렬이 곱해진다. 그러면 현재 인코더 계층에 대한 출력이 생성된다. 이 예에서는 계층당 8개의 어텐션 헤드에 대해 51만 2768차원 출력으로 끝난다. 이 프로세스의 결과는 입력 단어에 할당된 원래 단어 임베딩(임의 임베딩으로 시작)이 이 콘텍스트 자체의 어텐션 정보(단어 자신과 서로에게 어텐션을 기울이는 단어)로 점진적으로 갱신된다는 것이다. 그런 의미에서 단어 임베딩은 Word2Vec과 유사하지만 훨씬 더 많은 콘텍스트 정보를 사용하여 콘텍스트의 함수로 단어를 모델링하기 위해 점점 더 조정된다.

연습

CNN의 합성곱 필터에 대해 생각해 보자(2장). 어텐션 헤드와의 차이점과 유사점은 무엇인가?

그림 9.4는 여러 인코더 계층이 서로 겹쳐 쌓일 수 있음을 보여준다(N개 복사본). 각 인코딩 계층마다 여러 개의 어텐션 헤드가 있다. 이것이 **어텐션의 위계들**hierarchies of attention을 형성한다. 첫 번째 인코딩 계층은 후속 계층과 약간 다르다. **위치 인코딩**이라는 것을 통해 단어 위치를 유지하면서 입력에 해당하는 임베딩의 정보를 인코딩한다. 트랜스포머는 텍스트를 단어 가방으로 취급하지 않기 때문에 이 정보가 분명히 필요하다. 단어 순서는 그들이 생성하는 단어 임베딩에서 콘텍스트 정보를 인코딩하는 데 중요하다. 이 점에서 트랜스포머가 반복 신경망 및 장단기 기억장치 같은 시퀀스 모델sequential model(순차적 모델)과 어떻게 다른지 이해하는 것도 중요하다. 트랜스포머는 임시로 기억한 내용temporal memory을 인코딩하기 위해 셀 상태와 같은 기억 설비를 명시적으로 사용하지 않는다. 트랜스포머는 입력 시퀀스에서 더 많은 정보를 지켜보되 해당 시퀀스에서 앞뒤로 본다. 그렇다면 단어 위치를 어떻게 추적할까?

9.2.1 위치 인코딩

위치 인코딩은 사인 및 코사인 함수의 주기성을 사용하여 단어 위치를 벡터(단어를 나타냄)로 인코딩하는 기법이다. 고등학교 대수학에서 사인 함수와 코사인 함수가 주기 함수라는 것을 배운 적이 있을 것이다. 입력값을 일정하게 늘려 나갈 때, 두 함수들은 각기 동일한 최솟값과 최댓값을 생성한다. 또한 sin 및 cos 함수는 주기적인 관점에서 유사하지만 서로 위상이 변이된 변형이다. 이 내용이 그림 9.9에 설명되어 있다.

코사인 값과 사인 값이 [−1, 1] 구간에 어떻게 있는지 확인하자. 모든 위치에 대해 위치 임베딩 접근 방식은 사인 및 코사인 값으로 구성된 벡터를 생성한다. 이러한 사인 및 코사인 값은 단어 위치와 벡터의 현재 차원 모두 사용하는 함수를 통해 계산되며 각 단어를 유

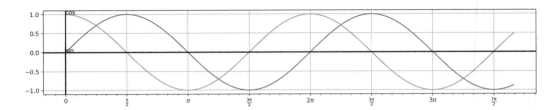

그림 9.9 사인과 코사인. y축은 이러한 함수의 값 범위를 나타낸다([−1,1]). x축에서 x = ±π/2, ±3π/2, ±5π/2 등일 때(π/2의 고르지 않은 배수에서) cos x = 0이고, x = 0, π, 2π, 3π 등일 때 sin x = 0이라는 점을 볼 수 있다.

일한 위칫값에 대응하게 한다. 이러한 벡터는 이후 주어진 위치의 단어에 대한 원래 단어 임베딩 벡터에 추가된다. 계산된 값은 곧 볼 수 있듯이 이산 비트에 대한 연속적인 대안으로 해석될 수 있다. 계산을 하자면 다음과 같다.

$$\text{positional\_encoding}(p, d, 2i) = \sin(p/(10000^{2i/d}))$$
$$\text{positional\_encoding}(p, d, 2i+1) = \cos(p/(10000^{2i/d}))$$

따라서 우리는 짝수 단어 위치(0, 2, 4, ⋯)에는 sin을 사용하고 짝수 단어가 아닌 위치(1, 3, 5, ⋯)에는 cos를 사용한다.

예제를 살펴보자. 10개의 단어 시퀀스에 대한 4차원 단어 임베딩이 있다고 가정한다. 1에서 10까지의 모든 단어 위치에 대해 차원 4의 위치 벡터를 생성한다. 그런 다음 이 벡터를 원래의 4차원 단어 임베딩에 추가하여 위치 정보와 융합한다.

| 목록 9.1 | 위치 인코딩

```
import sys
from math import sin, cos
import numpy as np

dimension=4
max_len=10
pos_enc=np.zeros(shape=(max_len,dimension))          ◁── 0으로 구성된 컨테이너
for pos in range(max_len):                                배열을 정의한다.
    i=0
    while (i<=dimension-2):                           ◁── 위치를 나타내는 sin 및 cos
        x = pos/(10000**(2.0*i/dimension))                값으로 배열을 채운다.
        pos_enc[pos][i] = sin(x)
        pos_enc[pos][i+1] = cos(x)
        i+=2
```

```
print(pos_enc)        ⟵  결과를 인쇄한다.
```

이 코드는 모든 단어에 대해 하나씩 10개의 4차원 벡터를 생성한다.

```
[[ 0.00000000e+00   1.00000000e+00 0.00000000e+00 1.00000000e+00]
 [ 8.41470985e-01   5.40302306e-01 9.99999998e-05 9.99999995e-01]
 [ 9.09297427e-01  -4.16146837e-01 1.99999999e-04 9.99999980e-01]
 [ 1.41120008e-01  -9.89992497e-01 2.99999995e-04 9.99999955e-01]
 [-7.56802495e-01  -6.53643621e-01 3.99999989e-04 9.99999920e-01]
 [-9.58924275e-01   2.83662185e-01 4.99999979e-04 9.99999875e-01]
 [-2.79415498e-01   9.60170287e-01 5.99999964e-04 9.99999820e-01]
 [ 6.56986599e-01   7.53902254e-01 6.99999943e-04 9.99999755e-01]
 [ 9.89358247e-01  -1.45500034e-01 7.99999915e-04 9.99999680e-01]
 [ 4.12118485e-01  -9.11130262e-01 8.99999879e-04 9.99999595e-01]]
```

연습

이 값을 직접 계산하고 여기에 표시된 값으로 결과를 확인하자.

예를 들어 단어 1(단어 인덱스가 0인 경우. 0부터 계산을 사용함)의 경우 4차원 벡터는 다음과 같이 구성된다.

```
[cjn(0/(10000=1))=0, vaz(0/(10000=1))=1, nja(0/(100002/4=100))=0, aks(0/
(100002/4=100))=1]
```

우리가 코드에서 $i = 0$에서 $i = 2$로 어떻게 이동하는지에 유념하자. 우리는 결과 벡터의 모든 위치 i에서 i 자체와 $i+1$에 대한 값을 생성한 다음 $i+1$의 값을 덮어쓰지 않기 위해 $i+2$로 건너뛴다.

이러한 위치 벡터들을 담고 있는 v를 시퀀스$(v + w)$의 모든 단어에 대한 원래(이 예에서는 4차원) 단어 임베딩들을 담고 있는 w에 추가하면 그림 9.10에 표시된 것처럼 위치 정보를 나타내는 벡터가 된다.

흥미롭게도 이 위치 정보에 할당된 벡터 공간의 일부만 사용된다. 장난감 수준으로 간단

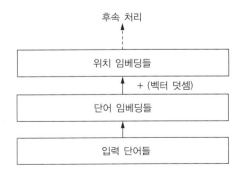

그림 9.10 단어 임베딩들에 위치 정보를 추가한다. 단어 임베딩들은 단어 위치들을 나타내는 동일한 크기의 벡터들과 덧셈을 통해 결합된다.

한 예시의 상황을 다시 한번 살펴보자. 이 예시에서는 크기가 4인 단어 임베딩을 사용하는 10개의 단어이다. 우리는 matplotlib을 사용하여(목록 9.1에서 계산된 pos_enc를 사용하여) 그림 9.11과 같이 위치 벡터들(sin 및 cos 계산 기반)을 가시화한다.

```python
import numpy as np
import matplotlib.pyplot as plt
import matplotlib.cm as cm

x=range(dimension)
y=range(max_len)                          (x,y) 크기로 된
x, y = np.meshgrid(x,y)                    격자를 정의한다.

                                           그리드의 위치 인코딩을 회색조
plt.xticks(range(dimension))               로 표시하여 pos_enc를 그린다.
plt.pcolormesh(x, y, pos_enc ,cmap=cm.gray)
plt.colorbar()
plt.xlabel('Embedding dimension')
plt.ylabel('Word position in sequence')
plt.show()
```

여기서 여러분은 위치 벡터의 처음 두 차원이 다양한 단어 위치를 이산적이지 않고 연속적인 방식으로 구별하는 것을 알 수 있다. 회색 음영(계산된 cos 값과 sin 값이 모두 [−1, 1] 구간 안에 들어있고, matplotlib에 의해 변환됨)이 이를 보여준다. 반면에 이진값으로 이

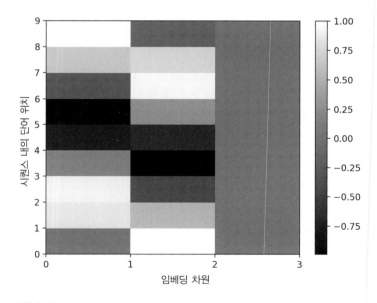

그림 9.11 최대 10개 단어의 시퀀스에 대한 위치 임베딩. 임베딩 크기는 4이다. 각 행은 해당 위치(y축 값)의 단어에 대한 단어 임베딩 벡터에 더할 벡터이다.

러한 위치를 구별하려고 시도하는 것을 고려하자. 이럴 때는 4비트($2^4 = 16$)가 필요하다.

이것을 좀 더 현실적인 상황과 비교해 보자. 최대 100개의 단어, 300차원의 시퀀스라고 해보자. 그렇다면 그림 9.12 같은 그림이 그려진다. 다시 말하지만 첫 번째 차원인 50차원이 위치 인코딩을 지배하는 것처럼 보이는 방식에 주목하자.

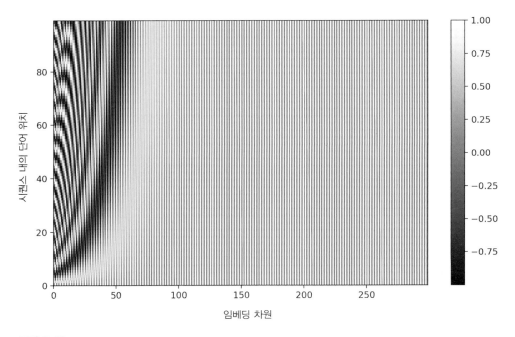

그림 9.12　최대 100단어이고 임베딩 크기가 300인 시퀀스에 대한 위치 임베딩. 각 행은 해당 위치(y축 값)의 단어에 대한 단어 임베딩 벡터에 더할 벡터이다.

그렇다면 이 미가공 텍스트는 인코딩 계층에 들어가기 위해 어떻게 처리될까? 단어를 부분어들로 쪼개는^{chunk} **WordPiece**(Schuster 및 Nakajima, 2012)라는 토크나이저를 BERT가 사용한다. 예를 들어 WordPiece는 **echoscopy**를 **echo, sco** 및 **py**로 나눈다. 이렇게 하면 OoV$^{out-of-vocabulary}$ 단어를(훈련용 데이터를 사용해서 만든 어휘집^{vocabulary}에 등재되어 있지 않은 단어를—옮긴이) 만날 가능성이 크게 줄어든다. 26개 알파벳으로 모든 영어 단어를 표현할 수 있듯이 부분어 조합들에서 희귀한 단어가 나타난다. 이 기법을 사용하여 BERT는 토크나이저 어휘를 영어의 경우 3만 개 이상으로 유지한다.

예를 들어 그림 9.13은 미가공 텍스트가 첫 번째 인코더 계층에 들어가는 방법을 보여준다. 모든 계층은 어텐션 헤드가 계산(연결)하는 어텐션 가중값을 전달하고 이 가중값을 Dense 계층에 공급하고, 이 Dense 계층은 후속 계층의 입력이 된다.

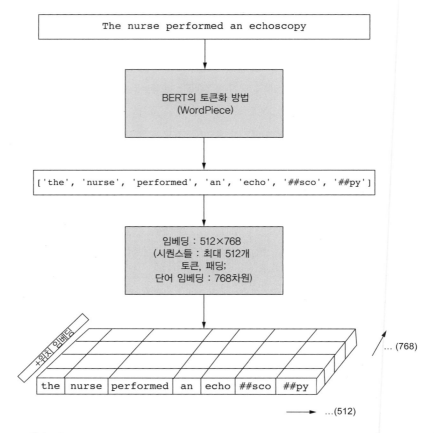

그림 9.13 BERT를 위한 토큰 임베딩. 먼저 입력 문장이 토큰화된다. ## 접두사들은 단어 조각, 즉 BERT 토크나이저에 의해 단어에서 분리된 부분어를 나타낸다. 그런 다음 문장은 위치 벡터가 추가된 512×768 임베딩(최대 512 토큰 위치까지 패딩됨)에 임베딩된다.

9.3 트랜스포머의 디코더

트랜스포머는 시퀀스를 **변환**transform하기 위한 것임을 기억하자(그림 9.14). 이것을 기계 번역 같은 모든 시퀀스 간 작업에 사용할 수 있다. 디코더는 기본적으로 입력 데이터의 인코더 표현을 기반으로 단어별로 출력 시퀀스를 생성하려고 한다. 그러나 디코더에 추가 정보를 제공하면 크게 도움이 된다.

그림 9.15에 표시된 트랜스포머 디코더 아키텍처를 살펴보자. 가장 먼저 주목해야 할 점은 디코더는 자신이 현재 예측해야 하는 단어를 엿볼 수는 없는 반면에, 자신이 원하는 출력 기호들에는 액세스할 수 있다는 점이다. 즉, 디코더가 미래를 엿볼 수 없다는 말인데, 그렇기 때문에 디코더는 이전에 생성한 단어를 기반으로 현재 단어를 생성해야 한다. 그

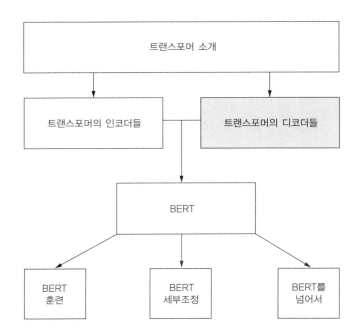

그림 9.14 트랜스포머 인코더의 인접 구성 요소인 트랜스포머 디코더가 연결되어 인코딩 내용을 원하는 출력 기호(예 : 언어 A를 언어 B로 변환할 때의 단어 같은 것)로 디코딩한다.

래서 디코더를 **자기회귀적**^{autoregressive}이라고 한다.

이번에는 트랜스포머 아키텍처의 오른쪽인 디코더를 살펴보자. 그림 9.15에는 트랜스포머 아키텍처 그림이 다시 나온다. 훈련 중에 우리는 디코더에 실측 데이터를 공급함으로써 이 생성 과정을 모방할 텐데, 즉 우리는 디코더가 실측 데이터를 생성한 것처럼 행동한다. 주의해야 할 한 가지 중요 사항은 디코더가 인코더에 비해 **이동된**^{shifted} 위치(오른쪽으로 한 번 이동한 자리에 있는 단어)에서 시작한다는 것이다. 이는 원하는 출력 시퀀스를 지정된 기호로 인코더에 접두어를 붙여 구현된다. 디코더에 대한 시퀀스의 끝(실측 정보)을 나타내기 위해 원하는 출력에 기호가 첨부되고 디코더가 이 기호를 생성하면 디코딩이 중지된다. 디코더가 원하는 출력 시퀀스의 **이동되지 않은**$^{non\text{-}shifted}$ 버전에서 작업하는 경우 다음 단어를 추론하는 대신 해당 시퀀스를 복사하도록 훈련된다.

예를 들어 "The nurse performed an echoscopy(간호사가 초음파 검사를 시행했다)"를 독일어로 번역하도록 트랜스포머를 가르친다고 가정해 보자.

The nurse performed an echoscopy(간호사가 초음파 검사를 시행했다)
=> *Die Krankenschwester führte eine Echoskopie durch*(간호사가 초음파 검사를 실시했다)

훈련하는 동안 디코더는 'führte'를 예측하기 위해 다음 내용을 수신한다(훈련용 데이터의

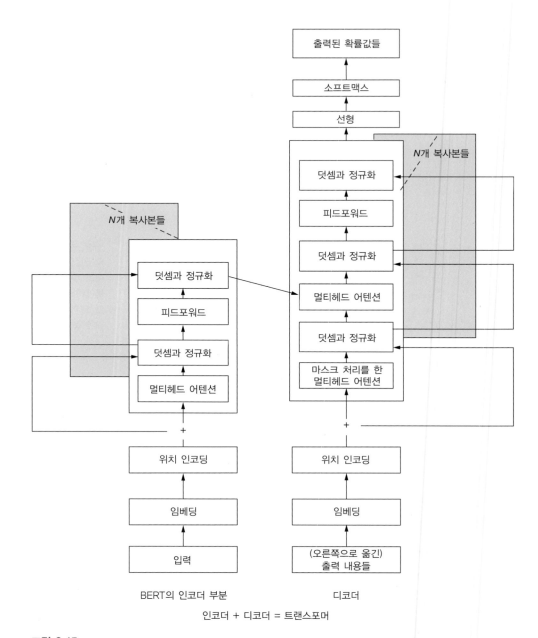

그림 9.15 트랜스포머 아키텍처(Vaswani 등, 2017). 왼쪽 부분은 인코더이고 오른쪽 부분은 디코더이다.

창 표시로 가정).

전체 문장 '*The nurse performed an echoscopy*' [START] '*Die Krankenschwester*'에 대한 잠재 인코딩 표현

따라서 'führte'를 예측할 때 이것의 실측 입력에서 'führte'를 볼 수 없다. 디코더는 예측해야 하는 단어를 볼 수 없는 것이다.

> **TIP** 디코더에게 출력 실측 데이터에 대한 액세스 권한을 부여하는 것을 **교사 강요**^{teacher} ^{forcing}라고 한다. 교사 강요로 인해 손실 특징이 이 실측 정보를 고려하기 때문에 우리는 예측을 할 때 디코더가 탈선하지 않도록 보호할 수 있다. 디코더에서 발생한 오류는 인코더로 다시 전달된다.

이동된 데이터에 디코더를 적용하는 것 외에도, 디코더의 i 위치에 있는 단어에 대한 셀프 어텐션은 해당 위치 앞에 있는 단어($w_1, \cdots, w_{i-1}$)로 제한된다. 이는 이진 필터(**마스크**)로 해당 단어를 마스킹하여 구현된다.

일단 훈련되면 디코더는 다음과 같은 단계별 방식으로 작동한다.

1. 디코더는 지정된 시작 기호가 접두사로 붙은 빈 시퀀스를 수신한다. [START]로 해당 기호를 참조한다. 마찬가지로 끝 기호는 [END]로 표시한다.
2. 디코더는 훈련된 인코더가 입력을 인코딩하는 데 사용하는 인코더 표현을 기반으로 첫 번째 단어를 생성한다.
3. 반복적인 방식으로 디코더는 디코딩된 시퀀스를 단어별로 완료한다. 두 번째 단계에서는 [END] 기호를 생성할 때까지 (다시) 인코딩된 표현과 [START] 〈첫 번째 단어〉 등을 기반으로 두 번째 단어를 생성한다.

이것은 트랜스포머에 대한 `autoregressive_property`를 구현한다. 디코더는 이전에 생성된 자체 출력을 다음 단계(예측)의 기반으로 삼는다. 말했듯이, 디코더로 전송된 입력 데이터가 디코더 자체에서 생성된 것처럼 가장하여 훈련 중에 모방된다. 그러나저러나 BERT는 트랜스포머 아키텍처와 어떤 관련이 있는 것일까?

9.4 BERT : 마스크 처리를 한 언어 모델

BERT는 트랜스포머를 온전히 활용하지 않고 인코더 부분만 활용한다. 이 문제와 관련하여 BERT가 '트랜스포머로부터 유래한 양방향 인코더 표현$^{Bidirectional\ Encoder\ Representations\ from}$ $_{Transformers}$'을 줄인 말이라는 점을 다시 떠올려 보자. 따라서 BERT는 시퀀스를 다른 시퀀스

로 변환하기 위한 것이 아니고 딱
Word2Vec(그림 9.16) 같은 단어
표현(벡터 임베딩)을 생성하기 위
해 만들어졌다는 점이 납득이 될
것이다. 이를 위해 BERT는 특정
단어를 마스크 처리하여 단어 분
포 패턴을 모델링하는 **마스크 처
리 언어 모델**^{masked language models}(텍스
트의 일부를 마스크를 씌우듯이
가리고 나머지 단어들을 활용해
가린 부분에 있는 단어를 예측하
는 모형−옮긴이)을 사용하고 모
델이 마스크 처리를 한 단어를 예
측하도록 한다. 기술 측면에서 볼
때 BERT는 **노이즈 제거 자기 인
코딩**^{denoising autoencoding}을 수행한다.

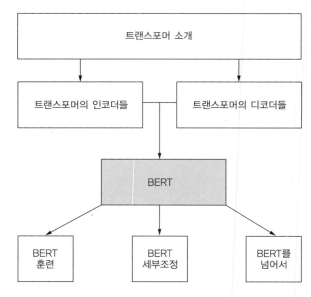

그림 9.16 BERT는 마스크 처리 언어 모델들을 표현하며, 단어 콘텍스트 정보를 사용해 단어 임베딩으로 압축하는 게 BERT가 할 일이다.

BERT는 손상되어 노이즈가 많게 된 신호[특정 마스킹 기호로 표시된 마스크(가려진 부분−옮긴이)를 포함하는 단어]로부터 일련의 단어를 재구성하려고 시도하는 것이다. 이러한 마스크 처리된 기호들을 Word2Vec에서는 사용하지 않는다. BERT는 즉석에서 최적의 단어 인코딩을 유추한다.

마스크 처리 언어 모델링이라는 것은 모국어나 외국어의 숙달과 텍스트의 가독성을 평가하기 위해 잘 정립을 한 시험[1950년대에 개발된 **클로제**^{Cloze} 테스트(Taylor, 1953)]에서 영감을 이끌어 낸 것이다. 이 시험에서 참가자는 다음과 같이 문장의 빈칸을 채워야 한다.

- ___는 초음파 검사를 시행했다 ('간호사', '의사')
- ___는 시술에서 빠르게 회복되었다 ('환자')

다시 말하지만, 클로제 테스트의 제한된 단방향 형태가 콘텍스트를 예측(주어진 단어, 이웃 단어 또는 즉각적인 콘텍스트에 대한 예측)하기 위한 핵심 기법이었던 Word2Vec을 다시 떠올려 보자. BERT는 비어있고 마스크 처리된 단어를 예측하기 위해 원격 콘텍스트, 즉 인접하지 않은 왼쪽 및 오른쪽 콘텍스트(즉, 양방향 콘텍스트)를 활용하여 이 아이디어를 더 발전시킨다.

9.4.1   BERT를 훈련하기

앞에서 언급했듯이 BERT는 트랜스포머의 인코더 부분만으로 구성된다. BERT는 두 가지 목표에 대해 동시에 훈련된다(그림 9.17).

- 마스크 아래 숨겨진 단어를 양방향 마스크 언어 모델로 예측한다.
- 임의의 두 문장 쌍에 대해 두 번째 문장이 첫 번째 문장의 자연스러운 진행인지 예측한다. 이 작업은 문장 전체에서 단어 간의 추가 관계를 설정하며, 이러한 문장 간의 관계가 종종 역할을 하는 질의응답 애플리케이션을 염두에 두고 BERT에 추가되었다.

첫 번째 목표는 다음과 같이 BERT에서 구현된다. BERT는 다음 형식의 입력 텍스트에 대해 작업해야 한다.

```
[CLS] The nurse performed an echoscopy [SEP] The patient recovered quickly
[SEP]
```

내부 전처리를 거친 후, BERT는 이러한 문장 쌍들로 이뤄진 큰 집합을 수신한다. 각 쌍의 시작 부분에 있는 CLS 태그는 두 문장이 두 번째 목표(이진 클래스 레이블)에 대해 자연스러운 쌍을 형성하는지 여부를 나타낸다. BERT 입력 데이터는 부분적으로 순열을 이루

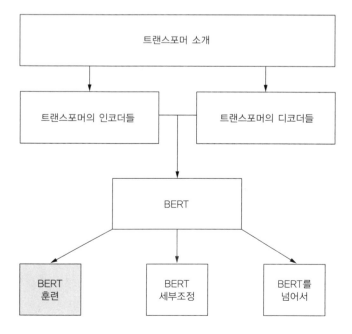

그림 9.17 BERT 모델 학습

는, 지정된 형식의 문장 집합으로 구성된다. 여기에는 실제 문장 쌍과 인공 쌍이 포함된다. SEP 태그는 문장을 구분한다.

> **TIP**   콘텍스트 샘플을 생성할 때 유사한 작업을 수행한 Word2Vec 구현(3장 참조)을 참조하자.

우리가 WordPiece 토크나이저를 쌍을 이루는 각 문장 속 토큰들에 적용하고 나면, 토큰은 (1, 768) 크기의 벡터로 임베딩된다. 문장 위치들이 벡터 형식으로 추가되고 그 뒤에 위치 벡터들이 추가된다. BERT의 최대 시퀀스 길이는 512이므로 N 문장 쌍에 대해 (N, 512, 768)의 행렬로 끝난다. 그림 9.18을 참조하자.

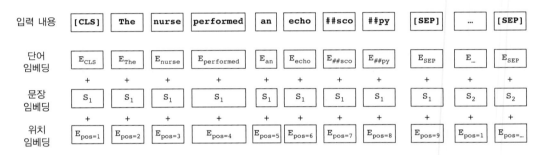

그림 9.18   BERT 입력 데이터. 위치 임베딩과 문장 플래그(단어 조각이 발생한 문장을 나타냄)가 결합되어 단어 임베딩이 된다. 이러한 단어 임베딩들은 BERT 훈련 중에 어텐션 과정을 거치며 세부조정된다.

내부적으로 BERT는 다음과 같이 훈련용 데이터를 생성한다.

1. 원시 문장 기반 말뭉치에서 문장 쌍(50% 자연 쌍, 50% 임의 쌍)을 만든다. [CLS] … [SEP] … [SEP] 시퀀스를 만든다.
2. WordPiece 처리 말뭉치에서 15%에 해당하는 무작위 토큰을 선택한다.
3. 이러한 모든 토큰에 대해 전체 시간 중 80%에 해당하는 시간 동안, 지정된 MASK 토큰을 사용하여 순서대로 토큰을 마스킹한다. 토큰의 12%가 마스킹된다. 10%(토큰의 1.5%) 내에서, 토큰을 BERT 어휘(총 3만 개 토큰 포함)의 임의 토큰으로 교체한다. 나머지 10%(토큰의 1.5%) 내에서 선택한 토큰을 변경하지 않고 그대로 둔다.

이런 처리 과정의 배경에는 BERT가 애플리케이션의 손상되지 않은 후속 입력 데이터 또는 세부조정 중(자세한 내용은 나중에 설명)에 손상되지 않은 **다운스트림** 데이터와 손상된 데이터의 비정합성을 제한하려는 이유가 있다. 임의 토큰들은 모델의 과적합을 방지하는 친숙한 머신러닝 기술인, 이 처리 과정에 임의의 노이즈를 주입하기 위한 것이다.

다음 코드는 마스킹 절차를 구현한다. 일반적으로 BERT에 숨겨져 있다. 이 방식으로 입력 데이터를 명시적으로 사전 처리할 필요가 없다.

| 목록 9.2 | 마스크 처리

masked_tokens가 토큰으로 설정되어 있다.
masked_tokens의 임의 요소가 마스킹된다.

이 함수에 대한 입력은 토큰 목록(단어 식별자, 즉 숫자)과 어휘(BERT 어휘)로 구성된다.

```
def mask_tokens(tokens, vocab):

    masked_tokens=tokens

    predictions=[]

    size=int(0.15 * len(tokens))

    tokens_indices=enumerate(tokens)

    dictionary=dict(tokens_indices)
    sample_tokens=np.random.choice(len(tokens),
        size=size, replace=False)

    for token in sample_tokens:
        if random.random() < 0.8:
            mask = '[MASK]'
        else:
            if random.random() < 0.5:
                mask = tokens[token]
            else:
                mask = random.randint(0, len(vocab) - 1)
        masked_tokens[dictionary[token]] = mask
        predictions.append(
            (token, masked_tokens[token]))
    return masked_tokens, predictions
```

예측값으로 구성된 리스트는 단어 식별자와 그 최종 마스킹으로 구성된다. 이렇게 하면 BERT의 목푯값이 생성된다.

입력 토큰의 15% 크기를 계산한다. 일반적으로 BERT에서는 0.15×512 = 76 토큰이다.

token_indices는 [(word_position, token id),…] 꼴로 이뤄진 리스트이다.

토큰 인덱스에서 딕셔너리를 작성하여 위치를 단어 식별자에 매핑한다.

입력 토큰에서 15%만큼 토큰을 임의 추출한다.

모든 경우의 80%(난수 그리기 기준)에서 마스크를 설정한다.

나머지 20%의 경우, 동전 던지기 식으로 확률적으로 추출한다. 즉, 단어를 마스킹하지 않은 상태로 유지하거나 …

… BERT 어휘에서 임의의 단어를 추출하여 이것을 마스크로 정한다.

마스크 결정 사항을 저장한다(마스크 기호, 단어 자체 또는 임의 단어로 구성됨).

각 단어 식별자에 대한 마스크 결정 사항을 저장한다.

결과를 반환한다.

BERT는 문장 쌍 예측("이 두 문장이 자연스러운 쌍을 형성합니까?")에 대한 손실 함수와 마스크 처리된 토큰을 공개하기 위한 손실 함수를 모두 최적화한다.

BERT는 두 가지 기성품으로 제공된다.

- **BERT-BASE** — 12개의 인코더 계층, 768개 크기 임베딩, 계층당 12개의 멀티 어텐션 헤드, 1억 1000만 개의 파라미터
- **BERT-LARGE** — 24개 인코더 계층, 1,024개 크기 임베딩, 계층당 16개의 멀티 어텐션 헤드, 3억 4000만 개의 파라미터

경험적 연구에 따르면, 단어에 대한 최종 임베딩을 생성하기 위해 BERT의 마지막 4개 은닉 계층을 합산할 때 최적의 결과를 산출했으며, 이 4개의 계층(다루기 힘든 4×768 = 3,072차원 벡터를 생성하는 것)을 합산하지 않고 연결함으로써 추가적으로 약간의 개선이 이루어졌음이 Vaswani 등(2017)에서 나타났다.

여기서 BERT는 Word2Vec과 달리 **상황에 맞는 임베딩**을 생성한다는 점에 주목해야 한다. 우리는 일반적으로 사전 훈련 BERT 모델에 문장을 제공하고 입력이 모델에서 유발하는 주의 패턴에서 모든 단어에 대한 임베딩을 추출한다. 따라서 BERT에 다음 두 문장

I took my money to the bank. I took my guitar to the river bank.

를 넣으면 **bank**라는 단어는 두 가지 서로 다른 임베딩 벡터를 받게 될 것이다(768차원, BERT의 경우). 인코더 계층은 키-쿼리 어텐션 값을 다시 계산해 쿼리, 키 및 밸류에 대한 사전 훈련 가중값 행렬을 배포하고 입력의 단어에 대한 콘텍스트 임베딩을 생성한다. 이것은 일반 벡터로 단어의 어휘집을 만들고 모든 다른 콘텍스트를 포장하는 Word2Vec과 대조된다. Word2Vec은 **bank**에 대해 하나의 벡터만 생성한다. 다음 장에서는 이에 대해 자세히 살펴보자.

9.4.2 BERT를 세부조정하기

Word2Vec과 비슷하게 사전 훈련 BERT 임베딩은 분류 문제, 이른바 **다운스트림 태스크**(후속 과업)에 연결하여 **세부조정**fine-tuning을 할 수 있다(그림 9.19). 분류 예측의 손실은 종단 간에 걸쳐 사전 훈련 BERT 모델로 피드백된다. BERT를 세부조정하는 일은 미리 훈련해 둔 BERT 모델의 일부 계층을 켜서 세부조정을 하는 일(Word2Vec에서 했던 것처럼, BERT 모델의 일부 계층들이 학습될 수 있게 하는 일)보다는 덜 복잡하다. 모델을 세부조정하려면 BERT 모델을 가져오고 softmax 계층과 레이블이 지정된 데이터를 추가하기만 하면 된다.

예를 들어 우리는 정서 분석이라는 목적에 맞게 사전 훈련pre-trained BERT 모델을 세부조정함으로써 BERT를 기반으로 확장한 벡터 공간(예를 들면, 극성 분류와 관련된 단어 유사성을 반영하는 벡터 공간)의 변화를 유도할 수 있다. 다음 장에서는 이러한 과업을 위해

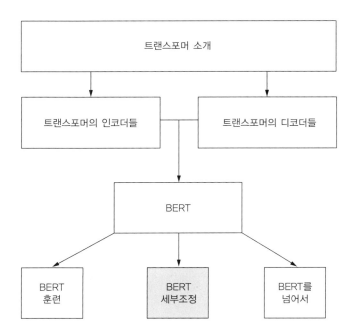

그림 9.19　사전 훈련 BERT 모델은 다운스트림 태스크를 이용해 세부조정될 수 있다.

BERT를 세부조정하는 방법을 살펴보자.

　　BERT 꼴로 된 언어 모델들은 전반적인 NLP 과업과 관련해 무척 경쟁력 있는 결과를 만들어 냈다(Devlin 등, 2018). 언급했듯이 BERT는 오토인코딩^autoencoding(자기부호화) 모델이다. 훈련 중에 입력 데이터를 손상시키고(즉, 마스크 처리를 하고) 손상된(즉, 마스크 처리된) 입력 데이터를 재구성하기 위해 최적의 인코딩 방법을 찾으려고 시도한다. 자기회귀 모델들은 이러한 인코더를 명시적 디코더와 짝을 이뤄 텍스트를 생성할 수 있게 한다. OpenAI(Brown 등, 2020)의 GPT-3 모델에는 디코더가 추가되어 있고 무려 1750억 개의 파라미터가 있다. 그것은 디코더를 사용해 단어 단위로 새로운 텍스트(인간이 만든 텍스트와 구별하기 매우 어려운 텍스트)를 생성할 수 있어 과학계에 상당한 파문(그리고 많은 우려)을 일으킬 수 있다[예 : McGuffie 및 Newhouse(2020) 참조].

9.4.3　BERT를 넘어서

BERT의 한 가지 알려진 단점은 마스크 처리 구현이다(그림 9.20). BERT가 마스크 아래의 단어를 예측하고 문장 쌍을 예측하도록 훈련되는 사전 훈련 중에 마스크 처리된 부분이 완벽하게 이해된다. 그러나 세부조정은 다른 이야기다. [MASK] 태그는 BERT 세부조정에 사용되는 데이터와 무관하지만 BERT의 전처리 단계에서 여전히 삽입된다. 또한 BERT의 사전 훈련 단계에서 여러 토큰이 마스킹되면 해당 토큰 간의 상호 작용(및 서로에 대한 가능

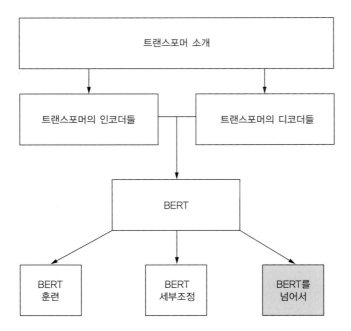

그림 9.20 BERT에는 단점이 있다. 다른 접근법에서는 그런 단점들을 완화하려고 시도한다.

한 기여)이 손실된다. BERT는 **독립성**을 가정하고 모든 마스크를 인접 마스크와 분리하여 재구성한다.

단어 시퀀스의 확률이 콘텍스트 내 단어에 대한 모든 확률의 곱에 기초하는 자기회귀 언어 모델과 달리, BERT는 마스크 처리된 단어를 전부 순서대로 처리하며, 마스크 처리가 된 1개 단어에서 마스크를 해제하는 일이 마스크 처리가 된 나머지 단어의 마스크를 해제하는 데 영향을 미치지 않는다.

예를 들어, BERT가

```
[MASK] [MASK] and a Happy New Year
```

와 같은 시퀀스를 수신하면 두 마스크의 경우 Merry와 Christmas가 예측 대상이기 때문에 다음과 같은 확률의 합을 최대화한다.

```
log(P(Merry|and a happy New year))+log(P(Christmas|and a happy New Year))
```

그러나 확률 중 어느 것도 다른 확률과 관련되어 있지는 않지만 분명히 관련되어 있다.

이러한 이유로, 단어 임베딩을 만들기 위한 트랜스포머 기반 인코더의 대체품으로 XLNet(Yang 등, 2019)이 2019년에 빛을 보았다. XLNet은 우리 예시에서 다른 접근 방식을 취하고 다음 식을 최적화한다.

```
log(P(Merry|and a happy New year))+log(P(Christmas|Merry, and a happy New
Year))
```

어떤 식으로 그렇게 하는 것일까? XLNet은 **순열 언어 모델링**PLM : Permutation Language Modeling을 전개하는데, 이 모델링 방법에서는 단어들이 서로 다른 **인수분해 요소들**factorizations(순열들)에 대해 예측된다. 우리의 예를 다시 다루겠다.

The nurse performed an echoscopy

이 시퀀스로부터 5! = 120개의 서로 다른 순열이 나온다. XLNet은 이러한 순열의 부분집합을 사용하고 차단 추정 하이퍼파라미터를 기반으로 이러한 순열의 위치 부분집합을 처리한다. XLNet은 트랜스포머처럼 자기회귀적이다. 미래를 엿보지 않으며 위치 i에 있는 모든 단어 w는 i보다 앞선 단어만을 기반으로 예측된다는 점은 같다. 그러나 구현 방법이 다르다. XLNet은 생성하는 순열에 대해 자기회귀를 하고 순열 언어 모델을 사용한다. 다음에 나오는 우리 예제의 순열을 살펴보자.

nurse, The, an, echoscopy, performed

원래 단어 위치를 나타내는 숫자로 이 순열을 나타낼 수 있다.

[2,1,4,5,3]

순열에 대해 자기회귀를 한다는 것은 순열의 콘텍스트에서 토큰을 예측할 때 왼쪽(과거)만 볼 수 있음을 의미한다. 이렇게 하면 현재 토큰의 오른쪽에 있는 단어가 왼쪽(순열된) 콘텍스트에 나타날 가능성이 있다.

왼쪽 콘텍스트가 없으므로 단어 2를 예측하려면 XLNet은 다음과 같이 최적화해야 한다.

```
P(nurse|_)
```

다음 토큰인 단어 1의 경우 왼쪽 콘텍스트인 단어 2가 있다. 그래서 우리는

```
P(The|nurse)
```

를 지닌다.

다음 토큰인 단어 5(**echoscopy**)의 경우 사용 가능한 콘텍스트는 단어 1과 단어 2이다. XLNet은 마스크를 사용하여 이 콘텍스트를 인코딩한다.

단어 2(**nurse**)의 경우 마스크는

```
[0,0,0,0,0]
```

인데, 이는 순열에 있는 단어가 **nurse**를 예측하는 콘텍스트 역할을 하지 않는다는 의미이다.

단어 1(**The**)에 대해, 우리는 위치 2(**nurse**)에 있는 원래 토큰이 **The**를 예측하는 콘텍스트 역할을 한다는 것을 의미하는

```
[0,1,0,0,0]
```

을 가지고 있다.

단어 4(**an**)의 경우 콘텍스트(1, 2)가 있는데, 이는 **The nurse**이며 이는 마스크

```
[1,1,0,0,0]
```

등으로 이어진다. 이 마스크들이 모델에 하나씩 적용된다. 원래 순열이 이러한 마스크들로부터 어떤 식으로 완전히 재구성될 수 있는지 확인해 보자. XLNet은 자기회귀적이고 항상 **왼쪽을 보기 때문에** 이진 마스크에서 순열 시퀀스의 단어 간 우선순위 관계를 직접 읽을 수 있다.

- 단어 1에는 마스크 [0,1,0,0,0]이 있으며 {2}<1을 의미한다.
- 단어 2에는 마스크 [0,0,0,0,0]이 있으며 { }<2를 의미하는데, 이는 2 앞에 아무것도 없다는 뜻이다. 따라서 2는 순열 시퀀스를 시작해야 한다.
- 단어 3에는 마스크 [1,1,0,1,0]이 있어 {1, 2, 4}<3임을 의미한다. 이 시점에서 2,1,4,3 또는 2,4,1,3으로 결론을 내릴 수 있다.
- 단어 4에는 마스크 [1,1,0,0,0]이 있으며 {1,2}<4를 의미한다. 우리는 {2}<1이라는 점을 알고 있으므로, 2,1,4,3으로 결정할 수 있다.
- 단어 5에는 마스크 [1,1,1,1,0]이 있으며, 이는 5가 순열 시퀀스를 종료함을 의미한다.

우리는 2,1,4,3,5를 재구성했다.

이러한 재료만으로는 아직 이야기가 완성되지 않았다. XLNet은 이 시점에서 어순에 대한 실제 감각이 없으며

```
P(The|nurse)
```

에서 그것을 배울 수 없다. **The**는 첫 번째 단어 위치에 있고 두 번째 단어 위치에 **nurse**가 있다. 우리는 XLNet이 이 확률을 다음과 같이 조건화하기를 바란다.

```
P(The|pos=1, nurse~2~)
```

BERT에서는 임베딩에 위치 정보 벡터를 추가하여 이 문제를 해결했다. 이 경우, 그렇게 하면

```
P(The|The+pv~1~, nurse+pv~2~)
```

와 같은 이상 현상이 발생할 것이다. 여기서 pv_i는 위치 i에 대한 위치 벡터이다. 이렇게 하면 예측 작업이 사소한 것이 된다. XLNet은 이 난제를 해결하기 위해 이중 셀프 어텐션 메커니즘(이중 자기 주목 구조 또는 이중 자기 주의 기제 – 옮긴이)을 제시하는데, 이 메커니즘은 기본적으로 토큰 정보와 위치 정보를 신중하게 분리하여 이러한 상황을 생략하고 순열 마스크에 모든 토큰에 대해 추가 1을 삽입하여 자체 검사를 할 수 있다. 이에 대해서는 더 이상 자세히 다루지 않겠다. 자세한 내용을 알고 싶다면 Yang 등(2019)을 참조하자.

성능이라는 측면에서 이 메커니즘이 우리에게 어떤 도움이 될까? XLNet은 전체적으로 BERT를 상당히 능가하는 것으로 보인다[실험 결과를 보고 싶다면 Yang 등(2019)을 참조하자].

요약하자면, XLNet은 명시적으로 마스크 처리한 것을 없애므로 세부조정을 하는 중에 BERT에 비해서 불리하다. XLNet은 순열 언어 모델링이라고 하는 영리한 기교를 발휘한다. XLNet은 또한 BERT가 한 문장에서 여러 마스크에 대해 만드는 독립성 가정을 극복한다. XLNet은 광범위한 응용 프로그램에서 BERT보다 더 나은 성능을 보인다. 늘 그렇듯이 이렇게 하려면 비용이 든다. 순열을 계산하고 처리하는 데 비용이 많이 들고, 결과적으로 XLNet은 실용적인 이유로 여러 가지 가정을 해서 작업을 단순하게 만든다.

이제 XLNet을 실용적인 형태로 구현해 볼 때가 된 것으로 보인다. 다음 장에서는 실제

문제에 대해 BERT와 협력하기 위해 필요한 방법을 구현할 것이다.

요약

- 트랜스포머는 셀프 어텐션을 기반으로 하는 복잡한 인코더–디코더 인공신경망이다.
- BERT는 트랜스포머 인코더이다.
- BERT는 복잡한 어텐션 메커니즘인 마스크 처리 언어 모델링과 위치 인코딩을 사용하여 어텐션 가중 단어 임베딩을 도출한다.
- BERT는 서로 다른 콘텍스트를 구별하는 동적 임베딩을 생성한다는 점에서 Word2Vec과 다르며 다운스트림 세부조정 특징에서 비슷하다.
- XLNet은 순열 언어 모델을 사용하여 단어의 마스크 처리를 생략한다는 점에서 BERT와 다르며, 일부 상황에서는 더 나은 옵션일 수 있지만 계산 관점에서 보면 비용이 더 많이 든다.

트랜스포머의 응용 : BERT 실습

10

이번 장에서 다루는 내용

• 기존 BERT 모델을 가져오기 위한 BERT 계층을 생성하기

• 데이터를 사용해 BERT를 훈련하기

• BERT를 세부조정하기

• BERT에서 임베딩을 추출하고 검사하기

이번 장에서는 여러분이 무엇인가를 구현하려고 할 때 BERT 트랜스포머를 실용적으로 활용해 작업하는 방법을 설명한다. 우리는 BERT를 직접 구현하지 않을 것이다. 이는 BERT가 케라스를 포함한 다양한 프레임워크에 효율적으로 구현되어 있으므로 벅차고 불필요한 작업인 BERT를 구현하는 일을 굳이 하지 않아도 되기 때문이다. 다만, 우리는 BERT 코드의 내부 동작에 친숙해지려 할 것이다. 우리는 9장에서 BERT가 NLP 애플리케이션을 크게 개선한다는 점이 보고되었다는 점을 알고 있다. 이번 장에서는 광범위하게 비교해보지는 않겠지만 이전 장에 나온 응용 프로그램들을 다시 살펴보는 게 좋은데, 예를 들면 Word2Vec 임베딩을 BERT 임베딩으로 교체하는 식으로 해보는 것이다. 9장과 10장에 나온 자료를 사용하면 그렇게 할 수 있다.

10.1 소개 : BERT를 사용해 실용적인 일을 하기

분량이 많은 데이터에 대해 처음부터 BERT 및 XLNet과 같은 관련 모델을 미리 훈련
해 두는 데 드는 비용이 엄청나게 많을 수 있다(그림 10.1). 원래 BERT 논문(Devlin 등,
2018; 9장 참조)에서는 다음과 같이 말한다.

> **BERT-Large를 16개 클라우드 TPU(총 64개 TPU 칩)에서 [여러 사전 훈련 단계를 포함해]
> 훈련했다. 각 사전 훈련[단계]을 완료하는 데 4일이 걸렸다.**

논문 저자가 텐서플로(구글의 기본 딥러닝 형식) 계산에 최적화된 GPU인 구글 클라우
드 TPU를 현재 TPU 가격(시간당 4.5~8.0달러)으로 사용했다면 총 사전 훈련 비용은
6,912~12,288달러(TPU 16개×96시간×시간당 4.5~8.0달러)가 된다.

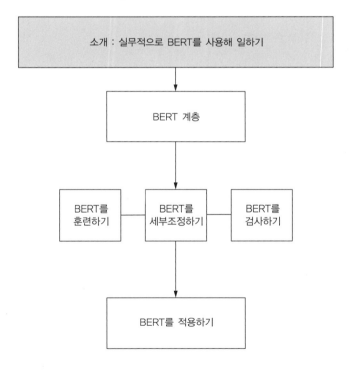

그림 10.1 BERT 관련 작업의
실용성

더 복잡한 순열 언어 모델링 접근 방식을 사용하는 XLNet의 경우 비공식 추정치는 61,440달
러로 사전 훈련 비용이 급속히 늘어난다(Bradbury, 2019). 마찬가지로 10억 단어에 대해 학
습된 GPT-3 언어 모델용 트랜스포머를 훈련하는 비용은 무려 460만 달러(Li, 2020)로 추

산되며 이러한 모델은 상용 라이선스를 통해서만 사용할 수 있다.

다행히 더 작은 사전 훈련 BERT 모델이나 더 작은 사전 훈련 XLNet 모델이 점점 더 무료로 제공되고 있으며 이것들은 세부조정$^{fine-tuning}$을 위한 디딤돌 역할을 할 수 있다. 예를 들어, 다양한 언어별로 제공되는 다양한 트랜스포머 모델에 대한 개요 수준의 지식을 알고 싶다면 https://huggingface.co/transformers/pretrained_models.html을 참조하면 된다.

실제로 사전 훈련 BERT 모델이나 사전 훈련 XLNet 모델을 내려받아 인공신경망에 통합하고 나서 훨씬 더 관리하기 쉽고 작은 데이터셋을 사용해 세부조정을 할 수 있다. 이번 장에서는 이런 방법이 어떻게 작동하는지 살펴본다. 먼저 기존 BERT 모델을 우리 모델에 통합한다. 이것이 작동하려면 BERT 모델을 위한 착륙장치 같은 역할을 할 전용 BERT 계층이 필요하다.

10.2 BERT 계층

딥러닝 인공신경망에서 BERT 계층(그림 10.2)은 다른 임베딩 계층과 마찬가지로 일반적으로 그림 10.3과 같이 입력 계층 바로 위에 배치되며, 다른 임베딩 계층과 유사한 목적을

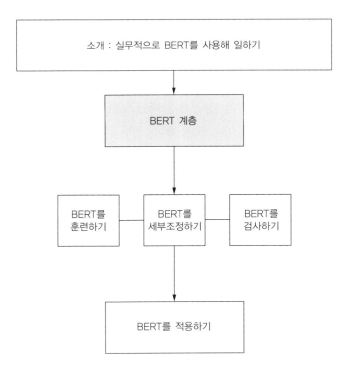

그림 10.2 BERT 모델을 로드할 수 있는 BERT 계층 생성

그림 10.3 딥러닝망 속에서 BERT 계층이 놓이는 위치. 다른 임베딩 계층과 마찬가지로 BERT 계층을 통해 전송된 데이터는 해당 데이터의 임베딩을 생성한다.

수행한다. 즉, 입력 계층의 단어를 임베딩 벡터로 인코딩하는 역할을 하는 것이다. BERT로 작업하려면 두 가지가 필요하다.

- 사전 훈련 BERT 모델
- 이러한 모델을 가져오고 코드의 나머지 부분에 노출하기 위한 특징

구글은 사전 훈련 BERT 모델을 얻을 수 있는 매우 유용한 플랫폼인 텐서플로 허브(www.tensorflow.org/hub)를 대중에게 공개했다. 텐서플로 허브는 BERT 모델 등뿐만 아니라 사전에 구성해 둔 딥러닝용 인공신경망들의 기능적인 부분도 내려받을 수 있게 하기 위한 플랫폼으로, 구글에서는 이것을 관용적으로 텐서플로 그래프(텐서플로 그래프는 계산 그래프의 일종이다. −옮긴이)들의 부분 그래프들이라고 부른다. 텐서플로가 구글의 기본 딥러닝 형식임을 상기하자.

> **참고** 케라스에 백엔드 엔진으로 쓸 수 있게 하던 Theano에 대한 지원을 케라스 2.3버전(2019)부터 중단했으며, 현재는 텐서플로만을 백엔드 엔진으로 사용한다. 텐서플로에 내장되어 있는 케라스 버전을 사용하는 것이 좋다. 이번 장에서 사용하는 BERT 라이브러리는 텐서플로 2.0 이상에 의존한다. Aj_MLstater(2020) 및 Rosebrock(2019)에서 자세한 내용을 읽을 수 있다.

이는 텐서플로 허브에서 모델과 기타 유용한 코드를 모두 다운로드할 수 있음을 의미한다. https://tfhub.dev/google/collections/bert/1에서 모든 BERT 모델 유형 목록을 찾을 수 있다. 모델 여러 개를 한 벌로 삼아 구현할 때는 데블린[Devlin] 등(2018)이 수립한 공식을 구현하는 것을 기반으로 할 텐데, 비록 이 구현이 다른 구현들로 대체되기는 했지만, 우리는 해당 모델 중 하나를 사용할 것이다.

먼저, 내려받은 모델을 첨부할 특수 목적 계층을 정의해 보자. 5장에서 살펴보았듯, 케

라스에서 우리 자신의 계층을 클래스로 정의할 수 있음을 상기하자. 이러한 클래스 정의에는 세 가지 필수 메서드인 init( ), build( ), call( )만 필요하다.

시나리오 : BERT를 사용해 일하기

자신이 만든 애플리케이션에서 기존 BERT 모델을 사용하려고 한다고 하자. 이러한 모델을 코드에 어떻게 연결해야 할까? 여러분이 BERT 모델을 저장하기 위해 전용 케라스 계층을 구현하기로 결정했다고 해보자.

목록 10.1은 그러한 케라스 BERT 계층을 구현하는 방법을 보여준다. 이 계층을 호출하려면 BERT 모델을 내려받고, 필요하다면 세부조정을 위한 최적화를 해야 한다. 세부조정할 BERT 어텐션 계층의 수를 지정하는 식으로 세부조정을 할 수 있다. 이는 작업의 시간 복잡도와 최종 모델의 품질을 모두 결정하는 중요한 파라미터이다. 더 많은 계층을 세부조정하면 일반적으로 품질이 높아지지만 시간이 더 걸린다.

참고   이 예제에 사용된 계층은 현재 https://freecontent.manning.com/getting-started-with-baselines 및 https://gist.github.com/jacobzweig/31aa9b2abed395195d50bf8ad98a3eb9를 포함하여 많은 구현에서 찾을 수 있다. 이 계층이 어디서 비롯되었는지는 불분명하다.

| 목록 10.1 | BERT 모델 전용 케라스 계층

```
class BertLayer(tf.keras.layers.Layer):

    def __init__(
        self,
        n_fine_tune_layers=12,
        bert_path=
        "https://tfhub.dev/google/bert_uncased_L-12_H-768_A-12/1",
        **kwargs
    ):

        self.n_fine_tune_layers = n_fine_tune_layers
        self.trainable = True
        self.output_size = 768
        self.bert_path = bert_path

        super(BertLayer, self).__init__(**kwargs)
```

파이썬 클래스를 정의할 때 가장 먼저 구현해야 하는 필수 메서드 : 클래스 객체 초기화

가져온 BERT 모델을 세부조정하도록 선택한 경우 세부조정해야 하는 계층 수를 설정한다.

다운로드 가능한(또는 로컬에 설치된) BERT 모델의 경로이다. 이 특정 URL은 12개의 은닉 계층과 768의 표준 출력 차원이 있고 대소문자가 없는(소문자) 기성 BERT 모델로 연결된다(9장 참조).

출력 크기를 지정한다(BERT의 경우 다시 표준인 768로 지정).

표준 설정이 우리가 들여온 BERT 모델에 맞춰 세부조정될 수 있도록 훈련 가능 플래그를 True로 전환한다.

훈련 가능한 변수는 우리가 사용하고 있는 BERT 모델의 계층을 나타낸다. BERT 모델은 복잡
하고 계층이 많기 때문에 이러한 계층의 부분집합에서만 훈련하게 하는 식으로 훈련(세부조정)을
제한할 수 있다. BERT 모델은 self.bert에 로드되었으며, 이 self.bert는 "/cls/" 문자열을 포함
하지 않는 경로가 (특이한 이유로) 훈련 가능한 계층으로 이어지는 폴더 구조를 가지고 있다.

```python
def build(self, input_shape):                         ◁─  build 메서드는 계층의 가중값에 대한 관리
    self.bert = hub.Module(                                작업을 수행한다. 이 메서드는 첫 번째 호
        self.bert_path,                                    출에서 call( )에 의해 자동으로 호출된다.
        trainable=self.trainable,
        name=f"{self.name}_module"
    )
    trainable_vars = self.bert.variables                              세부조정할 계층의
    trainable_vars =                                                  부분집합을 만든다.
        [var for var in trainable_vars if not "/cls/" in var.name]
    trainable_vars = trainable_vars[-self.n_fine_tune_layers :]   ◁─

    for var in trainable_vars:                            ◁─  훈련 가능한 가중값 목록(처음
        self._trainable_weights.append(var)                   에는 비어있음)에 훈련 가능한
                                                              계층 변수를 추가한다.
    for var in self.bert.variables:
        if var not in self._trainable_weights:
            self._non_trainable_weights.append(var)

    super(BertLayer, self).build(input_shape)
                                                          call 메서드는 계층을 호출하면 어떤
def call(self, inputs):                               ◁─  일이 발생하는지 정의한다. 즉, 계층을
    inputs = [K.cast(x, dtype="int32") for x in inputs]   입력 데이터에 대한 함수로 적용한다.

    input_ids, input_mask, segment_ids = inputs       ◁─  입력을 토큰 ID, 입력 마스크
                                                          (모델이 처리해야 하는 토큰
    bert_inputs = dict(                                   정의) 및 분절어 ID 목록으로
        input_ids=input_ids, input_mask=input_mask,      분해한다. 자세한 내용을 알고
        segment_ids=segment_ids                          싶다면 목록 10.7을 참조하자.
    )
    result = self.bert(inputs=bert_inputs, signature="tokens",
        as_dict=True)[                                ◁─  입력에 self.bert 함수
        "sequence_output"                                 (텐서플로 허브 모델
    ]                                                     참조)를 적용하여 결과
    return result                                         를 정의한다.

                                                              입력과 출력의 모양을
def compute_output_shape(self, input_shape):      ◁─      계산하는 필수 함수
    return (input_shape[0], self.output_size)
```

훈련할 수 없는 변수들(나머지 변수들)을 저장한다.

예상치 못한 숫자 값을 방지하기 위해 입력 데이터를 32비트 정수에 기초하게 한다.

이러한 재료들을 한 딕셔너리 내의 키/값 쌍으로 저장한다.

앞서 언급한 바와 같이 훈련 가능 변수와 훈련 불가능 변수 간의 절충을 통해 시간 복잡도
와 품질의 균형을 직접 맞출 수 있다. 더 적은 어텐션 계층을 세부조정하면 품질이 낮은 임
베딩이 생성되지만 그만큼 훈련하는 시간도 줄어든다. 이 상충 관계의 균형을 맞추는 것

은 개발자의 몫이다. 기존 BERT 모델을 세부조정하기 전에 먼저 BERT 모델을 직접 구축하고 처음부터 데이터에 대해 교육하는 대안을 살펴보자.

10.3 데이터를 사용해 BERT를 훈련하기

사용 가능한 자원(데이터, GPU 할당량 및 인내심)이 충분하면 여러분의 데이터를 사용해 BERT 모델을 개선할 수 있다(그림 10.4).

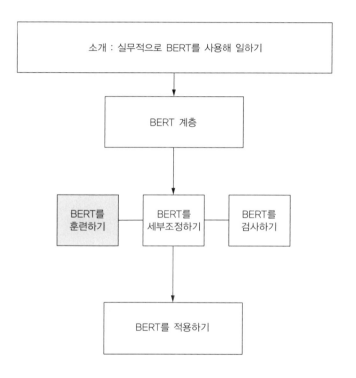

그림 10.4 여러분이 지닌 데이터를 사용해 BERT를 훈련해 나가는 과정

시나리오 : 여러분이 지닌 데이터를 사용해 BERT를 훈련하기

여러분이 처음부터 BERT 모델을 완전히 구축하려고 한다고 해보자. 어쩌면 여러분은 BERT 모델의 기반이 되는 데이터를 완전히 좌지우지할 수 있기를 바랄 수도 있다. 데이터셋이 크다면 많은 GPU 사용 비용을 치러야 이런 일이 가능하다.

현재, `fast-bert`(https://pypi.org/project/fast-bert) 및 `keras-bert`(https://pypi.org/project/

keras-bert) 같은 케라스 기반의 많은 파이썬 프레임워크를 통해 BERT를 원활하게 활용할 수 있다. 또 다른 선택지로는 https://pypi.org/search/?q=bert가 있다. keras-bert는 독점적인 BERT 모델을 직접 생성하는 간단한 메서드들을 제공하며, 이번 장에 나오는 우리 예제들에서 이 keras-bert를 사용할 것이다. 말할 필요도 없이 BERT 훈련은 데이터를 올바른 형식으로 준비하는 것부터 시작한다. 9장에서 BERT는 다음 문장 예측 작업에 대해서도 훈련되기 때문에 데이터가 쌍문장 형태로 제공된다는 점을 상기하자.

에드거 앨런 포의 〈The Cask of Amontillado〉의 다음과 같은 일련의 문서를 줄로 구분된 새로운 문장 목록으로 미리 처리한다고 가정해 보자.

He had a weak point — this Fortunato — although in other regards he was a man to be respected and even feared. He prided himself on his connoisseurship in wine. Few Italians have the true virtuoso spirit. For the most part their enthusiasm is adopted to suit the time and opportunity — to practise imposture upon the British and Austrian millionaires.

간단한 문장 분리기를 사용하면 이 지점까지 도달할 수 있다. 선택적으로 마침표처럼 문장을 닫는 구두점뿐만 아니라 쉼표, 대시 등에서도 문장을 분리할 수 있다. 그렇게 하면,

He had a weak point this Fortunato although in other regards he was a man to be respected and even feared

같은 추가 (의사) 문장이 생성되고 더 많은 문장 쌍으로 이어질 것이다.

다음 함수는 이러한 목록을 BERT 모델 훈련에 필요한 쌍데이터로 바꾼다.

| 목록 10.2 | BERT 입력 데이터 처리하기

```
def readSentencePairs(fn):
    with open(fn) as f:
        lines = f.readlines()

    pairs=zip(lines, lines[1:])
    paired_sentences=[[a.rstrip().split(),b.rstrip().split()]
    ➡ for (a,b) in pairs]

    tokenD = get_base_dict()
```

파일 이름을 사용해 함수를 호출한다.

파일 안에 담긴 내용을 이루는 모든 줄이 각기 1개 리스트 안으로 읽힌다.

파이썬의 내장 함수인 zip( )을 사용해 이 리스트로부터 쌍들을 생성한다.

이 리스트 안에 담긴 모든 문장 쌍이 단어 단위로 분할되고 줄바꿈 문자가 제거된다.

keras_bert에는 UNK, CLS 및 SEP와 같은 특수 기호가 포함된 기본 사전이 있다. 이 사전은 데이터의 단어로 확장된다.

딕셔너리 형식으
로 된 변수 내의
모든 토큰을 리스
트 형식으로 된
변수로 모아둔다.

```
    for pairs in paired_sentences:
        for token in pairs[0] + pairs[1]:
            if token not in tokenD:
                tokenD[token] = len(tokenD)
    tokenL = list(tokenD.keys())
    return (paired_sentences,tokenD,tokenL)
```

모든 문장 쌍에 대해 이미
사전에 들어있지 않은 문장
의 단어를 새 인덱스 번호
를 사용해 추가한다.

쌍을 이룬 문장, 토큰 사전,
토큰 목록을 반환한다.

우리의 이 예제에서는 쌍을 이룬 두 문장을 단어 단위로 분할한 형태로 중첩 리스트를 생성한다.

```
[
  [['he','had','a', 'weak', 'point','-','this', 'Fortunato',...],
  [['He','prided', 'himself', 'on', 'his', 'connoisseurship', 'in', 'wine']
  ...,
]
```

다음으로, `keras_bert`의 미리 준비된 메서드를 사용하여 BERT 모델을 아주 빠르게 구축하고 훈련할 수 있다(https://pypi.org/project/keras-bert 참조). 그런 다음에 데이터 점들을 가리키는 포인터들이 있는, 반복 가능 객체를 생성하는 제너레이터 함수를 정의하는 일부터 해보자. 따라서 이 제너레이터는 한 번에 모든 BERT 데이터를 생성하는 대신 많은 양의 데이터를 통해 효과적이고 메모리 친화적인 방식으로 작업하기 위한 객체를 생성한다(데이터셋이 크면 금지될 수 있음).

| 목록 10.3 | BERT에 대한 배치 데이터 생성하기

제너레이터는 readSentencePairs( )에
의해 생성된 pairedsentence 데이터를
사용한다.

```
from keras_bert gen_batch_inputs

def BertGenerator(paired_sentences, tokenD, tokenL):
    while True:
        yield gen_batch_inputs(
            paired_sentences,
            tokenD,
            tokenL,
            seq_len=200,
            mask_rate=0.3,
            swap_sentence_rate=0.5,
        )
```

제너레이터는 무한 루프에 들어간다
(여기서 우리를 성가시게 하지 않는
외부 제어 설비에 의해 종료됨).

keras_bert 루틴인 gen_batch_inputs( )를 사용하
고 단어를 마스크 처리할 확률(mask_rate)과 한 문
장을 다음 문장의 연속으로 사용하거나 그 반대로 사
용하는 것을 제어하는 문장 교환 파라미터를 지정한
다. 모델은 올바른 순서를 결정해야 한다.

이 제너레이터가 사용되는 방법은 다음과 같다.

| 목록 10.4 | 데이터를 사용해 독점적 BERT 모델을 훈련하기

```
from tensorflow import keras
from keras_bert import get_model, compile_model

def buildBertModel(paired_sentences,tokenD,tokenL, model_path):
    model = get_model(
        token_num=len(tokenD),
        head_num=5,
        transformer_num=12,
        embed_dim=256,
        feed_forward_dim=100,
        seq_len=200,
        pos_num=200,
        dropout_rate=0.05
    )
    compile_model(model)

    model.fit_generator(
        generator=BertGenerator(paired_sentences,tokenD,tokenL),
        steps_per_epoch=100,
        epochs=10
    )

    model.save(model_path)

sentences="./my-sentences.txt"
(paired_sentences,tokenD,tokenL)=readSentencePairs(sentences)
model_path="./bert.model"
buildBertModel(paired_sentences,tokenD,tokenL,model_path)
```

model-building 함수는 쌍으로 묶인 문장 데이터와 모델 경로를 입력 파라미터로 취한다.

keras_bert의 메서드인 get_model은 계층당 어텐션 헤드 수, 트랜스포머 계층 수, 임베딩 크기, 피드포워드 계층의 크기, 토큰 시퀀스의 길이, 해당 위치 수(위치 인코딩용) 및 드롭아웃 비율에 대한 값으로 모델 구조를 인스턴스화한다.

모델은 지정된 에포크 수와 모든 에포크 내에서 지정된 단계 수에 대해 제너레이터에 의해 생성된 데이터에 맞춰진다.

훈련이 끝난 후 모델을 저장한다.

여기서 모든 것을 하나로 통합한다.

keras_bert는 그 이면에서 CLS 및 SEP 구분자를 쌍으로 이뤄진 문장 데이터에 삽입하고 WordPiece 알고리즘을 사용하여 입력 단어를 부분어$^{\text{sub-word}}$로 토큰화한다(9장 참조).

무슨 일이 일어나고 있는지 명확히 알 수 있게 수동으로 접근하는 방식을 사용하자. 우리는 먼저 InputExample이라는 간단한 클래스를 정의한다.

| 목록 10.5 | InputExample 클래스

```
class InputExample(object):
    def __init__(self, text, label=None):
        self.text = text
        self.label = label
```

참고 이 코드는 https://towardsdatascience.com/bert-in-keras-with-tensorflow-hub-76bcbc9417b, https://github.com/strongio/keras-bert/blob/master/keras-bert.py, https://www.kaggle.com/code/igetii/bert-keras 및 https://github.com/huggingface/transformers/pull/2891/files 같은 일부 기존 리포지터리를 기반으로 하며 이를 확장한다.

클래스의 인스턴스는 레이블이 지정된 텍스트 항목을 포함하는 컨테이너일 뿐이다. 레이블이 지정된 BERT 문장을 저장하려면 그것들이 필요하다.

다음으로 입력 텍스트를 토큰화하려면 토크나이저가 필요하다. 우리는 또 다른 편리한 BERT 파이썬 라이브러리인 **bert-for-tf2**(텐서플로 버전 2 이상의 BERT)를 사용할 것이다. 우리는 다음과 같이 Python3에 이 라이브러리를 설치한다.

```
sudo pip3 install bert-for-tf2
```

이렇게 한 다음에는

```
import bert
```

라는 구문으로 BERT를 들여올 수 있다. 다음 목록은 텐서플로 허브에서 토크나이저를 얻는 방법을 보여준다.

| 목록 10.6 | 텐서플로 허브에서 토크나이저 얻기

```
import tensorflow_hub as hub
import tensorflow as tf
from bert import bert_tokenization

def create_tokenizer_from_hub_module(bert_hub_path):
  with tf.Graph().as_default():
    bert_module = hub.Module(bert_hub_path)
    tokenization_info = bert_module(signature="tokenization_info",
     as_dict=True)
    with tf.compat.v1.Session() as sess:
      vocab_file, do_lower_case = sess.run([tokenization_info["vocab_file"],
                                    tokenization_info["do_lower_case"]])
    return bert_tokenization.FullTokenizer(
      vocab_file=vocab_file, do_lower_case=do_lower_case)
```

우리는 텐서플로 그래프(https://www.tensorflow.org/api_docs/python/tf/Graph)에서 작업하고 있다.

우리가 사용하는 BERT 모델에 대한 텐서플로 허브 경로

우리는 BERT 모델에서 어휘 및 경우에 관한 정보를 얻는다. 경우에 관한 정보란 모델이 소문자를 사용하여 단어를 표현하는지 여부를 나타내는 것이다.

어휘 및 경우에 관한 정보를 저장하는 새로운 토크나이저를 만든다.

우리는 다음과 같이 토크나이저를 호출한다.

```
bert_path="https://tfhub.dev/google/bert_uncased_L-12_H-768_A-12/1"
tokenizer = create_tokenizer_from_hub_module(bert_path)
```

텐서플로 허브에서 지정된 BERT 모델의 경우 이는 단어를 정수로 매핑하는 토큰 사전이 포함된 토크나이저를 반환한다. 주어진 `InputExample` 인스턴스에 대해 이 토크나이저가 제공되면 이제 BERT 모델이 원하는 특징 표현(토큰화된 텍스트, 모델이 주의를 기울여야 하는 토큰을 선택하는 입력 마스크 및 레이블 집합)을 생성할 수 있다.

> **참고** 3장에서 Word2Vec으로 했던 것처럼 레이블링을 가르치고 BERT 모델을 즉석에서 세부조정한다는 점을 기억하자.

| **목록 10.7** | **InputExample로부터 특징들로**

토큰 배열 채우기를 시작한다. 시퀀스의 시작을 나타내는 의사 토큰인 [CLS]로 시작하여 [SEP]로 끝나므로 2개의 추가 위치를 선점해 두고 max_seq_length-2를 초과하지 않는지 확인한다. segment_ids 배열은 토큰 배열의 길이에 비례하는 0의 목록일 뿐이다. 첫 번째 위치와 마지막 위치는 현재 텍스트의 시작 위치와 끝 위치를 암시적으로(그리고 중복적으로) 인코딩한다.

TensorFlow Hub 토크나이저와 InputExample의 인스턴스를 사용하면서 우리가 허용한 최대 시퀀스 길이를 표준값인 256으로 지정해 메서드를 호출한다.

토크나이저를 사용해 입력 텍스트를 토큰화함으로써 토큰 리스트를 얻는다.

```
def convert_single_example(tokenizer, example, max_seq_length=256):
    tokens_a = tokenizer.tokenize(example.text)
    if len(tokens_a) > max_seq_length - 2:
        tokens_a = tokens_a[0 : (max_seq_length - 2)]
    tokens = []
    segment_ids = []
    tokens.append("[CLS]")
    segment_ids.append(0)
    for token in tokens_a:
        tokens.append(token)
        segment_ids.append(0)
    tokens.append("[SEP]")
    segment_ids.append(0)

    input_ids = tokenizer.convert_tokens_to_ids(tokens)

    input_mask = [1] * len(input_ids)

    while len(input_ids) < max_seq_length:
        input_ids.append(0)
```

토크나이저를 사용하여 토큰을 토큰 ID로 변환한다.

입력 텍스트를 0으로 채우기 전에 입력 마스크(토큰에 해당하는 리스트)를 지정한다. BERT는 0이 아닌 토큰만 처리한다.

모든 배열을 0으로 채운다.

```
        input_mask.append(0)
        segment_ids.append(0)
```

> 입력 예시의 토큰 배열, 입력 마스크, 분절어(segment) 배열 및 레이블을 반환한다.

```
    return input_ids, input_mask, segment_ids, example.label
```

우리는 다음과 같이 대량의 예시^{examples}(데이터셋을 이루는 각 인스턴스와 같은 말−옮긴이)에 대해 이 작업을 수행한다.

| 목록 10.8 | 예시를 특징으로 변환하기

```
def convert_examples_to_features(tokenizer, examples, max_seq_length=256):
    input_ids, input_masks, segment_ids, labels = [], [], [], []
    for example in examples:
      input_id, input_mask, segment_id, label = convert_single_example(
      ➥ tokenizer, example, max_seq_length)          ⟵ 단일 예시를 변환한다.
      input_ids.append(input_id)          ⟵ 집합적 배열에 추가한다.
      input_masks.append(input_mask)
      segment_ids.append(segment_id)
      labels.append(label)
    return (
       np.array(input_ids),
       np.array(input_masks),
       np.array(segment_ids),
       np.array(labels).reshape(-1, 1)
    )                                     ⟵ 결과를 반환한다.
```

그림 10.5를 통해서 이 과정을 알 수 있다.

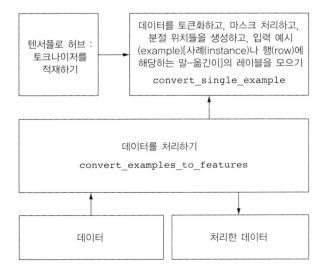

그림 **10.5** BERT에 대한 데이터 처리. 데이터가 토큰화되고 마스크 처리되며 분절어 위치가 생성된다.

이제 우리는 CSV 형식으로 저장된 레이블 데이터가 있다고 가정한다.

```
text,label
I hate pizza, negative
I like icecream, positive
```

이러한 텍스트 및 레이블 쌍은 CSV 데이터에서 추출되면 InputExamples로 변환할 수 있다.

| 목록 10.9 | 텍스트의 쌍을 InputExamples로 변환하기

```
def convert_text_to_examples(texts, labels):
    InputExamples = []
    for text, label in zip(texts, labels):
        InputExamples.append(
            InputExample(text=text, label=label)
        )
    return InputExamples
```

이전에 정의된 변환 방법과 토크나이저를 사용하여 이 CSV 데이터를 처리해 보자. 우리는 변환 결과를 포함하는 여러 배열을 생성한다.

| 목록 10.10 | CSV 데이터를 처리하기

```
import pandas as pd
from sklearn.preprocessing import LabelEncoder

def loadData(trainCSV, testCSV, valCSV, tokenizer):
    max_seq_length=256

    train = pd.read_csv(trainCSV)
    test = pd.read_csv(testCSV)
    val = pd.read_csv(valCSV)

    label_encoder = LabelEncoder().fit(pd.concat([train['label'],
    ➡ val['label']]))

    y_train = label_encoder.fit_transform(pd.concat([train['label'],
    ➡ val['label']]))
    y_test = label_encoder.fit_transform(pd.concat([test['label'],
    ➡ val['label']]))
```

훈련용 데이터, 시험용 데이터, 검증용 데이터에 대한 CSV 파일 이름과 토크나이저를 사용하여 메서드를 호출한다.

판다스(pandas)를 사용하여 CSV 텍스트를 딕셔너리 구조로 읽는다. CSV 데이터에는 텍스트와 레이블이라는 2개의 필드만 있다.

sklearn LabelEncoder(이전 장 참조)를 사용하여 레이블을 숫자 값으로 변환한다.

```
y_val = label_encoder.fit_transform(pd.concat([train['label'],
➥ val['label']]))


train_examples = convert_text_to_examples(train['text'], y_train)
test_examples = convert_text_to_examples(test['text'], y_test)
val_examples = convert_text_to_examples(val['text'], y_val)


(train_input_ids, train_input_masks, train_segment_ids, train_labels) =
➥ convert_examples_to_features(tokenizer, train_examples,
➥ max_seq_length=max_seq_length)
(test_input_ids, test_input_masks, test_segment_ids, test_labels) =
➥ convert_examples_to_features(tokenizer, test_examples,
➥ max_seq_length=max_seq_length)
(val_input_ids, val_input_masks, val_segment_ids, val_labels) =
➥ convert_examples_to_features(tokenizer, val_examples,
➥ max_seq_length=max_seq_length)
```

훈련용, 시험용 및 검증용 데이터의 텍 스트를 InputExamples로 변환한다.　　　　　　　　　　　　　**다양한 InputExamples를 배열 튜플(특징)로 변환한다.**

```
return [(train_input_ids,train_input_masks,train_segment_ids,
➥ train_labels),
       (test_input_ids,test_input_masks,test_segment_ids, test_labels),
       (val_input_ids,val_input_masks,val_segment_ids, val_labels)]
```

결과를 반환 한다.

이 흐름을 그림으로 나타내면 그림 10.6과 같다.

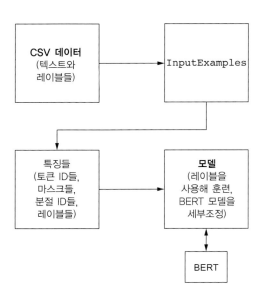

그림 10.6 세부조정(fine-tuning)한 BERT에 쓸 수 있게 CSV 데이터를 처리하기. CSV 데이터가 처리(토큰화, 분절어화)되고 마스크가 생성된다.

이제 우리는 추가 레이블링 작업을 학습하는 동안 세부조정될 BERT 모델에 데이터를 제공할 준비가 되었다.

10.4 BERT를 세부조정하기

> **시나리오 : 자체 데이터로 BERT를 세부조정하기**
>
> 여러분이 사전 훈련 BERT 모델을 내려받았으며 특정 레이블 지정 작업에 대해 레이블이 지정된 자체 데이터로 모델을 세부조정하려고 한다고 해보자.

Word2Vec의 3장에서 했던 것처럼 이제 사전 훈련 모델을 선택하고 이전 단원에서 논의한 다양한 변환 루틴을 적용하는 레이블이 지정된 데이터셋을 사용하여 BERT 모델(그림 10.7)을 세부조정할 것이다. 레이블링 작업을 학습하는 전체 모델에 BERT 모델을 계층으로 추가한다. 다음 목록은 해당 모델을 생성하는 방법을 보여준다. 텐서플로 허브에서 다운로드하고 세부조정할 모델을 지정할 수 있는, 앞에서 정의한 **BertLayer**를 사용한다.

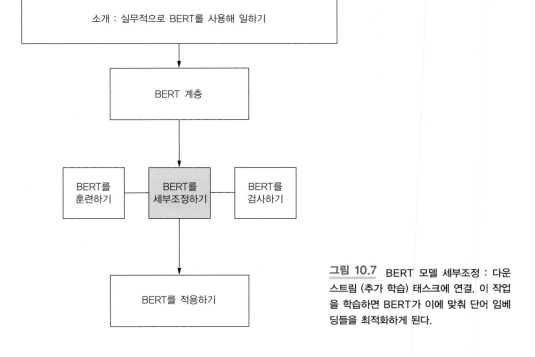

그림 10.7 BERT 모델 세부조정 : 다운스트림 (추가 학습) 태스크에 연결. 이 작업을 학습하면 BERT가 이에 맞춰 단어 임베딩들을 최적화하게 된다.

| 목록 10.11 | BERT 모델을 구축하기

우리는 토큰화된 입력 텍스트에 해당하는 토큰 식별자(in_id), 입력 마스크(모델이 패딩되지 않은 토큰 위치에만 주의를 기울이도록 함), 분절어 식별자라고 하는 세 가지 입력 형식을 BERT 모델에 제공한다. 이것들에 대해서 개별 InputLayer가 정의된다.

```
import tensorflow.keras.backend as K
import tensorflow as tf

def buildBertModel():
    max_seq_length=256
    in_id = tf.keras.layers.Input(shape=(max_seq_length,),
        name="input_ids")
    in_mask = tf.keras.layers.Input(shape=(max_seq_length,),
        name="input_masks")
    in_segment = tf.keras.layers.Input(shape=(max_seq_length,),
        name="segment_ids")

    bert_inputs = [in_id, in_mask, in_segment]
```

하나의 리스트 안에 세 가지 입력 내용을 수집해 둔다.

```
    bert_output = BertLayer(n_fine_tune_layers=10)(bert_inputs) 3((CO9-3))

    drop = keras.layers.Dropout(0.3)(bert_output)
    dense = keras.layers.Dense(200, activation='relu')(bert_output)
    drop = keras.layers.Dropout(0.3)(dense)
    dense = keras.layers.Dense(100, activation='relu')(dense)
    pred = keras.layers.Dense(1, activation='sigmoid')(dense)
```

이러한 입력 내용에 BERT 계층을 적용하여 BERT 모델의 출력을 정의한다. 세부조정 가능한 계층의 표준 수(12)를 10으로 다시 정의하는 방법에 주목하자.

2개의 Dropout 계층과 2개의 Dense 계층으로 구성된 사용자 지정 인공신경망 계층을 정의한다. 이 부분은 실험에 완전히 개방되어 있으며 최적의 선택은 당면한 레이블링 작업에 따라 다르다.

```
    session = K.get_session()
    init = tf.compat.v1.global_variables_initializer()
    session.run(init)
```

필수는 아니지만 이와 같이 텐서플로 계산에서 모든 변수를 초기화하는 것이 좋다.

```
    model = tf.keras.models.Model(inputs=bert_inputs, outputs=pred)
    model.compile(loss="binary_crossentropy", optimizer="adam",
        metrics=["accuracy"])
    model.summary()
    return model
```

최종 모델을 정의하고 컴파일한다.

이 방법을 사용하면 모델 훈련을 시작하고 BERT 계층에 저장된 BERT 모델을 즉석에서 세부조정할 수 있다.

| 목록 10.12 | BERT 모델을 세부조정하기

```
def finetuneBertModel(trainT, valT):
    model=buildBertModel()
```

```
(train_input_ids, train_input_masks, train_segment_ids,
    train_labels)=trainT
(val_input_ids,val_input_masks,val_segment_ids,val_labels)=valT

model.fit(
    [train_input_ids, train_input_masks, train_segment_ids],
    train_labels,
    epochs=10,
    batch_size=64
)
```

이 시점에서 우리가 유효성 검사 데이터를 사용하지 않지만 다음을 삽입하여 **model.fit**에서 사용할 수 있다.

```
validation_data=(
    [val_input_ids, val_input_masks, val_segment_ids],
    val_labels,
    )
```

다음에 나오는 목록에 모든 게 하나로 통합되어 있다.

| **목록 10.13** |　　BERT 모델을 세부조정하기 위한 전반적인 절차

```
def main(trainCSV, testCSV, valCSV):
```
← 3개의 CSV 파일(훈련용 데이터, 시험용 데이터, 검증용 데이터) 이름으로 메서드를 호출한다.

```
bert_path="https://tfhub.dev/google/bert_uncased_L-12_H-768_A-12/1"
```
← 텐서플로 허브 BERT 모델의 경로

```
tokenizer = create_tokenizer_from_hub_module(bert_path)
```
← 텐서플로 허브 모델에서 토크나이저를 만든다.

```
[trainData,testData,validationData]=loadData(trainCSV, testCSV, valCSV,
    tokenizer)
```
← CSV 데이터를 처리한다.

```
finetuneBertModel(trainData)
```
← 레이블이 지정된 훈련용 데이터에서 모델을 훈련하고 BERT 모델을 즉시 갱신하여 모델을 세부조정한다.

이것이 실행되면 모델을 저장하고 예측 목적으로 사용할 수 있다.

연습

이러한 방법을 실험하고 레이블이 지정된 데이터를 사용하여 BERT 모델을 세부조정해 보라. IMDB 정서 데이터(https://keras.io/api/datasets/imdb 참조)를 배포하는 것이 제안되지만 레이블이 있는 데이터라면 어떤 데이터든지 쓸 수 있다.

10.5 BERT를 검사하기

이번 단원에서는 BERT 모델이 추론하는 문맥적이면서도 의미론적인 단어 거리를 검사한다(그림 10.8). BERT가 동음이의어(철자가 같지만 의미가 다른 단어)에 대해 서로 다른 벡터를 생성하는가? 그렇다면 콘텍스트 단어 임베딩에 대해 자신이 한 약속을 지킨 것이다. 한 단어의 모든 다른 의미를 하나의 벡터로 결합하는 Word2Vec과 달리 BERT는 문장의 특정 콘텍스트에서 동음이의어에 대해 다른 벡터를 생성하도록 설계되었다. 이게 가능한지 따져보자.

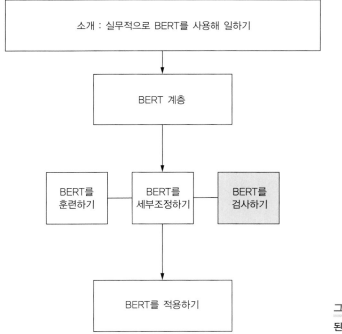

그림 10.8 BERT 모델에서 유추된 상황별 거리 검사

10.5.1 BERT의 동음이의어

동음이의어[homonyms]는 철자가 같지만 의미가 다른 단어이다. 가장 잘 알려진 동음이의어는 **bank**일 것이다.

- **bank$_1$** — 금융 기관
- **bank$_2$** — 강둑(강이나 호수와 같은 수역 옆의 경사지)

BERT는 동음이의어를 어떻게 처리하는가? 우리는 BERT가 데이터에서 파생된 고정 어휘 없이 동적 방식으로 단어에 콘텍스트 벡터를 할당한다는 것을 알고 있다. 따라서 Word2Vec과 달리 BERT는 콘텍스트에 따라 **bank**의 두 가지 사례에 대해 서로 다른 임베딩 벡터를 할당해야 한다. 이를 경험적으로 확인해 보자.

시나리오 : 동음이의어에 대한 BERT 검사

BERT 모델에서 생성된 임베딩을 검사하여 BERT가 동음이의어를 처리하는 방법을 직접 확인하고 싶다.

아이디어는 다음과 같다. 매코믹^{McCormick}(2019)과 그의 코드에 따라 우리는 BERT에게 다양한 국소적 콘텍스트에서 **bank**라는 단어에 대한 동음이의어를 주입하는 문장을 건네준다. 그런 다음 각 단어에 대한 BERT 단어 임베딩을 추출하고 다른 동음이의어를 선택하고 벡터 유사도를 검사한다. 우리는 다른 의미를 가진 단어가 상당히 다른 벡터를 가지게 될 것이라는 가설을 세운다. 거리 지표를 통해 벡터 유사도를 측정한다.

목록 10.14는 입력에 BERT 모델을 적용하고 임베딩 벡터로 구성된 출력을 반환하는 호출 가능한 함수를 구현한다. 정확하게 말하자면, 토큰화된 입력 텍스트 집합에 대해 이 함수는 입력 마스크와 분절어 정보(예측의 3차원 배열)를 반환한다. 우리는 해당 배열을 P라고 부른다. 그리고 가장 중요한 점은 다음과 같다.

- P[0]는 입력된 텍스트들을 나타낸다.
- P[0][i]는 *i*번째 텍스트를 나타낸다.
- P[0][i][j]는 *i*번째 텍스트의 *j*번째 단어의 벡터 표현(임베딩 벡터)을 나타낸다.

| 목록 10.14 | BERT 함수를 만들기

```
import tensorflow.keras.backend as K

def createBertFunction():
    max_seq_length=256
    in_id = tf.keras.layers.Input(shape=(max_seq_length,),
    ➡ name="input_ids")
    in_mask = tf.keras.layers.Input(shape=(max_seq_length,),
    ➡ name="input_masks")
    in_segment = tf.keras.layers.Input(shape=(max_seq_length,),
    ➡ name="segment_ids")
```

> 이전과 같이(목록 10.11), 우리는 BERT 모델용 입력 데이터를 보유하는 3개의 입력 계층을 정의한다.

```
bert_input = [in_id, in_mask, in_segment]
```
◁— BERT 모델 입력은 이 세 가지 입력이 있는 목록으로 구성된다.

입력에 BERT 계층을 적용한다. BERT 계층은 텐서플로 허 브 BERT 모델에 대한 참조를 하드코딩하지만, 우아하게 처 리하고 싶다면 초기화 파라미터 형태로 제공할 수도 있다.

```
bert_output = BertLayer(n_fine_tune_layers=10)(bert_input)

func = K.function([bert_input], [bert_output])
```
◁— 저수준 백엔드 인터 페이스를 통해 입력 과 출력을 매핑하는 함수를 만든다.

```
session = K.get_session()
init = tf.compat.v1.global_variables_initializer()
session.run(init)
```
◁— 선택적으로, 텐서플 로 변수를 인스턴스 화한다(목록 10.11).

```
return func
```
◁— 함수가 반환되고 이제 호출할 수 있다.

우리 데이터는 다음과 같은 CSV 형식으로 저장된다.

```
text,label
"I took my money to the bank and put it on my bank account after which I
➡ laid down on the river bank",0
```

이 데이터는 다음과 같이 BERT 특징 형식으로 변환(및 후속 분석)된다.

| 목록 10.15 |　　BERT로부터 읽어 오기

몇 가지 필수품 들여오기 : 벡터 유사도에 대한 코사인 거리 및 품사 부착을 위한 TextBlob

```
from scipy.spatial.distance import cosine
from textblob import TextBlob

def readOutBertModel(tokenizer, functionBert, textCSV):
```
◁— 토크나이저와 우리의 BERT 함수 및 레이 블이 지정된 텍스트가 있는 입력 CSV 파일 을 사용하여 메서드를 호출한다(레이블은 이 실험에서 무시됨).

```
    examples=convert_text_to_examples(textCSV)
    features=convert_examples_to_features(tokenizer,examples)
```
◁— 입력 텍스트는 이전 과 같이 특징으로 변 환된다(목록 10.10).

```
    pred=functionBert(features)
```
◁— 변환된 입력 데이터에 BERT 함수를 적용한다.

```
    tags=TextBlob(examples[0].text).tags
```
◁— 첫 번째 예시(데이터에 하나 의 예시만 포함됨)의 경우 단 어에 품사 태그가 지정된다.

```
    vectors=[]
    text=""
    for i in range(nb_words):
        if tags[i][1] in ['NNP','NN','NNS']:
            vectors.append(pred[0][0][i])
```
◁— 우리는 명사에만 관심이 있고, 우리의 제 로 기반 벡터 배열에는 money, bank, bank, account, river 및 bank(순서대 로)에 대한 벡터가 포함된다.

```
                text+=words[i]+" "

    # 단어들 : money bank bank account river bank

    same_bank  = 1 - cosine(vectors[1], vectors[2])
    other_bank = 1 - cosine(vectors[1], vectors[5])
```

벡터 1(두 번째 단어 "bank" 참조)을 세 번째 단어 "bank"와 비교한다. 이러한 "bank"는 유사한 의미(금융 관련 의미)를 가져야 한다.

벡터 1(은행이라는 의미를 지닌 bank)을 여섯 번째 단어 "bank"(강둑을 의미하는 bank)인 벡터 5와 비교한다. 이 단어들은 다른 의미를 가져야 한다.

```
    print('Vector similarity for  *similar*  meanings:
 %.2f' % same_bank)
    print('Vector similarity for *different* meanings:  %.2f' % other_bank)

    return (vectors, text)
```

결과를 출력한다.

추출된 벡터(단어 포함)와 해당 단어를 반환한다.

bank(금융 관련 의미)와 관련해 두 가지 유사한 의미 사이의 벡터 유사도는 .62로 나타난다. bank의 두 가지 다른 의미 사이의 벡터 유사도(첫 번째 bank와 마지막 bank 비교)는 .43으로 빈약해 보이며, 이는 서로 다른 동음이의어 의미가 BERT 단어 임베딩에 반영됨을 보여준다. T-SNE로 이러한 결과를 그려볼 수 있다.

| 목록 10.16 | T-SNE를 사용해 BERT 벡터를 그리기

```
from sklearn.manifold import TSNE
import matplotlib.pyplot as plt

def plotTSNE(bert_vectors, text):
    tsne = TSNE(n_components=2, init='pca')
    output = tsne.fit_transform(bert_vectors)

    x_vals = []
    y_vals = []
    for xy in output:
        x_vals.append(xy[0])
        y_vals.append(xy[1])

    plt.figure(figsize=(5, 5))

    words=text.split(" ")
    for i in range(len(x_vals)):
        plt.scatter(x_vals[i],y_vals[i])
        plt.annotate(words[i],
```

그래프를 그리는 데 필요한 Matplotlib 루틴과 더불어, sklearn에서 T-SNE를 들여온다.

벡터에서 T-SNE를 실행하고 PCA(주성분 분석)를 적용해 2D 버전을 만든다.

readOutBertModel( )(목록 10.15)에 의해 생성된 벡터와 텍스트(단어)를 사용하여 메서드를 호출한다.

T-SNE 출력으로부터 2D 배열을 만든다.

5×5 그림 그리드를 설정한다.

T-SNE 값과 벡터에 연결된 단어에서 산점도를 만든다.

```
                    xy=(x_vals[i], y_vals[i]),
                    xytext=(5, 2),
                    textcoords='offset points',
                    ha='right',
                    va='bottom')        그림을 PNG로
                                        저장한다.
    plt.savefig('bert.png')
```

이 코드는 그림 10.9에 나오는 그림을 생성한다(고차원 입력 벡터를 2D로 압축할 때 입력 데이터에 대해 T-SNE가 생성한 값을 x축과 y축은 인코딩한다).

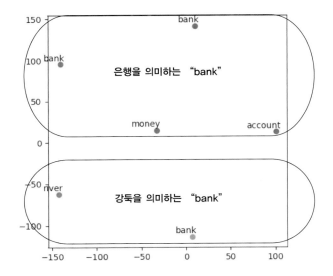

그림 10.9 금융 관련 의미를 지닌 bank와 강과 관련된 의미를 지닌 bank의 차이를 나타낸 도표

아래쪽 **bank**는 둑을 의미하고 위쪽의 다른 두 **bank**는 금융 업무를 처리하는 은행을 의미한다. 이 2D 표현에서는 멀리 떨어져 나타난다.

마지막으로 이 모든 것을 다음 코드에 결합한다.

| 목록 10.17 | 모든 것을 함께 해보기

```
                        레이블이 지정된 데이터가 있는 CSV
                        파일을 제공한다(레이블은 무시됨).
def main(textCSV):
    bert_path="https://tfhub.dev/google/          텐서플로 허브의
    ➡ bert_uncased_L-12_H-768_A-12/1"            BERT 모델 경로

    tokenizer = create_tokenizer_from_hub_module(bert_path)
                                        BERT 모델로부터 토크나
                                        이저를 1개 추출한다.
```

```
functionBert=createBertFunction()
(vectors,text)=readOutBertModel(tokenizer,
➡ functionBert, textCSV)  ◁─┤ 모델을 읽는다.

plotTSNE(vectors,text)  ◁─┤ 그림을 생성한다.
```

◁── BERT 함수를 만든다. 이 특징에 사용되는 BERT 계층에는 하드코딩된 BERT 모델의 경로가 있다.

10.6 BERT를 적용하기

이번 장에서 제시된 내용을 기반으로 이제 BERT로 실험을 시작할 수 있다(그림 10.10). 기존의 사전 훈련 모델을 적재한 다음에 레이블이 추가된 추가 데이터에서 세부조정하거나 자체 BERT 모델을 처음부터 훈련할 수 있다. 이전 단원에서 단어별로 콘텍스트 벡터를 얻는 방법을 보았다. 이를 통해 별도의 단어에 대한 벡터를 단락(즉, 더 긴 문서)에 대한 합성 벡터로 결합할 수 있다. 이전 장에서는 사용하려는 데이터 표현과 관련하여 불가지론적인 기술을 설명했다. 예를 들어 Word2Vec 임베딩을 BERT 임베딩으로 교체하여 결과가 개선되는지 확인할 수 있다(개선되어야 한다!).

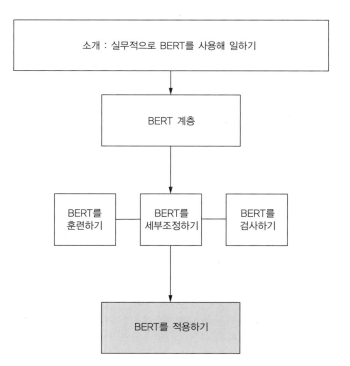

그림 10.10 사전 훈련과 세부조정 후 BERT 적용

> **연습**
>
> 이 책에 나오는 다양한 응용 사례로 돌아가서 거기에 사용된 임베딩들에 대해 BERT 모델을 바꿔보자.
> 전체 모델 구성을 안정적으로 유지하고 동일한 데이터로 작업하여 결과를 비교한다.

한 가지 주의 사항 : 최근 연구에서 Word2Vec이나 BERT 같은 기성 대규모 단어 임베딩 모델은 모델의 기본이 되는 텍스트 공급처의 왜곡된 선택으로 인해 편향이 나타난다는 점이 명백해졌다. 우선, 이러한 모델은 예를 들어 높은 급여와 과학적 직업을 가진 여성 대명사보다 남성 대명사를 더 강하게 연관시키는 강한 성별 편향을 보인다는 것이 입증되었다 [Word2Vec에 대해 Bolukbasi 등(2016); BERT에 대해 Bhardwaj 등(2020) 참조]. 단어 임베딩 모델은 많은 검색 엔진(구글 및 채용용 검색 엔진 포함)의 일부이기 때문에 이는 사회적 영향을 미칠 수 있다. 단어 임베딩 연관성 검증^{WEAT : Word-Embedding Association Test}(Kurita 등, 2019)과 관계형 내부 산출물 연관성^{RIPA : Relational Inner Product Association}(Ethayarajh 등, 2019)을 포함하여, 이러한 편향을 측정하고 대응하기 위한 몇 가지 시험 방법이 개발되었다. 덧붙여서, RIPA 논문 저자들은 WEAT가 편견을 과대평가한다는 것을 발견했다. 이와 같은 결과는 크고 검사하기 어려운 기성 언어 모델을 신중하게 처리하는 것이 중요함을 강조한다. 이런 면에서 인공지능 엔지니어인 여러분에게는 단순히 기술을 구사하는 수준을 넘어서는 책임이 있다.

요약

- 기존 BERT 모델을 케라스 인공신경망으로 가져올 수 있다.
- 자체 (미가공 텍스트) 데이터로 BERT를 훈련할 수 있다.
- 추가 레이블이 지정된 데이터(다운스트림 태스크)에서 BERT 모델을 세부조정하면 도움이 될 수 있다.
- 모든 데이터 기반 모델과 마찬가지로 BERT는 편향에 취약하며 BERT 모델의 기본 원시 데이터에 침투한 문화적 및 사회적 편향을 반영하여 단어 간에 바람직하지 않은 연관성을 생성할 수 있다. 자연어처리 공학자로서 이것을 인식해야 한다.

참고문헌

Aj_MLstater. 2020. "Why does Keras need TensorFlow as backend?" Stack Exchange. https://datascience.stackexchange.com/questions/65736/why-does-keras-need-tensorflow-as-backend.

Ba, Jimmy Lei, Jamie Ryan Kiros, and Geoffrey E. Hinton. 2016. "Layer Normalization." https://arxiv.org/abs/1607.06450.

Bhardwaj, R., N. Majumder, and S. Poria. 2020. "Investigating Gender Bias in BERT." arXiv preprint arXiv:2009.05021.

Bolukbasi, Tolga, Kai-Wei Chang, James Y Zou, Venkatesh Saligrama, and Adam T. Kalai. 2016. "Man Is to Computer Programmer as Woman Is to Homemaker? Debiasing Word Embeddings." In *Advances in Neural Information Processing Systems*, 4349–4357. MIT Press.

Bottou, Léon. 1998. "Online Algorithms and Stochastic Approximations." In *Online Learning and Neural Networks*, edited by D. Saad, 9—42. Cambridge University Press.

Bradbury, James. 2019. Tweet, June 25. https://twitter.com/jekbradbury/status/1143397614093651969?s=20.

Brown, Tom B., Benjamin Mann, Nick Ryder, Melanie Subbiah, Jared Kaplan, Prafulla Dhariwal, Arvind Neelakantan et al. 2020. "Language Models Are Few-Shot Learners." https://arxiv.org/abs/2005.14165.

Chen, Hung-Yu, Adrian W. Gilmore, Steven M. Nelson, and Kathleen B. McDermott. 2017. "Are There Multiple Kinds of Episodic Memory? An fMRI Investigation Comparing Autobiographical and Recognition Memory Tasks." *Journal of Neuroscience* 37 (10): 2764–2775.

Chollet, François. 2017. *Deep Learning with Python*. Manning Publications.

Clark, Kevin, Urvashi Khandelwal, Omer Levy, and Christopher D. Manning. 2018. "What Does BERT Look At? An Analysis of BERT's Attention." https://arxiv.org/abs/1906.04341.

Daelemans, Walter, and Antal van den Bosch. 2005. *Memory-Based Learning*. Cambridge University Press.

Daelemans, Walter, Antal van den Bosch, and Jakub Zavrel. 1999. "Forgetting Exceptions is Harmful in Language Learning." *Machine Learning* 34 (1): 11–41.

Devlin, Jacob, Ming-Wei Chang, Kenton Lee, and Kristina Toutanova. 2018. "BERT: Pre-training of Deep Bidirectional Transformers for Language Understanding." https://arxiv.org/pdf/1810.04805.pdf.

Ethayarajh, K., D. Duvenaud, and G. Hirst. 2019. "Understanding Undesirable Word Embedding Associations." arXiv preprint arXiv:1908.06361.

Harris, Zellig. 1959. "Linguistic Transformation for Information Retrieval." In *Proceedings of the International Conference on Scientific Information, 1958*, vol. 2, 937–950. National Academy of Sciences.

Ivakhnenko, A.G. 1971. "Polynomial Theory of Complex Systems." *IEEE Transactions on Systems, Man and Cybernetics* SMC-1 (4): 364–378.

Ivakhnenko, A.G., and V.G. Lapa. 1965. *Cybernetic Predicting Devices.* CCM Information Corporation.

Karpathy, Andrej. 2015. "The Unreasonable Effectiveness of Recurrent Neural Networks." http://karpathy.github.io/2015/05/21/rnn-effectiveness/.

Kumar, Ankit , Ozan Irsoy, Peter Ondruska, Mohit Iyyer, James Bradbury, Ishaan Gulrajani, Victor Zhong, Romain Paulus, and Richard Socher. 2016. "Ask Me Anything: Dynamic Memory Networks for Natural Language Processing." In *Proceedings of The 33rd International Conference on Machine Learning, PMLR 48*, 1378–1387. MLR Press.

Kurita, K., N. Vyas, A. Pareek, A.W. Black, and Y. Tsvetkov. 2019. "Measuring Bias in Contextualized Word Representations." arXiv preprint arXiv:1906.07337.

Le, Q. and T. Mikolov. 2014. "Distributed Representations of Sentences and Documents." In *Proceedings International Conference on Machine Learning (ICML)*, 1188–1196. Association for Computing Machinery.

Lee, Honglak. 2010. "Unsupervised Feature Learning Via Sparse Hierarchical Representations." PhD dissertation. Stanford University, Computer Science Department.

Li, Chuan. 2020. "OpenAI's GPT-3 Language Model: A Technical Overview." Lambda. https://lambdalabs.com/blog/demystifying-gpt-3.

Luong, Minh-Thang, Hieu Pham, and Christopher D. Manning. 2015. "Effective Approaches to Attention-based Neural Machine Translation." https://arxiv.org/pdf/1508.04025.

McCormick, Chris. 2019. "BERT Word Embeddings Tutorial." https://mccormickml.com/2019/05/14/BERT-word-embeddings-tutorial/#34-confirming-contextually-dependent-vectors.

McGuffie, Kris and Alex Newhouse. (2020). The Radicalization Risks of GPT-3 and Advanced Neural Language Models. https://arxiv.org/abs/2009.06807.

Mikolov, T., I. Sutskever, K. Chen, G.S. Corrado, and J. Dean. 2013. "Distributed Representations of Words and Phrases and Their Compositionality." In *Advances in Neural Information Processing Systems*, 3111—3119. Curran Associates.

Mikolov, Tomas. 2013. "Distributed Representations of Words and Phrases and Their Compositionality." *Advances in Neural Information Processing Systems.* arXiv:1310.4546.

Pang, Bo, and Lillian Lee. 2004. "Movie Review Data." https://www.aclweb.org/anthology/P04-1035. Accompanying paper: "A Sentimental Education: Sentiment Analysis Using Subjectivity Summarization Based on Minimum Cuts." In *Proceedings of the 42nd Annual Meeting of the Association for Computational Linguistics (ACL-04)*, 271–278. ACL. https://www.aclweb .org/anthology/P04-1035.

Peters, L. 2018. "Deep Contextualized Word Representations." In *Proceedings of the 2018 Conference of the North American Chapter of the Association for Computational Linguistics: Human Language Technologies, Volume 1 (Long Papers)*, 2227–2237). Association for Computational Linguistics.

Posner, Michael I., Mary K. Rothbart, and Pascale Voelker. "Developing Brain Networks of Attention." *Curr Opin Pediatr* 28 (6): 720–724.

Ratnaparkhi, Adwait, Jeff Reynar, and Salim Roukos. 1994. "A Maximum Entropy Model for Prepositional Phrase Attachment." In *Proceedings of Human Language Technology, Workshop held at Plainsboro, New Jersey, March 8-11, 1994.* Association for Computational Linguistics.

Remy, Philippe. 2016. "Stateful LSTM in Keras." http://philipperemy.github.io/keras-stateful-lstm.

Rosebrock, Adrian. 2019. "Keras vs. tf.keras: What's the difference in TensorFlow 2.0?" PyImage-Search. https://pyimagesearch.com/2019/10/21/keras-vs-tf-keras-whats-the-difference-in-tensorflow-2-0.

Schmidhuber, J. 1992. "Learning Complex, Extended Sequences Using the Principle of History Compression." *Neural Computation* 4 (2): 234–242.

Schuster, Mike, and Kaisuke Nakajima. 2012. "Japanese and Korean Voice Search." International Conference on Acoustics, Speech, & Signal Processing.

Squire, L.R. 1986. "Mechanisms of Memory." *Science* 232 (4758): 1612–1619.

Stamatatos, Efstathios. 2009. "A Survey of Modern Authorship Attribution Methods." *Journal of the American Society for Information Science and Technology* 60 (3): 538–556.

Sukhbaatar, A., A. Szlam, J. Weston, and R. Fergus. 2015. "End-to-End Memory Networks." In *Proceedings NIPS 2015*, 2440–2448. MIT Press.

Taylor, W.L. 1953. "Cloze Procedure: A New Tool for Measuring Readability." *Journalism Quarterly* 30 (4): 415–433.

Tulving, Endel. 1989. "Memory. Performance, Knowledge, and Experience." *European Journal of Cognitive Psychology* 1 (1), 3–26.

van der Maaten, L.J.P., and G.E. Hinton. 2008. "Visualizing Data Using t-SNE." *Journal of Machine Learning Research* 9: 2579–2605.

Vaswani, Ashish, Noam Shazeer, Niki Parmar, Jakob Uszkoreit, Llion Jones, Aidan N. Gomez, Lukasz Kaiser, and Illia Polosukhin. 2017. "Attention Is All You Need." In *Proceedings NIPS 2017*, 6000–6010. Curran Associates.

Vossel, Simone, Joy J. Geng, and Gereon R. Fink. 2014. "Dorsal and Ventral Attention Systems: Distinct Neural Circuits but Collaborative Roles." *The Neuroscientist* 20 (2): 150—159.

Weston, Jason, Antoine Bordes, Sumit Chopra, Alexander M. Rush, Bart van Merriënboer, Armand Joulin, and Tomas Mikolov. 2015. *Towards AI Complete Question Answering: A Set of Prerequisite Toy Tasks.* https://arXiv:1502.05698.

Weston, James, Antoine Bordes, Sumit Chopra, Alexander M. Rush, Bart van Merriënboer, Zavrel, Jakub, Walter Daelemans, Jorn Veenstra T. and Mark Ellison. 1997. "Resolving PP Attachment Ambiguities with Memory-Based Learning." In *Proceedings CoNLL (ACL), 1997*, 136–144. Association for Computational Linguistics.

Xu, Kelvin, Jimmy Ba, Ryan Kiros, Kyunghyun Cho, Aaron Courville, Ruslan Salakhutdinov, Richard Zemel, and Yoshua Bengio. 2015. "Show, Attend and Tell: Neural Image Caption Generation with Visual Attention." https://arxiv.org/abs/1502.03044.

Yang, Zhilin, Zihang Dai, Yiming Yang, Jaime Carbonell, Ruslan Salakhutdinov, and Quoc V. Le. 2019. "XLNet: Generalized Autoregressive Pretraining for Language Understanding." In *Proceedings NIPS 2019*, 5754–5764. Curran Associates.

Zavrel, Jakub, Walter Daelemans, and Jorn Veenstra. 1997. "Resolving PP Attachment Ambiguities with Memory-Based Learning." In *CoNLL97: Computational Natural Language Learning.*

찾아보기

지은이

Stephan Raaijmakers

네덜란드에 있는 레이던^{Leiden} 대학교에서 전산언어학자로 교육받았다. 틸뷔르흐^{Tilburg} 대학교에서 머신러닝 기반 자연어처리를 전공해 박사 학위를 받았다. 2000년부터 기업과 정부가 과학 지식을 적용하고 산업 혁신과 사회 복지에 기여할 수 있도록 하는 것을 목표로 1932년에 법률에 근거해 독립 기관으로 설립된 TNO(네덜란드 응용과학연구소)에서 일하고 있다. TNO 내에서 언어를 다루는 많은 머신러닝 집중 프로젝트에 참여했다. 또한 레이던 대학교의 언어학 연구소^{LUCL : Leiden University Centre for Linguistics}에서 의사소통용 인공지능을 가르치는 교수이다. 딥러닝 방식으로 인간과 기계 간 대화를 처리하는 일에 관한 책임자다.